Magazin
erwachsenenbildung.at

Das Fachmedium für Forschung, Praxis und Diskurs

https://erwachsenenbildung.at/magazin

Ausgabe 40, 2020

Messbarkeit von Bildungseffekten

Potenziale – Widersprüche – Schieflagen

Herausgeber der Ausgabe:
Mag. Kurt Schmid,
Mitarbeit:
Michael Bruneforth, M.A.

Wien

Online verfügbar unter:
https://erwachsenenbildung.at/magazin

Herstellung und Verlag der Druck-Version:
Books on Demand GmbH, Norderstedt

Inhaltsverzeichnis

Aus der Redaktion

01 **Editorial**
Kurt Schmid

02 **Messungen haben immer auch blinde Flecken…**
Im Gespräch mit Gerhild Schutti und Robert Kramreither
Wilfried Frei und Simone Müller

Thema

03 **Von Evidenzbasierung zur fachlich-reflektierten Wirkungsorientierung**
Thomas Stangl

04 **Als dass alle Dinge durch Berechnen beherrscht werden könnten.**
Über die Idee der Messbarkeit von Wirkungen im Bildungsbereich
Stefan Vater

05 **Fakt sticht Ideologie – Ideologie sticht Fakt?**
Möglichkeiten und Grenzen wissenschaftlicher Politikberatung für die Erwachsenenbildung
Lorenz Lassnigg

06 **Wirkungen von Bildungsprozessen: messbar oder nachweisbar?**
Christine Zeuner und Antje Pabst

07 **Bildung nach Maß. Die Auswirkungen des AMS-Algorithmus auf Chancengerechtigkeit,**
Bildungszugang und Weiterbildungsförderung
Heiko Berner und Elmar Schüll

08 **Prozessorientierte Messung der Anerkennung non-formaler Abschlüsse.**
Studienergebnisse aus der Schweiz
Philipp Schüepp und Irena Sgier

09 **Transferwirkung als Qualitätsmerkmal digitaler Lernangebote für ErwachsenenbildnerInnen.**
Eine Untersuchung zur Messbarkeit und Relevanz
Sabine Schöb

Praxis

10 Knochenarbeit der Evidenz.
Interview mit Günter Hefler und Michael Sturm
Lukas Wieselberg

11 Wirkungsforschung am Beispiel der Bildungsfreistellung
Christine Zeuner und Antje Pabst

12 Lernerfolg aus Sicht berufstätiger Studierender.
Erste Schritte auf dem Weg zu einer Messmethode
Leo Hamminger

Rezension

13 Weiterbildung. Zeitschrift für Grundlagen, Praxis und Trends 04/2018: Bildung messen
Carina Troxler

14 Basisbildung wirkt. Wie wirkt Basisbildung? Eine internationale Forschungsübersicht.
Birgit Aschemann
Philipp Assinger

15 Die Urania in Graz. 100 Jahre Bildung und Kultur.
Hannes Galter (Hrsg.)
Jennifer Friedl

Da alle Artikel sowohl einzeln als auch in der Gesamtausgabe erhältlich sind, wurde jeder Beitrag mit laufender Nummer (01, 02 ...) versehen. Die Seitennummerierung beginnt jeweils bei 1.

Englischsprachige bzw. bei englischsprachigen Artikeln deutschsprachige Abstracts finden sich im Anschluss an die Artikel (ausgenommen Rezensionen).

Editorial

Kurt Schmid

Schmid, Kurt (2020): Editorial.
In: Magazin erwachsenenbildung.at. Das Fachmedium für Forschung, Praxis und Diskurs.
Ausgabe 40, 2020. Wien.
Online im Internet: https://erwachsenenbildung.at/magazin/20-40/meb20-40.pdf.
Druck-Version: Books on Demand GmbH: Norderstedt.

Schlagworte: Messung, Messinstrumente, Messbarkeit, Bildungserträge, Bildungspolitik,
Evidenz, Erwachsenenbildung

Kurzzusammenfassung

(Erwachsenen-)Bildung wird gemeinhin eine Reihe positiver individueller und gesellschaftlicher Wirkungen zugeschrieben. Zunehmend wird im Sinne einer wirkungsorientierten Steuerung auch verlangt, diese Effekte mittels Messungen sichtbar zu machen. Dabei werden Ergebnisse generiert, mit Hilfe derer über die Vergabe von Fördermitteln entschieden wird und die dazu dienen, Bildungsangebote hinsichtlich quantifizierbarer Kriterien zu optimieren. Doch ob eine Messung von Bildungseffekten überhaupt möglich und sinnvoll ist, wird kontrovers diskutiert – genau wie die Frage, welche Ziele und Erwartungen, aber auch Befürchtungen mit dem Messen von Bildungseffekten für verschiedene Akteursgruppen verbunden sind. Die vorliegende Ausgabe des Magazin erwachsenenbildung.at lotet daher die Widersprüchlichkeiten und Herausforderungen sowie die Potenziale der „Sichtbarmachung" von Bildungserträgen aus. So wird etwa für eine fachlich-reflektierte Wirkungsorientierung plädiert, die sensitiv ist für komplexe Wirkungszusammenhänge in Bildungsprozessen. Es wird Kritik geübt an der zunehmenden Ziel- und Outputorientierung, die das Ideal emanzipatorischer Bildung konterkariert, sowie an dem Glauben an die unbedingte Objektivität von Zahlen. Außerdem enthält die Ausgabe Berichte von empirisch fundierten Versuchen, Bildungswirkungen sichtbar zu machen. Nicht zuletzt illustriert einer der Beiträge, inwieweit empirische Evidenzen politische Entscheidungen im Bereich der Erwachsenenbildung in der Praxis untermauern können und welches komplexe Zusammenspiel von Wissenschaft und Realpolitik dabei entsteht. (Red.)

01

Aus der Redaktion

Editorial

Kurt Schmid

Mit „Messen und Messbarkeit" von Effekten der (Erwachsenen-)Bildung sind vielfältige, teils divergierende und konfliktreiche Aspekte verknüpft: Das Erkenntnisinteresse und das Sichtbarmachen positiver Effekte und Wirkzusammenhänge von (Erwachsenen-)Bildung stehen der Gefahr einer inhaltlichen Verengung, Verzerrung und Simplifizierung eben dieser Zusammenhänge gegenüber, da das „Messbare und Messenswerte" bestimmenden Einfluss auf die gesellschaftlichen Vorstellungen über Wirkungen und Praxis von (Erwachsenen-)Bildung hat.

Positive Wirkungszusammenhänge...

In der veröffentlichten Meinung und in zahlreichen Policy-Dokumenten praktisch aller nationalen und internationalen Akteurinnen und Akteure – unabhängig von deren politisch-ideologischem oder institutionellem Hintergrund – werden mit Bildung und somit auch mit der Erwachsenenbildung durchwegs positive Wirkungszusammenhänge verbunden. Sei es hinsichtlich der ökonomischen Dimension, der zufolge Bildung durch die Vermittlung kognitiver, sozialer, beruflicher und praktischer Kenntnisse, Fertigkeiten sowie Kompetenzen die Produktivität erhöht, die Innovationskraft und Motivation der Individuen stärkt und dadurch sowohl die persönlichen als auch die gesellschaftlichen Lebensbedingungen (Einkommen, Arbeitsplatzsicherheit, Karriere, Wirtschaftswachstum, Nachhaltigkeit, Wettbewerbsfähigkeit etc.) verbessert. Sei es hinsichtlich einer gesteigerten Lebensqualität und Lebenszufriedenheit, der zufolge Bildung u.a. berufliche Zufriedenheit und Entwicklungspotenziale, bewussteres Gesundheits-, Konsum-, Umwelt- und Freizeitverhalten verstärkt oder auch zu einer „verbesserten" PartnerInnenwahl,

Kindererziehung und Kinderplanung sowie einer gleichberechtigteren PartnerInnenschaft beiträgt. Bildung, insbesondere eine breite Teilhabe an Bildungsprozessen, befördert soziale Fairness sowie gesellschaftlichen Zusammenhalt (Gewaltverzicht, Kooperation, Solidarität) und emanzipatorisches Potenzial und fungiert somit als Katalysator sozialer Gerechtigkeit. Sie unterstützt auch humanistische Werte durch ihren Beitrag zur Entwicklung individueller und kollektiver Tugenden sowie kritischer Selbst- und Gesellschaftsreflexion. Die Gesellschaft wird dadurch modernisiert und „aufgeklärter" und die Fähigkeiten zum Zusammenleben verbessern sich. Nicht zuletzt hat Bildung eine bürgerlich/zivilgesellschaftliche Funktion, indem sie demokratisches Agieren und Selbstverständnis (Stichworte Pluralismus, nicht-staatliche Konfliktregelung, zivilgesellschaftliches Engagement, Deliberation) befördert. Diese Liste positiver Wirkungszusammenhänge von Bildung ließe sich noch weiterführen, unterschieden werden können dabei zudem individuelle und gesellschaftliche Effekte (die, wie von der bildungsökonomischen Forschung so bezeichnet, privaten und sozialen Bildungserträge).

…und kritische Perspektiven

Diese positiven Einschätzungen und Bedeutungszuschreibungen von (Erwachsenen-/Weiter-)Bildung sind jedoch vielfach hinterfragbar. Sichtweisen und Theorien, die die gesellschaftliche Reproduktionsfunktion von Bildung betonen und auf die Reproduktion sozialer Ungleichheit in und durch Bildung – und somit auch die Erwachsenenbildung – reflektieren, betonen im Kern die strukturkonservativen und negativen Effekte von Bildung und untersuchen die damit verbundenen Selektionsprozesse. Andere kritisieren, dass die theoretische Stringenz und empirische Evidenz den erwarteten/zugeschriebenen positiven Wirkungen von (Erwachsenen- bzw. Weiter-)Bildung hinterherhinken bzw. kommen sie oftmals zu ernüchternden Ergebnissen, als sich empirisch nachweisbare Effekte von Bildung nur über indirekte und somit fragile Wirkungsketten manifestieren.

Dies wirft auch mannigfache Fragen nach der politischen oder organisatorischen Planbarkeit und Umsetzbarkeit auf – was vor allem aus einer Policy-Perspektive relevant ist. Kritisch zu hinterfragen sind auch die oft vorgebrachten unreflektierten und überzogenen Erwartungen an (Erwachsenen-/Weiter-)Bildung – mithin das Narrativ eines quasi Deus ex Machina (oder gemäß Grubb/Lazerson einer „Education Gospel") positiver Wirkungen.

Simplifizierung der Wirkzusammenhänge?

Inwieweit lassen sich also die verschiedenen Formen von individuellen und sozialen Wirkungen sowie speziell die ökonomischen Bildungserträge vor dem Hintergrund komplexer Gelingensbedingungen von Bildungsprozessen überhaupt rigoros „messen" und inwiefern findet dabei mehr oder weniger implizit (und eventuell auch unzureichend transparent und zu wenig reflektiert) eine Simplifizierung der Wirkzusammenhänge im Sinne eines sachlich ungerechtfertigten Reduktionismus statt?

Ein Blick auf die veröffentlichten empirischen Forschungsergebnisse zu Bildungserträgen verdeutlicht deren Unausgewogenheit: Monetäre/monetarisierbare Effekte und Schätzungen aus Individualperspektive bilden die Mehrheit der Studien. Befunde über private ökonomische Erträge haben somit ein Übergewicht über gesellschaftliche und soziale Wirkungen von (Erwachsenen-)Bildung. Was bedeutet diese Schieflage aber für das gesellschaftliche Bild der möglichen Wirkungen von (Erwachsenen-)Bildung und wie werden dadurch Angebot von und Nachfrage nach (Erwachsenen-)Bildung beeinflusst?

Messen und Steuerung/Governance

Seit geraumer Zeit ist im gesamten Bildungsbereich (wenngleich in unterschiedlichem Ausmaß) eine Aufwertung und partielle Neuausrichtung hin zu wirkungsorientierter Steuerung beobachtbar. Und zwar sowohl auf Ebene der institutionellen AnbieterInnen von (Erwachsenen-)Bildung als auch im Feld der Vergabe öffentlicher Fördermittel. Das „Messen" und die „Messbarkeit" von Bildungserträgen und damit deren „Sichtbarmachung" sind somit nicht nur aus einem reinen Erkenntnisinteresse (zu „Wirkeffekten von Bildung") relevant – sie haben mittlerweile auch Einfluss auf die Geschäfts-, Management- und Governanceprozesse in den privaten und öffentlichen Sektoren. Welche Ziele und Erwartungen, aber auch Befürchtungen sind damit verknüpft und inwieweit divergieren diese nach Akteursgruppen? Welche konkreten Trends sind beobachtbar? Wie wichtig ist es, Erträge und Wirkungen sichtbar zu machen, damit sich Erwachsenenbildung in der Konkurrenz um Aufmerksamkeit und Ressourcen und im Wettbewerb mit anderen gesellschaftlichen Bereichen und der schulischen und universitären Bildung erfolgreich positionieren kann?

Mit „Messen und Messbarkeit" von Effekten der (Erwachsenen-)Bildung sind somit vielfältige, teils divergierende und konfliktreiche Aspekte verknüpft: Das Erkenntnisinteresse und das Sichtbarmachen positiver Effekte und Wirkzusammenhänge von (Erwachsenen-)Bildung stehen der Gefahr einer inhaltlichen Verengung, Verzerrung und Simplifizierung eben dieser Zusammenhänge gegenüber, da das „Messbare und Messenswerte" bestimmenden Einfluss auf die gesellschaftlichen Vorstellungen über Wirkungen und Praxis von Bildung hat.

Vor dem skizzierten Hintergrund wurden für die vorliegende Meb-Ausgabe Beiträge mit Schwerpunkt auf Erwachsenen-/Weiterbildung gesucht, die die angerissenen Fragestellungen und Themenfelder analysieren und beleuchten, aber auch Praxisbeiträge aus der Realität erwachsenenbildnerischen Agierens mit Bezug zur Thematik „Messbarkeit" waren willkommen.

Zu den einzelnen Beiträgen der Ausgabe

Gerhild Schutti und Robert Kramreither treten mit dieser Ausgabe die HerausgeberInnenschaft des Mediums an. Eröffnend sprechen sie mit **Wilfried Frei** und **Simone Müller** über ihre Erwartungen und Wünsche und äußerten sich zum aktuellen Meb-Thema „Messbarkeit von Bildung". Robert Kramreither betont hierbei die Wichtigkeit, Chancen evidenzbasierter Politik zu nutzen, aber auch ihre Risiken ernst zu nehmen. Gerhild Schutti plädiert für qualitative Messinstrumente, um multikausalen Wirkungszusammenhängen in der Bildungspraxis gerecht zu werden.

Thomas Stangl diskutiert in seinem Beitrag die Unterschiede zwischen evidenzbasierter Praxis (Bearbeitung praktischer Probleme durch vorhandene wissenschaftliche Studien) und evidenzbasierten Praktiken (Evaluation der gelebten Praxis) und zeigt deren jeweiligen Herausforderungen und auch Schwächen auf. Ihm zufolge wird eine „reine" evidenzbasierte Praxis den komplexen und normativen Bedingungen von Bildungsprozessen nicht gerecht, woraus sich sein Plädoyer für eine fachlich-reflektierte Wirkungsorientierung (evidenzinformierte Praxis) ableitet.

Radikal kritisch versteht sich der Beitrag von **Stefan Vater**. Die national und international beobachtbare Verschiebung, im Rahmen derer die Evidenz und Messbarkeit zu den „neuen Kardinaltugenden" im Bildungsbereich erhoben wurden, bedeutet auch eine Verschiebung von pädagogischer Rationalität und pädagogischem Handeln in Richtung Ziel- oder Outputorientierung. Bildung als emanzipatorische Bildung ist demgegenüber aus Sicht des Autors jedoch auch ein Prozess ohne klares und immer gleiches Endziel.

Der Beitrag von **Lorenz Lassnigg** hat einen expliziten Österreichbezug: Vor dem theoretischen Hintergrund der hinterfragten „simplen" Unterscheidung von Fakten und Ideologie exemplifiziert er u.a. am Beispiel der österreichischen LLL:2020-Strategie das komplexe und widersprüchliche Zusammenspiel von Wissenschaft und „realer" (Erwachsenen-)Bildungspolitik.

Auch wenn die Frage nach den Wirkungen von Bildungsmaßnahmen aktuell vermehrt gestellt wird, ist die Wirkungsforschung selbst noch kein explizites Feld der Bildungsforschung. **Christine Zeuner** und **Antje Pabst** skizzieren in ihrem Beitrag wissenschaftliche und bildungspolitische Begründungen für die Durchführung von Wirkungsforschung und diskutieren die damit verbundenen Herausforderungen. Sie gehen auch auf die Kritik an den Hoffnungen ein, die sich an die Messbarkeit von Bildung knüpfen.

Auf mitunter vehement mediale Kritik ist der sogenannte „AMS-Algorithmus" gestoßen – ein automatisiertes, datenbasiertes Prognosemodell, das die Entscheidung, welche Arbeitssuchenden welche Unterstützungs- und Qualifizierungsleistungen erhalten sollen, in Zukunft maßgeblich beeinflussen soll. **Heiko Berner** und **Elmar Schüll** liefern Befunde zur Funktionsweise des Algorithmus, thematisieren dessen Für und Wider und warnen vor dessen (potentiell) diskriminierendem Charakter.

Branchenzertifikate, d.h. konkrete anbieterübergreifende Weiterbildungsabschlüsse auf dem Schweizer Arbeitsmarkt, stehen im Mittelpunkt des Beitrags von **Philipp Schüepp** und **Irena Sgier**. Welche Wirkungszusammenhänge und Wechselwirkungen führen zur Anerkennung dieser Branchenzertifikate? Wie kann die Anerkennung dieser non-formalen Abschlüsse über die Marktlogik hinaus aus Sicht einer Bildungslogik „gemessen" werden?

Die Wirkungsmessung von Weiterbildungsangeboten für Lehrende steht im Zentrum des Beitrags von **Sabine Schöb**. Anhand eines konkreten digitalen Train-the-Trainer-Angebots werden Möglichkeiten, aber auch Widersprüchlichkeiten der Messung der Transferwirkung und der Stellenwert, den Weiterbildungsanbieter dieser zuweisen, diskutiert.

Lukas Wieselberg führte ein Interview mit Michael Sturm, Geschäftsführer des BFI Österreich, und Günter Hefler, Projektleiter bei 3s, zu evidenzbasierter Politik in der Erwachsenenbildung. Anhand aktueller Bezüge (u.a. Corona, Flüchtlingsbewegung) wird das Wirkgeflecht von Evidenz, Legitimation und Politik mit Schwerpunkt auf Erwachsenenbildung/-politik aus den jeweiligen Perspektiven der Forschung und der institutionellen Trägerschaft beleuchtet.

Eine konkrete, qualitativ angelegte Wirkungsforschungsstudie präsentieren **Christine Zeuner** und **Antje Pabst** in einem zweiten Beitrag: das Instrument der deutschen Bildungsfreistellung (dabei haben ArbeitnehmerInnen das Recht auf fünf Tage Bildungsfreistellung bei voller Lohnfortzahlung). Entfalten Mehrfachteilnahmen an Veranstaltungen Wirkungen, die sich als langfristige Lernprozesse interpretieren und anhand biographischer Veränderungen abbilden lassen?

Es gibt kaum empirische Studien, um den Lernerfolg aus der subjektiven Perspektive des/der einzelnen Lernenden zu erheben. Der Beitrag von **Leo Hamminger** berichtet von einem derartigen Versuch, präsentiert das theoretische Konzept für das Messinstrument und reflektiert erste Umsetzungsversuche mit berufstätigen Studierenden einer deutschen Fernhochschule.

Abgerundet wird die Ausgabe von drei Rezensionen. **Carina Troxler** setzt sich mit Heft 04/2018 zum Thema „Bildung messen" der „Weiterbildung. Zeitschrift für Grundlagen, Praxis und Trends" auseinander; **Philipp Assinger** rezensiert die 2015 veröffentlichte internationale Forschungsübersicht „Basisbildung wirkt. Wie wirkt Basisbildung?" von Birgit Aschemann. Und den Abschluss bildet **Jennifer Friedl** mit ihrer Besprechung des Jubiläumsbandes „Die Urania in Graz. 100 Jahre Bildung und Kultur."

Ausblick auf die nächsten Ausgaben

Ausgabe 41 des Magazin erwachsenenbildung.at geht dem Thema „Erwachsenenbildung und Zeit nach". Es geht um individuelle und gesellschaftliche Zeiterfahrungen sowie um die Frage, was neue Zeitstrukturen und veränderte Zeitwahrnehmung für die Erwachsenenbildung bedeuten. Auch diese Ausgabe erscheint, so wie die vorliegende, Covid-19-bedingt etwas außerhalb des üblichen Publikationsrhythmus, und zwar im Dezember 2020.

Was Erwachsenenbildung als Ort von Forschung, Diskurs und Praxis zum Thema Globalisierung beitragen kann und wie sie von globalen Zusammenhängen beeinflusst wird, sind Fragen, die in der Ausgabe 42 behandelt werden. Die Ausgabe soll im Februar 2021 erscheinen.

Die (Un-)Sichtbarkeit von Frauen in der Erwachsenenbildung ist Gegenstand der Ausgabe 43, die im Juni 2021 verfügbar sein soll. Das Magazin lädt zur Einreichung von Beiträgen ein, die sich mit der Sichtbarkeit, Repräsentation und Beteiligung von Frauen in der Erwachsenenbildung befassen oder Aspekte des Kampfes um den Zugang zu Bildung von Frauen darstellen. AutorInnen können historische Zugänge (Porträts wichtiger AkteurInnen oder Institutionen, Recherchen usw.), empirische Untersuchungen aber auch theoretische oder pädagogische Reflexionen bis zum 25.Jänner 2021 einbringen.

Alle aktuellen Calls sowie weitere Informationen zum Einreichen von Artikeln finden Sie unter: https://erwachsenenbildung.at/magazin/calls.php

Aus der Redaktion

Mit der vorliegenden Ausgabe des Magazin erwachsenenbildung.at treten Gerhild Schutti (bifeb) und Robert Kramreither (BMBWF) die Herausgabe des Fachmediums an. Wie sie über das Meb und das aktuelle Thema der Messbarkeit von Erwachsenenbildung denken, erfahren Sie im Antrittsinterview (In dieser Ausgabe).

Bianca Friesenbichler, die langjährige Redakteurin für das Magazin erwachsenenbildung.at, verabschiedete sich im August 2020 in die Elternkarenz. Von ihr übernimmt Simone Müller die Redaktion des Magazins.

Das Redaktionsteam beim Antrittsinterview mit den neuen HerausgeberInnen (v.l.n.r.: W. Frei, R. Kramreither, G. Schutti, B. Friesenbichler u. S. Müller ; Selfie: CC BY CONEDU/Frei)

Foto: Franz Helmreich

Mag. Kurt Schmid

schmid@ibw.at
http://www.ibw.at
+43 (0)1 5451671-26

Kurt Schmid studierte Volkswirtschaft an der Universität Wien. Seit 1998 ist er Bildungsökonom und Projektleiter am Institut für Bildungsforschung der Wirtschaft (ibw). Er verfasste zahlreiche Publikationen zu Themen der beruflichen Bildung mit Arbeitsschwerpunkten in den Feldern: Schulwahl und Bildungsstromprognosen, Nutzen beruflicher Weiterbildung, Qualifikationsbedarfsforschung sowie diverse internationale Vergleichsstudien zu Berufsbildungssystemen, SchülerInnenleistungen, Schulgovernance, Schulfinanzierung sowie zu Berufsbildungsreformprozessen (Know-how Transfer Lehre / WBL work based learning).

Editorial

Abstract

A series of positive individual and social impacts are generally attributed to (adult) education. In the sense of impact-oriented control, it is increasingly expected that these effects are visualized with measurements. Results are generated that aid in the decision as to how to allocate funding and that serve to optimize educational offerings according to quantifiable criteria. Yet whether a measurement of educational effects is at all possible and makes sense is the subject of heated discussion—just like the question of what goals and expectations as well as fears are connected with the measurement of educational effects on different groups of those involved. This issue of The Austrian Open Access Journal on Adult Education plumbs the depths of the contradictions, challenges and potentials of „visualizing" the educational yield. It advocates an impact orientation that is participatory and sensitive to the complex connections in educational processes. Criticism is leveled at the growing goal and output orientation that impedes the ideal of emancipatory education as well as at the belief in the absolute objectivity of numbers. The issue also contains reports on empirical attempts to visualize the impacts of education. Finally, one of the articles illustrates to what extent empirical evidence can support political decisions in the field of adult education in practice and how complex the interaction that arises between science and realpolitik is. (Ed.)

Messungen haben immer auch blinde Flecken...

Im Gespräch mit Gerhild Schutti und Robert Kramreither

Wilfried Frei und Simone Müller

Frei, Wilfried/Müller, Simone (2020): Messungen haben immer auch blinde Flecken... Im Gespräch mit Gerhild Schutti und Robert Kramreither.
In: Magazin erwachsenenbildung.at. Das Fachmedium für Forschung, Praxis und Diskurs.
Ausgabe 40, 2020. Wien.
Online im Internet: https://erwachsenenbildung.at/magazin/20-40/meb20-40.pdf.
Druck-Version: Books on Demand GmbH: Norderstedt.

Schlagworte: Meb, HerausgeberInnen, Messungen, Bildungspolitik

Kurzzusammenfassung

Gerhild Schutti und Robert Kramreither übernehmen mit der vorliegenden Ausgabe 40 die Herausgabe des Magazin erwachsenenbildung.at (kurz: Meb). Gerhild Schutti, Direktorin des Bundesinstituts für Erwachsenenbildung, und Robert Kramreither, stellvertretender Leiter der Abteilung Erwachsenenbildung im Bundesministerium für Bildung, Wissenschaft und Forschung, blicken auf ihre „Geschichte" mit dem Meb zurück und skizzieren, wie sie ihre HerausgeberInnenrolle anlegen wollen. Was sie am Magazin schätzen, was sie sich wünschen und was sie hinsichtlich der „Messbarkeit von Bildung" in ihrem eigenen Tätigkeitsfeld bewegt, erfragten im Gespräch Wilfried Frei und Simone Müller aus der Meb-Redaktion. (Red.)

02

Aus der Redaktion

Messungen haben immer auch blinde Flecken...

Im Gespräch mit Gerhild Schutti und Robert Kramreither

Wilfried Frei und Simone Müller

Das Magazin erwachsenenbildung.at, kurz Meb, wurde im Februar 2007 erstmals veröffentlicht. Es war zu dem Zeitpunkt das erste Online-Fachmedium für Erwachsenenbildung im deutschsprachigen Raum. Heute ist das Meb in der Erwachsenenbildungs-Community gut etabliert und erscheint drei Mal jährlich zu unterschiedlichen thematischen Schwerpunkten. Mit der vorliegenden Ausgabe übernehmen Gerhild Schutti (bifeb) und Robert Kramreither (BMBWF, Abteilung Erwachsenenbildung) die Herausgabe.

Wie war euer erster Kontakt mit diesem Magazin, dessen Herausgabe ihr nun übernehmt? Woran erinnert ihr euch dabei besonders?

Gerhild Schutti: Ich erinnere mich noch sehr gut an den Spätherbst 2006, als ich Lorenz Lassnigg im IHS aufgesucht und interviewt habe. Es ging darum, die Themen „Bildung für Nachhaltige Entwicklung" und den Diskurs zum Lebenslangen Lernen miteinander zu verbinden. Er hat mich dann gefragt, ob ich im Magazin erwachsenenbildung.at zu diesem Thema etwas schreiben möchte. So wurde ich Autorin in der Nr. 2 des Meb. Ich hätte es damals allerdings nicht für möglich gehalten, dass ich einmal Herausgeberin dieses Magazins sein werde.

Wie hast du die Zusammenarbeit erlebt?

Gerhild Schutti: Ich wurde von der damals wie heute für das Meb tätigen Fachlektorin Laura Rosinger bei meiner Überarbeitung sehr gut unterstützt und auch gefordert. Zudem erinnere ich mich an ein interessantes Gespräch zum einschlägigen Fachdiskurs mit ihr. Das hat mich dann auch dazu veranlasst, noch weitere Aspekte in den Artikel einzuarbeiten.

Wie war es bei dir Robert?

Robert Kramreither: Den Vorgänger des Meb, die Zeitschrift „Erwachsenenbildung in Österreich", hatten wir noch im Haus gemeinsam mit der damaligen Redaktion betreut. Ich persönlich habe das Magazin erwachsenenbildung.at von der ersten Ausgabe an mitverfolgt. Besonders interessante Artikel, oder wenn es um Themen ging, die mich beruflich beschäftigten, habe ich ausgedruckt und gezielt gelesen. Ich bin seit jeher ein großer Fan des Meb, weil es wirklich ein qualitativ hochwertiges und die gesamte Erwachsenenbildung abdeckendes Medium ist, in dem man zu vielen Themen Inhalte findet, die interessant und aktuell sind.

Gerhild Schutti: Bei mir ist es ähnlich wie bei Robert. Seit der Anfangszeit des Meb habe ich immer wieder hineingeschmökert. Jetzt als Herausgeberin komme ich endlich dazu, mich intensiv mit den einzelnen Beiträgen zu beschäftigen.

Ihr übernehmt diese Herausgabe aus verschiedenen Rollen heraus. Einmal als Direktorin des Bundesinstituts für Erwachsenenbildung (bifeb) und einmal als stellvertretender Leiter der Abteilung Erwachsenenbildung im Bundesministerium für Bildung, Wissenschaft und Forschung (BMBWF). Was bedeutet es für euch in dieser jeweiligen Rolle und den damit verbundenen Aufgaben, das Meb herauszugeben?

Robert Kramreither: Die Herausgeberschaft ist für mich eine schöne Aufgabe, auf die ich mich sehr freue. Vor allem freue ich mich auf die Zusammenarbeit mit der Redaktion, mit dem Fachbeirat und den HerausgeberInnen der jeweiligen Ausgaben. Ich hoffe, dass ich als Herausgeber des Mediums dazu beitragen kann, die Qualität weiterhin so hoch zu halten und das Magazin so erfolgreich weiterzuführen wie bisher.

Gerhild Schutti: Ich freue mich sehr darüber, dass ich mit so einer verantwortungsvollen und spannenden Aufgabe betraut wurde, und auch auf die Zusammenarbeit mit dem Fachbeirat, mit CONEDU und den inhaltlichen HerausgeberInnen. Das bifeb ist für die Weiterentwicklung und Professionalisierung der Erwachsenenbildung zuständig.

Im Gespräch: Gerhild Schutti, Foto: Studio Digital

Dr.in Gerhild Schutti ist seit Februar 2020 Direktorin des Bundesinstituts für Erwachsenenbildung – bifeb. Davor war sie tätig als Medizinisch-technische Analytikerin, wirtschaftspolitische Referentin, Bildungsmanagerin, Medienanalystin sowie als Jugend- und Deutsch-Trainerin. Ihre aktuellen Arbeits- und Interessenschwerpunkte sind: Basisbildung u. Initiative Erwachsenenbildung, Politische Bildung, Europabildung sowie Bildung für Nachhaltige Entwicklung.

Insofern ist es sehr passend, dass die HerausgeberInnenschaft dieses hochkarätigen Journals mit internationalem Ansehen mit beim bifeb liegt.

Wie werden die LeserInnen des Magazin erwachsenenbildung.at merken, dass Robert Kramreither und Gerhild Schutti nun das Medium herausgeben?

Robert Kramreither: Der Fachbeirat trifft die inhaltlichen Entscheidungen im Magazin. In diesem Gremium wird auf Basis von fachlichen Argumenten konsensual über die Veröffentlichung von Beiträgen entschieden. Diese Herangehensweise hat sich bewährt, wenn man sich die Qualität der bisherigen Ausgaben ansieht. Vielleicht liegt unsere Aufgabe gerade darin, dass die LeserInnen den HerausgeberInnenwechsel gar nicht merken.

Gerhild Schutti: Ich wünsche mir, dass auch das bifeb in Zukunft von Zeit zu Zeit mit einem qualitätsvollen und interessanten Artikel im Meb vertreten ist. Wir haben publikationserfahrene wissenschaftlich-pädagogische MitarbeiterInnen, die zu verschiedenen Themen etwas einbringen können. Und ich möchte auch selbst bei Gelegenheit wieder einmal einen Beitrag beisteuern.

Wir wollen in der Erwachsenenbildung gerne wissen, ob und wie Bildung wirkt. In der aktuellen Ausgabe des Meb geht es daher um die Messbarkeit von Bildungseffekten. Die Beiträge eröffnen uns einen kritischen Blick auf Evaluierungen und auf die Nutzung von Messergebnissen. Wo taucht das Thema Messbarkeit von Bildung in eurer Arbeit auf?

Gerhild Schutti: Im Rahmen des Kooperativen Systems der Erwachsenenbildung führen wir für die wba Zertifizierungswerkstätten durch. Dabei werden die Kompetenzen von ErwachsenenbildnerInnen geprüft, anerkannt und zertifiziert.

Zudem evaluiert das bifeb Bildungsveranstaltungen routinemäßig, indem es Feedback von TeilnehmerInnen einholt. Es geht dabei um die Messung der subjektiven Zufriedenheit mit allgemeinen Rahmenbedingungen des Kursangebots und um die Einschätzung fachlicher, methodischer und personaler Kompetenzen der ReferentInnen. Das hilft uns bei der Planung, Steuerung, Adaptierung und Optimierung des Bildungsangebots.

Daraus lässt sich aber nicht unbedingt etwas über den subjektiven Lernerfolg der TeilnehmerInnen ableiten. Was uns daher sehr beschäftigt sind der Lerntransfer und die Frage, wie Inhalte aus Bildungsveranstaltungen in der Praxis wirken. Wir denken aktuell darüber nach, ob und wie wir diesen Lerntransfer messen können. Allerdings ist das nicht ganz einfach, denn eine gemessene Wirkung kann nicht monokausal auf das Bildungsangebot zurückgeführt werden, sondern man muss komplexe Wirkungszusammenhänge berücksichtigen.

Robert, das Ministerium nutzt Messungen, um bildungspolitische Steuerung wahrzunehmen.

Robert Kramreither: Ja, im Ministerium hielt in den 1990er Jahren das New Public Management Einzug. Erstaunlicherweise war dieser Paradigmenwechsel in der öffentlichen Verwaltung quer durch die politischen Parteien unumstritten, obwohl das Thema in der Öffentlichkeit, in der Wissenschaft und auch in der Verwaltung selbst durchaus heftig diskutiert wurde. Das Thema Messbarkeit spielt im New Public Management eine zentrale Rolle. Ziel ist, mithilfe von privatwirtschaftlichen Management-Methoden die Verwaltung effizienter zu gestalten und die öffentlichen Mittel effizienter einzusetzen. Dazu wurden beispielsweise das Rechnungswesen reformiert und Controlling-Instrumente eingeführt. Zudem begann man über „evidenzbasierte Politik" zu sprechen. In diesem Zusammenhang haben manche durchgeführten Messungen tatsächlich Vorteile gebracht.

Sieht man sich die großen Erhebungen der letzten zehn Jahre in der Erwachsenenbildung an – das sind zum Beispiel der Adult Education Survey oder die PIAAC-Studien[1] –, dann zeigt sich einiges über die Weiterbildungsbeteiligung in der Bevölkerung. So nehmen vor allem höher Qualifizierte und besser Verdienende an Weiterbildung teil. Hingegen werden gerade Bevölkerungsgruppen, für die Aus- und Weiterbildung besonders wichtig zur Verbesserung der Arbeitsplatz- und Lebenssituation ist, mit Bildungsangeboten oft gar nicht erreicht. Diese Erhebungen haben das aufgezeigt und das hat dazu geführt, dass vom Ministerium im Bereich Erwachsenenbildung ein klarer Fokus auf diese

Im Gespräch: Robert Kramreither, Foto: K. K.

MinR Robert Kramreither ist stellvertretender Leiter der Abteilung I/14, Erwachsenenbildung, im Bundesministerium für Bildung, Wissenschaft und Forschung. Er ist seit 1983 im Ministerium tätig. Seine derzeitigen Arbeitsschwerpunkte sind insbesondere: Politische Bildung in der Erwachsenenbildung, Berufsreifeprüfung, Ö-Cert und Leistungsvereinbarungen mit EB-Verbänden. Darüber hinaus ist er langjährig als Personalvertreter auf unterschiedlichen Ebenen tätig.

Zielgruppen gesetzt wurde. Beispiele hierfür sind die Initiative Erwachsenenbildung oder der Bereich Bildungsberatung und -information.

Messbarkeit in der Erwachsenenbildung wird kontrovers diskutiert und das Thema polarisiert. Ich sehe Gefahren, weil Messungen immer auch blinde Flecken haben. Was ist zum Beispiel, wenn sich Bildungseffekte kaum oder nicht bzw. erst zeitverzögert messen lassen? Ich denke da etwa an die Politische Bildung. Die Gefahr ist, dass solche Bereiche bei der Ressourcenverteilung zu kurz kommen, weil nicht direkt oder sofort eine Wirkung nachgewiesen werden kann. Insgesamt würde ich mir wünschen, dass sowohl Chancen als auch Risiken in diesem Zusammenhang weniger emotional betrachtet werden und ausgewogener in Entscheidungen einfließen.

Ihr mahnt beide einen reflektierten Umgang mit Messergebnissen ein.

---

1   Näheres zum Thema PIAAC findet sich in der Ausgabe 23 des Meb. Nachzulesen unter: https://erwachsenenbildung.at/magazin/ausgabe-23/

Gerhild Schutti: Ich muss hier etwas ausholen. Aus philosophischer Sicht ist das allgegenwärtige Messbarkeitserfordernis durchaus kritisch zu sehen: Es ist zunächst ein marktlogisches Phänomen, bei dem es um die Steigerung von Mengen, Umsätzen und Profiten geht. Dazu braucht es die Messung von Qualität durch Quantifizierung, um vergleichbare und verallgemeinerbare Daten zu gewinnen. Peter Heintel hat das sinngemäß so beschrieben: Zwecks Qualitätsfeststellung durch Vergleich wird heute alles gemessen. Dadurch muss das Besondere von individueller Qualität quantifizierbaren Qualitäten weichen. Sprich: Das, was nicht gemessen werden kann, wird in das Irrationale verschoben, marginalisiert, geleugnet oder mit Gewalt messbar gemacht. Das Messen von Bildungswirkungen auf Basis von Kennzahlen erlebe ich zum Teil als ein „gewaltsames Messbar-Machen".

Zwar macht es Sinn, dass man klar umrissene Bildungsziele formuliert und Kriterien bzw. Indikatoren zu deren Messung festlegt. Aber in manchen Bereichen der allgemeinen Bildung, in denen Reflexion eine zentrale Rolle spielt, ist diese Herangehensweise sehr reduktionistisch. So ist es etwa in der Politischen Bildung nur sehr bedingt möglich, politische Handlungs- oder Urteilsfähigkeit und deren Entwicklung zu quantifizieren, also in Zahlen auszudrücken. Eine Wirkungsmessung mit quantitativen Methoden ist daher auch nicht immer sinnvoll.

Robert Kramreither: Wir müssen uns die Frage stellen: Was wird gemessen und wer legt die Ziele sowie die Indikatoren für die Zielerreichung fest? Das ist ja bereits eine Richtungsvorgabe. Auch wenn dabei Zahlen herauskommen, kann es sich leicht um eine Scheinobjektivität handeln. In der Praxis aber werden auf Basis solcher Daten bildungspolitische Entscheidungen getroffen. Wir müssen genau beobachten, was solche Messungen leisten können und was nicht.

Gerhild Schutti: Und was man damit ins Scheinwerferlicht stellt und was nicht. Als Direktorin des bifeb habe ich das Thema Professionalisierung im Auge. Daher plädiere ich für eine Evaluierung des eigenen Lehr-Handelns mithilfe qualitativer Methoden; zum Beispiel Interviews, teilnehmender Beobachtung und Peer-Review-Groups. Das möchte ich gerne am bifeb forcieren, auch wenn es aufwändig ist.

Mit einer qualitativen Evaluierungsfrage möchten wir zum Abschluss noch einmal zum Meb und eurer Tätigkeit in der Herausgabe zurückkommen: Was schätzt ihr besonders am Magazin, und gibt es auch Punkte, wo wir noch besser werden können?

Gerhild Schutti: Ich schätze vor allem die sehr professionelle Planung, Steuerung und Organisation beim Meb durch CONEDU sowie das elaborierte Review-Verfahren durch den Fachbeirat. Im Magazin selbst gefällt mir der Mix aus wissenschaftlichen Themen, Praxisbeiträgen und Erfahrungsberichten. Ich glaube, das ist eine sehr gute Grundlage für den bildungspolitischen Diskurs und für die Professionalisierung im Feld. Für die Zukunft wünsche ich mir, dass die schon sehr gute Reichweite des Magazins noch weiter erhöht werden kann. Ich denke da durchaus auch international.

Robert Kramreither: Ich erhalte regelmäßig sehr positives Feedback aus der Erwachsenenbildungs-Community, in der das Magazin sehr hohes Ansehen genießt. Das Medium ist im gesamten deutschsprachigen Raum bekannt und mehr als 50% der Veröffentlichungen stammen von außerhalb Österreichs – ich bin also insgesamt sehr zufrieden und sehe unmittelbar keinen Verbesserungsbedarf. Ganz im Gegenteil – ich glaube, wenn wir kurz- und mittelfristig so weiterarbeiten wie bisher, dann befinden wir uns auf dem richtigen Weg. Besonders stolz bin ich darauf, dass das gesamte Portal erwachsenenbildung.at im deutschsprachigen Raum eine so gute Reputation hat. Das haben wir vor bald 15 Jahren, als es um die Gründung ging, nicht erwartet – wenn wir es auch erhofft haben.

Mag. Wilfried Frei (geb. Hackl)

wilfried.frei@conedu.com
http://www.conedu.com
+43 (0)316 719508-11

Wilfried Frei (geb. Hackl) ist Geschäftsführer von CONEDU Verein für Bildungsforschung und -medien und seit 2004 Redaktionsleiter des Portal erwachsenenbildung.at. Daneben ist er Zertifizierungsleiter bei der Weiterbildungsakademie Österreich (wba) und qualifizierter Gutachter für Lerner- und Kundenorientierte Qualitätsentwicklung (LQW/KQB). Er verfügt über langjährige Erfahrung als Lehrbeauftragter, Trainer, Moderator und Berater.

Simone Müller, M.A.

simone.müller@conedu.com
http://www.conedu.com
+43 (0)316 719508-10

Simone Müller ist pädagogisch-wissenschaftliche Mitarbeiterin von CONEDU, wo sie seit 2018 im Arbeitsbereich DigiProf – Digitale Professionalisierung in der Erwachsenenbildung tätig ist. Mit der vorliegenden Ausgabe übernimmt sie zudem die Redaktion des Magazin erwachsenenbildung.at. Sie studierte Erwachsenen- und Weiterbildung an der Karl-Franzens-Universität Graz und arbeitet derzeit an ihrer Dissertation.

Measurements Always Have Blind Spots...

A conversation with Gerhild Schutti and Robert Kramreither

Abstract

Starting with this issue, Issue 40, Gerhild Schutti and Robert Kramreither have taken over as editors of The Austrian Open Access Journal on Adult Education (Magazin erwachsenenbildung.at, Meb). Gerhild Schutti, director of the Federal Institute for Adult Education (bifeb), and Robert Kramreither, deputy director of the adult education department in the Federal Ministry of Education, Science and Research, look back on their „history" with Meb and outline how they envision their role as editors. In a conversation with Wilfried Frei and Simone Müller from the Meb editorial department, they respond to questions about what they value about Meb, what they wish for it and what concerns them about the „measurability of education" in their own areas of activity. (Ed.)

Von Evidenzbasierung zur fachlich-reflektierten Wirkungsorientierung

Thomas Stangl

Stangl, Thomas (2020): Von Evidenzbasierung zur fachlich-reflektierten Wirkungsorientierung.
In: Magazin erwachsenenbildung.at. Das Fachmedium für Forschung, Praxis und Diskurs.
Ausgabe 40, 2020. Wien.
Online im Internet: https://erwachsenenbildung.at/magazin/20-40/meb20-40.pdf.
Druck-Version: Books on Demand GmbH: Norderstedt.

Schlagworte: Wirkungsmessung, Wirkungsdiskurs, Wirkungsziele, Wirkungsorientierung,
Steuerung, Evidenz, Evidenzbasierung, evidenzbasierte Praxis, Bildung, Weiterbildung

Kurzzusammenfassung

Welche methodologischen und normativen Herausforderungen ergeben sich bei der Messung
von Wirkungen im Bildungsbereich? Geht es darum, Praxisentscheidungen zu fundieren, oder
doch eher darum, Bildungsangebote zu legitimieren? Der vorliegende Beitrag diskutiert
evidenzbasierte Praxis (Bearbeitung praktischer Probleme durch vorhandene wissenschaftliche
Studien) und evidenzbasierte Praktiken (wirkungsorientierte Evaluationen der gelebten Praxis)
und zeigt deren Herausforderungen und auch Schwächen auf. These ist, dass eine reine
Evidenzbasierung in beiden Fällen den komplexen und normativen Bedingungen von Bildungsprozessen nicht gerecht wird. Denn oft haben die Wahl der relevanten Wirkungsziele und die
Frage, wer dies aus welchen Gründen bestimmen soll, einen bedeutenden Einfluss auf die Bewertung. Den Abschluss bildet ein Plädoyer für eine fachlich-reflektierte Wirkungsorientierung
im Bildungsbereich. Konkret würde das bedeuten, die AdressatInnen der Bildungsangebote
sowohl bei der Formulierung der Ziele als auch bei der Wahl der Mittel zu beteiligen und in
ihrer Autonomie zu respektieren. (Red.)

03

Thema

Von Evidenzbasierung zur fachlich-reflektierten Wirkungsorientierung

Thomas Stangl

„„Nicht alles was zählt ist messbar und nicht alles was messbar ist zählt'. Die Frage ‚was ist im Einzelfall angemessen?' kann keinesfalls durch den Hinweis auf eine hohe statistische Wirkungswahrscheinlichkeit ersetzt werden, völlig unabhängig davon, wie valide und reliabel die zu Grunde gelegten Messverfahren auch immer sein mögen."

Schrödter/Ziegler 2007, S. 42

Eine international geführte Debatte über die Möglichkeiten und Grenzen einer Wirkungsorientierung und die damit verbundenen Steuerungsprogramme ist seit langem in vollem Gange (siehe u.a. Bellmann/ Müller 2011). Bei praktischen und politischen Entscheidungen sollen nicht mehr Fachautoritäten und ihre Ideologien eine Rolle spielen, sondern vor allem die bestverfügbare Evidenz aus der Forschung (vgl. Hüttemann 2010, S. 127f.).

Häufig erweisen sich Wirkungsstudien im Bildungs- und Sozialbereich jedoch als Mogelpackung. Nicht in jeder Studie, auf der „Wirkung" draufsteht, werden auch tatsächlich „Wirkungen" und noch weniger „Nebenwirkungen"[1] gemessen. Die Erwartungen, die an Wirkungsstudien gestellt werden, nämlich Erklärungen oder Handlungsanleitungen für die Praxis zu generieren, können in den seltensten Fällen eingelöst werden (vgl. Schrödter/ Ziegler 2007, S. 5).

Wirkung als das (Nicht-)Erreichen von Zielen?

Ist von Wirkungen die Rede, geht es in der Regel um intendierte Zustandsänderungen, die beobachtbar sind und hinreichend plausibel mit einer gesetzten Maßnahme in Zusammenhang gebracht werden können. Diese abgeschwächte Wirkungsdefinition erlaubt keine Erklärungen oder Prognosen von bestimmten Ereignissen, sondern beschreibt lediglich das Erreichen oder Nicht-Erreichen von intendierten Zielen (vgl. Tornow 2008, S. 51). Dadurch können bei der Bewertung von Bildungsangeboten wesentliche Einflussfaktoren (z.B. Familie und soziale Beziehung) oder mögliche andere Wirkungen und Nebenwirkungen (z.B. eine sinkende Kriminalität, die Verbesserung/Verschlechterung des psychischen Wohlbefindens oder die Reproduktion sozialer Ungleichheit) aus dem Blick geraten.

---

1 Als Nebenwirkungen werden Verschlechterungen in zumindest einem Lebensbereich (z.B. Gesundheit) bei gleichzeitiger Verbesserung in zumindest einem anderen Lebensbereich (z.B. berufliche Karriere) verstanden.

Der Beitrag widmet sich der Frage, welche methodologischen und normativen Herausforderungen sich bei Wirkungsnachweisen von Bildungsangeboten ergeben. Es wird die These vertreten, dass die Vorstellung einer reinen Evidenzbasierung nicht haltbar ist und aufgrund der komplexen und normativen Bedingungen von Bildungsprozessen für die Wahl von Wirkungsindikatoren, für die Modellierung von Wirkungsbeziehungen sowie für die darauf aufbauenden Entscheidungen eine fachliche Orientierung notwendig ist. Mit einer fachlichen Orientierung sind bei der Wahl von Wirkungsindikatoren die theoretischen Bezüge und konzeptionellen Grundlagen für den partizipativen Forschungsprozess gemeint. Bei der Modellierung von Wirkungsbeziehungen ist eine fachliche Orientierung wichtig, weil kausale Zusammenhänge nicht direkt beobachtbar sind und es theoretische Annahmen über Wirkungszusammenhänge braucht. Die praktischen Entscheidungen müssen im Einzelfall, unter unsicheren und ambivalenten Bedingungen, fachlich abgewogen werden und können nicht allein aus der Evidenz abgeleitet werden. Plädiert wird für einen fachlich-reflektierten Zugang bei der Produktion von Evidenz in der Forschung und bei deren Implementierung in die Praxis, d.h. für einen Zugang, der den einzelnen Menschen und seine Handlungsfreiheit im Fokus hat und behält. Konkret würde das bedeuten, die AdressatInnen der Bildungsangebote sowohl bei der Formulierung der Ziele als auch bei der Wahl der Mittel zu beteiligen und in ihrer Autonomie zu respektieren.

Der halbierte Wirkungsdiskurs

Das Interesse an einer wirkungsorientierten Steuerung im Bildungs- und Sozialbereich äußert sich auf vier Ebenen, die miteinander verknüpft sind. Es ist das das Interesse:

- politische Entscheidungen zu steuern,
- Fachkräfte in der Praxis anzuleiten,
- Organisationen zu steuern und
- steuerungsrelevantes Wissen mittels Forschung bereitzustellen (vgl. Otto 2007, S. 13).

Gemeinsam ist den Ebenen ein zunehmender Legitimationsdruck, die Wirksamkeit von Maßnahmen im Bildungs- und Sozialbereich nachzuweisen. Im deutschsprachigen Raum liegt ausgehend von einer Qualitätsdebatte der letzten Jahrzehnte nach Hans-Uwe Otto (2007, S. 22) der Fokus vor allem auf der Evaluation von Qualitätsindikatoren, welche eine wirkungsorientierte Finanzierung im Sinne einer Effizienzsteigerung ermöglichen soll. Dies ist auch in Ländern wie Großbritannien oder den USA der Fall. Jedoch spielt im angloamerikanischen Sprachraum der Einbezug von systematischer Wirkungsforschung (wissenschaftliche Übersichtsarbeiten zu einer bestimmten Fragestellung) in fachliche und politische Entscheidungen eine zentralere Rolle. Otto nennt den deutschsprachigen Diskurs daher den *„halbierten Wirkungsdiskurs"* (ebd.). Im deutschen Sprachraum hat sich die Forschungslage in den letzten Jahren zwar stetig verbessert (siehe u.a. Projektträger im DLR 2012; Hooley 2014; Manninen et al. 2014), sie ist jedoch nicht mit der Datenlage im angloamerikanischen Bereich zu vergleichen.

Umso geringer und schwächer die Datenlage aus der Forschung ist, umso weniger werden wissenschaftliche Erkenntnisse in die praktische Entscheidungsfindung einfließen können. Obwohl im deutschen Sprachraum oft die Rede von einer evidenzbasierten Praxis ist, haben die wirkungsorientierten Evaluationsstudien im Bildungs- und Sozialbereich nichts mit dem eigentlichen Konzept einer evidenzbasierten Praxis (evidence based practice) zu tun. Gerlinde Struhkamp-Munshi (2007, S. 10) schlägt vor, zwischen evidenzbasierter Praxis und evidenzbasierten Praktiken zu unterscheiden. Denn meist geht es nicht darum, Praxisentscheidungen zu fundieren, sondern pädagogische Praktiken (wie z.B. Bildungsangebote) zu evaluieren.

Das ursprüngliche Konzept evidenzbasierter Praxis...

Das Konzept einer evidenzbasierten Praxis hat seinen Ursprung in der Medizin. In die praktische Entscheidungsfindung werden dabei:

- das beste Wissen über effektive Maßnahmen aus der systematischen Forschung,
- die klinische Expertise und
- die Wertepräferenzen der AdressatInnen einbezogen (vgl. Sackett et al. 1996, S. 71).

Alle drei Komponenten haben gleich großes Gewicht. Gefordert wird, dass jede dieser Entscheidungskomponenten mit gleicher Sorgfalt behandelt und keine bevorzugt wird (vgl. Albright/Thyer 2010, S. 137). Vor diesem Hintergrund beschreibt das Konzept einer evidenzbasierten Praxis notwendige Schritte, um z.B. praktische Problemstellungen durch eine geeignete Fragestellung und Bewertung der vorhandenen wissenschaftlichen Studien zu bearbeiten. Folgende Schritte sind dabei zu beachten (Mullen/Bellamy/Bledsoe 2007, S. 14ff.):

1. *„Formulieren Sie Ihre Informationsbedürfnisse als eine beantwortbare Frage.*
2. *Suchen Sie zur Beantwortung dieser Frage nach der besten Evidenz.*
3. *Führen Sie eine kritische Bewertung der Evidenz in Bezug auf ihre Validität (Wahrheitsnähe), ihre Auswirkungen (Effektgröße) und ihre Anwendbarkeit (Nützlichkeit für unser Handlungsfeld) durch.*
4. *Führen Sie Ihre kritische Bewertung und Ihre praktischen Erfahrungen mit den Stärken, Wertvorstellungen und Lebensumständen Ihres Klienten zusammen. Sie müssen die Evidenz nun in Verbindung mit den Wertvorstellungen und Präferenzen Ihrer Klienten überdenken.*
5. *Beurteilen Sie Ihre eigene Effektivität und Effizienz bei der Durchführung der Schritte 1-4 und suchen Sie nach Möglichkeiten, wie Sie sie das nächste Mal verbessern können.*
6. *Als Ergänzung: Lehren Sie anderen, ebenfalls nach diesem Konzept zu arbeiten."*

Was ist überhaupt „beste Evidenz"?

Bei der kritischen Diskussion über die Möglichkeiten und Grenzen evidenzbasierter Praxis ist vor allem umstritten, was unter „bester Evidenz" in der Forschung zu verstehen ist. VertreterInnen einer starken Version evidenzbasierter Praxis orientieren sich an einer hierarchischen Ordnung von Forschungsdesigns (levels of evidence). Sie unterscheiden die Forschungsdesigns hinsichtlich ihrer wissenschaftlichen Güte. An der Spitze der Hierarchie stehen dabei die Metaanalysen von randomisierten Kontrollstudien. Sie werden als der gold standard of evidence bezeichnet (vgl. Gray/Plath/Webb 2009, S. 31-37). In der Hierarchie abfallend gereiht sind u.a. randomisierte kontrollierte Studien, Kohortenstudien, Fall-Kontroll-Studien, qualitative Studien,

Fallberichte und ExpertInnenmeinungen. Die Bevorzugung gewisser Forschungsdesigns in der evidenzbasierten Praxis bedeutet jedoch nicht, dass andere Designs keine brauchbaren Informationen liefern können. Bei einem grundsätzlichen Mangel an Studien sind verstärkt die klinische Expertise und die Präferenzen der AdressatInnen gefragt. D.h., eine fachlich-reflektierte Praxis ist auch ohne Evidenz aus der Forschung handlungsfähig. Umgekehrt kann die Evidenz aus der Forschung ohne eine fachliche Bewertung und Zusammenführung zu keiner Handlungsanleitung führen. Eine evidenzbasierte Praxis ist nicht mit der kategorischen Orientierung an Wirkungsnachweisen aus dementsprechenden Studien gleichzusetzen.

…in der Erwachsenenbildung

Dieses Konzept einer evidenzbasierten Praxis wurde relativ schnell von verschiedenen Professionen (Psychologie, Soziale Arbeit, Pflege etc.) aufgenommen (siehe u.a. Gray/Plath/Webb 2009). Es eignet sich insbesondere für professionelle Beratungssettings, könnte grundsätzlich aber auch bei der Entwicklung von Bildungsangeboten angewendet werden.

Im Wesentlichen geht es darum, die bestverfügbaren wissenschaftlichen Erkenntnisse – neben der Expertise und Erfahrung der Lehrenden, der eigenen pädagogischen Haltung und den Wertevorstellungen der Zielgruppe (individuelle Präferenzen, Sorgen und Erwartungen) – in die Konzeption von Bildungsangeboten einzubeziehen. Konkret umgesetzt, würde das heißen: Zu Beginn wird eine Fragestellung formuliert und werden Studien zur Beantwortung gesucht, die hinsichtlich ihrer wissenschaftlichen Güte bewertet werden. Derart kann Aufschluss darüber gewonnen werden, welche Faktoren bei einem bestimmten Bildungsangebot, bei einer definierten Zielgruppe zu einer intendierten Wirkung führen. Danach müssen die kritische Bewertung der Studien und die eigene praktische Erfahrung mit den Lebensumständen und Wertevorstellungen der Zielgruppe zusammengeführt werden (vgl. Mullen/Bellamy/Bledsoe 2007, S. 19). Dies kann zum Beispiel durch Bedarfsanalysen und Zielgruppenbefragungen erhoben werden oder am Beginn eines Bildungsangebots in die didaktische Planung einfließen.

...und ihre Problemstellen

Zu beachten ist nach Matthias Hüttemann (2010, S. 126f.), dass die messbaren Wirkungen in der bildungs- und sozialwissenschaftlichen Forschung meistens weniger stark und eindeutig sind als in der biomedizinischen Forschung. *„Das Problem bestehe nun darin, dass überall dort, wo Phänomene oder Praktiken Ambiguität aufweisen, zwangsläufig weite Interpretationsspielräume existieren[,] und überall dort, wo sich Interpretationsspielräume zeigen, strenge Messverfahren eher wenig tauglich sind[,] wenn es darum gehen soll, Praxis ‚anzuleiten'"* (Schrödter/Ziegler 2007, S. 6). Aus diesem Grund kann gerade der konstruktive Umgang mit Unsicherheit und Ambivalenz professionelles Handeln auszeichnen (siehe Schütze 1992).

Bei zu starker Standardisierung der pädagogischen Praxis würde die pädagogische Gestaltung von Bildungsangeboten zu einem Abarbeiten eines Handbuches verkommen. Es wären dann die Fragen gerechtfertigt – ob es sich überhaupt noch um eine professionelle Tätigkeit handelt und ob diese Art der Praxis geeignet ist, die Ziel- und Wertevorstellung von Bildungsangeboten zu erfüllen. Zu bedenken gilt auch, dass bei einer hohen Standardisierung diejenigen Bildungsangebote bevorzugt werden, die einfach und kontrolliert zu messende Indikatoren und Konzepte bereitstellen. Aus diesen Gründen ist die Vorstellung einer reinen Evidenzbasierung nicht haltbar und führt zu keiner Verbesserung der professionellen Praxis.

Evidenzbasierte Praktiken und ihre methodologischen Fragen

Der Wunsch, die Wirksamkeit einzelner Bildungsangebote darzustellen, wirft zahlreiche methodologische Fragen auf. Was im wissenschaftlichen Kontext als Wirkung und Evidenz[2] anerkannt wird und ob es so etwas wie eine unbestrittene Tatsache oder einen sicheren Beweis dafür gibt, ist Teil einer methodologischen Debatte.
Im allgemeinen Sprachgebrauch versteht man unter einer Wirkung das Ergebnis einer oder mehrerer

Ursachen. Der Zusammenhang zwischen Ursache und Wirkung wird als Kausalität bezeichnet. Dieser Zusammenhang ist jedoch ein theoretischer: Denn aus einzelnen Erfahrungen wird versucht, einen allgemeinen Schluss auf zukünftige Ereignisse zu ziehen (siehe Hume 1993 [1748]). Die Gültigkeit dieser induktiven Vorgehensweise wurde in der Tradition von David Hume vor allem von Karl Popper (u.a. 2005) widerlegt. Popper zeigte, dass ein wahrheitserweiternder Schluss von einzelnen Beobachtungsätzen auf ein allgemeines Gesetz nicht folgerichtig ist. Nur durch die Prüfung und Eliminierung falscher Theorien ist in der Forschung eine Wahrheitsannäherung möglich.

Die Tatsache, dass Theorien nur vorläufige Vermutungen darstellen, wirft die Frage auf, ob im Kontext evidenzbasierter Ansätze tatsächlich von sicherer Evidenz gesprochen werden kann und ob dieser Anschein nicht irreführend ist. Da Popper zeigte, dass Theorien über Beobachtungen hinausgehen, können auch jene evidenzbasierten Ansätze kritisiert werden, die in ihrer radikalsten Ausformung behaupten, ohne Theorien auszukommen, und eine reine Orientierung an der Evidenz für möglich halten.

Wirkung als logisches Argument

Wenn in Studien Wirkungszusammenhänge untersucht werden, dann kommt in der Regel nur eine eingeschränkte Wirkungsdefinition zur Anwendung oder es wird komplett auf eine Wirkungsdefinition verzichtet. In den meisten Wirkungsstudien wird lediglich untersucht, was wirkt, und es werden die beobachteten Veränderungen nach einer bestimmten Zeit beschrieben. Soll darüber hinaus untersucht werden, warum etwas wirkt, dann wird eine wissenschaftliche Erklärung benötigt. Eine befriedigende Erklärung besteht nach Popper (2002, S. 153f.) aus prüfbaren und falsifizierbaren Gesetzen und Anfangsbedingungen. Popper entwickelte ein Schema eines idealen Erklärungsarguments. Ein Erklärungsargument ist nach Popper (ebd.) eine Deduktion, bei der das zu erklärende Ereignis, die Konklusion (Explikandum), aus den erklärenden

---

2   Der englische Ausdruck „evidence" im Sinne von bewiesener und unbestrittener Tatsache hat eine etwas andere Bedeutung als der deutsche Ausdruck „Evidenz" im Sinne von Klarheit und Deutlichkeit.

Sätzen, den Prämissen (Explanans), folgt. Die erklärenden Sätze enthalten mindestens ein allgemeines Gesetz (nomologische Hypothese) und eine singuläre Anfangsbedingung. Eine allgemeine Gesetzesaussage könnte z.B. lauten „Alle Personen, die das Bildungsangebot x besuchen, werden zum kritischen Denken angeregt." Besucht nun eine Person p das Bildungsangebot x, dann folgt daraus, dass p zum kritischen Denken angeregt wird. Wenn es eine Person p gibt, die das Bildungsangebot x besucht hat, jedoch nicht zum kritischen Denken angeregt wurde, dann wäre die nomologische Hypothese falsifiziert. Die nomologischen Hypothesen sind als theoretische Wirkungsmodelle zu entwickeln.

Herausforderungen bei der Anwendung

Dieses ideale logische Schema ist in der empirischen Anwendung aufgrund der fehlenden allgemeinen Gesetzesaussagen nur schwer zu erfüllen. Daher kommen in den Wirkungsstudien vor allem statistische Erklärungen zur Anwendung. Bei statistischen Erklärungen ist der aussagenlogische Schluss von den Prämissen auf die Konklusion jedoch nicht folgerichtig. Es besteht lediglich ein probabilistischer Zusammenhang, d.h., die Erklärung trifft nur mit einer bestimmten Wahrscheinlichkeit zu. Statistische Korrelationen geben somit keine Auskunft über ursächliche Zusammenhänge (vgl. Hüttemann 2010, S. 121).

Wenn Wirkungsstudien nicht alle einflussreichen Faktoren kennen oder nicht alle Faktoren bei der Bewertung von Bildungsangeboten kontrollieren können, dann kann es sein, dass ein erfolgreiches Bildungsangebot bei Wiederholung, d.h. mit anderen Lehrenden und Lernenden oder in einem anderen Standort, auch nicht mehr erfolgreich ist. Es können auch gesellschaftliche Veränderungen, wie eine Verbesserung oder Verschlechterung der sozialen Verhältnisse, Einfluss auf die Wirkung eines Bildungsangebots nehmen. Daneben sind auch der Messzeitpunkt und der Entwicklungsstand von Lernenden zu berücksichtigen. Wirkungen und Nebenwirkungen können oft erst erheblich später sichtbar werden. Ebenso können Nebenwirkungen von Bildungsangeboten erst zu einem späteren Zeitpunkt auftreten und kurzfristig wahrgenommene Erfolge und Misserfolge in ihr Gegenteil umschlagen.

Zusammenfassend zeigt sich also, dass es bei Bildungsprozessen immer intervenierende Variablen gibt, die dazu führen, dass bestehende Wirkungsbeziehungen überlagert, verzögert, verstärkt oder konterkariert werden. Die Korrelationen zwischen den Variablen können statistisch signifikant – aber irrelevant – sein und sie können keine Kausalzusammenhänge beschreiben.

Die normative Frage nach den Wirkungszielen

Bei allen Wirkungsstudien ist zu bedenken, dass die normative Frage nach den Wirkungszielen einen entscheidenden Einfluss auf die Bewertung und damit den Erfolg eines Bildungsangebotes hat. Ein Qualitätskriterium bei der Formulierung von Wirkungszielen können die fachliche Begründung, der Grad der Beteiligung und die Berücksichtigung der individuellen Handlungsfreiheit sein (siehe Sen 1999). Wenn für die Bewertung von Bildungsangeboten nur die Erreichung oder Nicht-Erreichung von wenigen Kompetenzbereichen untersucht wird, dann bleiben viele andere relevante Lebensbereiche unberücksichtigt. Selbst wenn nicht alle möglichen Wirkungen und Nebenwirkungen untersucht werden können, ist es sinnvoll, die Wirkungsziele möglichst breit und mehrdimensional aufzustellen. Menschen können in vielen Lebensbereichen benachteiligt sein, und eine Besserung in einem Bereich kann eine Verschlechterung in einem anderen Bereich bedeuten (vgl. Schrödter/Ziegler 2007, S. 10).

Beteiligung der AkteurInnen

Bei der Formulierung von Wirkungszielen sollten alle Akteurinnen und Akteure (AuftraggeberInnen, Lehrende, Lernende, BildungsanbieterInnen) beteiligt sein. Dabei können politische Wirkungsinteressen, Wirkungsinteressen von BildungsanbieterInnen und Wirkungsinteressen von Lernenden in einer demokratischen Diskussion (ausführlich dazu Robeyns 2006) ausverhandelt werden (vgl. Sen/Krüger 2012, S. 9). Die Beteiligung der Akteurinnen und Akteure ist unter anderem deshalb wichtig, weil die Erreichung von intendierten Wirkungen eines Bildungsangebotes entscheidend von der Ko-Produktion der Akteurinnen und Akteure abhängig ist. *„Würde man*

Wirkung unabhängig vom Adressatenwillen als pure Erreichung gesellschaftlicher Normalitätsstandards bestimmen, wäre Wirkungsmessung nur die Messung des Anpassungsvermögens von Leistungsberechtigten" (Früchtel/Budde/Herweg 2010, S. 29).

Bildungsangebote bleiben Angebote

Bildungsangebote sind im Wortsinn tatsächlich nur Angebote an Lernende. Der Lehr- und Lernerfolg ist durch ein multifaktorielles Zusammenspiel gekennzeichnet, dessen Bewertung auch die Handlungsfreiheit des/der Lernenden zu berücksichtigen hat. Dafür müssten Wirkungsstudien im Bildungsbereich nicht nur untersuchen, was eine Person ist und tut, sondern was eine Person zu sein oder zu tun in der Lage ist (vgl. Nussbaum 2011, S. 20).

Beispielsweise kann sich eine Person in einem Bildungsangebot Wissen über gesunde Ernährung aneignen und sich trotzdem gegen diese entscheiden. Das Bildungsangebot hätte jedoch seine intendierte Wirkung erreicht, indem die Fähigkeiten, sich gesund zu ernähren, entwickelt wurden, auch wenn diese nicht realisiert und damit in der Regel in den Wirkungsstudien nicht gemessen werden. Wenn das Bildungsangebot hingegen von einer Person besucht wird, die in einem von Dürre betroffenen Land lebt, und dieser Person nicht ausreichend gesunde Lebensmittel zur Verfügung stehen, dann sind die Möglichkeit und Freiheit, sich gesund zu ernähren, nicht gegeben. Wird mit dem Bildungsangebot aus bildungspolitischer Sicht also das Ziel verfolgt, die einzelnen Personen zu befähigen, sich gesund zu ernähren, müssten auch die sozial- und umweltbezogenen Faktoren bei der Bewertung berücksichtigt werden. Mit dem Bildungsangebot konnte dann aus bildungspolitischer Sicht die intendierte Wirkung nicht erreicht werden.

Ausblick

Die Frage nach den Wirkungen und der Legitimation von Bildungsangeboten ist keine neue Frage und wird die Erwachsenenbildung auch in Zukunft beschäftigen. Die Verwendung des Ausdrucks Wirkung und seiner Komposita erscheint bei vielen Studien im Bildungsbereich aus genannten methodologischen und pädagogischen Gründen nicht unbedingt passend. Es wäre teilweise besser, von Zwischenergebnissen zu sprechen, welche in einem gemeinsamen Bildungsprozess erreicht werden, die mit einer gewissen Wahrscheinlichkeit auf das Bildungsangebot zurückzuführen sind.

Eine Evidenzbasierung ersetzt keine Fachlichkeit. Stärker noch, ist eine fachliche Orientierung Voraussetzung bei der Produktion und Anwendung der Evidenz. Denn selbst wenn ausreichend Wissen über die Mittel zur Zielerreichung bereitstünden, gilt es zu bedenken, dass einerseits die Forschung nicht angeben kann, wie ihre Ergebnisse anzuwenden sind, andererseits nicht alle Mittel pädagogisch zu rechtfertigen sind. Der Zweck heiligt in diesem Sinne die Mittel nicht.

Außerdem kommt es im Bildungsbereich besonders auf die Art und Weise der Bestimmung dieses Zweckes und damit der relevanten Wirkungsziele an. Hier sind insbesondere die Wertevorstellungen und Handlungsfreiheit der AdressatInnen von Bildungsangeboten zu berücksichtigen. Die Handlungsfreiheit wird maßgeblich auch von sozial- und umweltbezogenen Faktoren beeinflusst.

Daher wäre es ein unangemessenes Kriterium, die Legitimation eines Bildungsangebotes, unabhängig von diesen Aspekten, einzig in dessen gemessener Wirksamkeit zu sehen. Nichtsdestotrotz führt der zunehmende Vertrauensverlust in die professionelle Selbststeuerung, die ein situatives und reflexives Agieren ermöglicht, zu einem vermehrten Einsatz von einfachen und kurzfristig angelegten Kosten-Nutzen-Relationen bei der Bewertung von Bildungsangeboten (vgl. Otto 2007, S. 13ff.). Umso wichtiger erscheint es, dass sich die Akteurinnen und Akteure der Erwachsenenbildung nicht dem Wirkungsdiskurs entziehen, sondern fachlich angemessene Forschungsansätze entwickeln und damit unangemessene Bewertungskriterien verhindern. Für eine fachlich-reflektierte Wirkungsorientierung im Bildungsbereich spricht, dass damit aus der Erfahrung gelernt werden kann und das gemacht wird, was möglichst viel nützt (und aus guten Gründen wertgeschätzt wird) sowie gleichzeitig möglichst wenig schadet. Bei fehlendem empirischem Wissen besteht die Gefahr, dass die Erreichung von intendierten Zielen immer dem Bildungsangebot zugeschrieben wird. Bei Nicht-Erreichung der intendierten Ziele hingegen, dass die Ursachen in der mangelnden Motivation der Lernenden oder im Mangel individueller Kompetenzen der Lehrenden gefunden werden (vgl. Wolf 2006, S. 2f.).

Literatur

Albright, David/Thyer, Bruce (2010): Die Anwendung des evidenzbasierten Praxismodells auf die Soziale Arbeit. In: Otto, Hans-Uwe/Polutta, Andreas/Ziegler, Holger (Hrsg.): What Works – Welches Wissen braucht die Soziale Arbeit. Zum Konzept evidenzbasierter Praxis. Opladen & Formington Hills: Verlag Barbara Budrich, S. 137-151.

Bellmann, Johannes/Müller, Thomas (Hrsg.) (2011): Wissen, was wirkt. Kritik evidenzbasierter Pädagogik. Wiesbaden: VS Verlag für Sozialwissenschaften.

Früchtel, Frank/Budde, Wolfgang/Herweg, Oliver (2010): Die Entdeckung der Wirksamkeit. Von der technologischen zur sozialarbeiterischen Rationalität. Sozialmagazin, 35. Jahrgang 1/2010. Online im Internet: https://www.fh-potsdam.de/fileadmin/user_upload/fb-sozialwesen/personen/fruechtel_frank/publikationen/Entdeckung_der_Wirksamkeit_Sozialmagazin.pdf [Stand: 2020-07-07].

Gray, Mel/Plath, Debbie/Webb, Stephen A. (2009): Evidence-based social work. A critical stance. London/New York: Routledge.

Hume, David (1993 [1748]): Untersuchungen über den menschlichen Verstand. 14. Aufl. Hamburg: Meiner Verlag.

Hüttemann, Matthias (2010): Woher kommt und wohin geht die Entwicklung evidenzbasierter Praxis. In: Otto, Hans-Uwe/Polutta, Andreas/Ziegler, Holger (Hrsg.): What Works – Welches Wissen braucht die Soziale Arbeit. Zum Konzept evidenzbasierter Praxis. Opladen & Formington Hills: Verlag Barbara Budrich, S. 119-135.

Hooley, Tristram (2014): The Evidence Base on Lifelong Guidance. A GUIDE TO KEY FINDINGS FOR EFFECTIVE POLICY AND PRACTICE. Saarijärvi: The European Lifelong Guidance Policy Network (ELGPN). Online im Internet: http://www.elgpn.eu/publications/elgpn-tools-no.-3-the-evidence-base-on-lifelong-guidance [Stand: 2020-07-07].

Manninen, Jyri et al. (2014): Benefits of Lifelong Learning in Europe: Main Results of the BeLL-Project. Research Report. Bonn. Online im Internet: https://epale.ec.europa.eu/de/node/3224 [Stand: 2020-07-07].

Mullen, Edward J./Bellamy, Jennifer L./Bledsoe, Sarah E. (2007): Evidenzbasierte Praxis in der Sozialen Arbeit. In: Sommerfeld, Peter/Hüttemann, Matthias (Hrsg.): Evidenzbasierte Soziale Arbeit. Nutzung von Forschung in der Praxis. 1. Aufl. Bertelsmann Schneider Verlag Hohengehren, S. 10-25.

Nussbaum, Martha Craven (2011): Creating capabilities. The human development approach. Cambridge, Mass.: Belknap Press of Harvard University Press.

Otto, Hans-Uwe (2007): What Works? Expertise. Zum aktuellen Diskurs um Ergebnisse und Wirkungen im Feld der Sozialpädagogik und Sozialarbeit – Literaturvergleich nationaler und internationaler Diskussion. Expertise im Auftrag der Arbeitsgemeinschaft für Kinder- und Jugendhilfe – AGJ. Berlin: Arbeitsgemeinschaft für Kinder- und Jugendhilfe (What works?).

Popper, Karl (2002): Realismus und das Ziel der Wissenschaft. Tübingen: Mohr Siebeck.

Popper, Karl (2005): Logik der Forschung. 11. Aufl. Tübingen: Mohr Siebeck.

Projektträger im DLR (Hrsg.) (2012): Alphabetisierung und Grundbildung Erwachsener. Abschlussdokumentation des Förderschwerpunktes zur Forschung und Entwicklung 2007-2012. Bielefeld: Bertelsmann. Online im Internet: https://www.pedocs.de/volltexte/2014/8551/pdf/Projekttraeger_im_DLR_2013_Alphabetisierung_und_Grundbildung_Erwachsener.pdf [Stand: 2020-07-07].

Robeyns, Ingrid (2006): The Capability Approach in Practice. In: J Political Philosophy 14 (3), S. 351-376.

Sackett, David et al. (1996): Evidence based medicine: what it is and what it isn't. In: BMJ, Volume 312.

Schrödter, Marc/Ziegler, Holger (2007): Was wirkt in der Kinder- und Jugendhilfe? Internationaler Überblick und Entwurf eines Indikatorensystems von Verwirklichungschancen. In: Wirkungsorientierte Jugendhilfe. Band 02. Beiträge zur Wirkungsorientierung von erzieherischen Hilfen. Eine Schriftreihe des ISA zur Qualifizierung der Hilfe zur Erziehung. Online im Internet: https://www.bke.de/content/application/explorer/public/newsletter/juni-2007/wirkungsorientierte-jugendhilfe-band-02.pdf [Stand: 2020-07-07].

Schütze, Fritz (1992): Sozialarbeit als „bescheidene Profession". In: Dewe, Bernd/Ferchhoff, Wilfried/Radtke, Frank-Olaf: Erziehung als Profession. Opladen: Leske & Budrich Verlag, S. 132-170. Online im Internet: https://www.ssoar.info/ssoar/bitstream/handle/document/4936/ssoar-1992-schutze-sozialarbeit_als_bescheidene_profession.pdf?sequence=1&isAllowed=y&lnkname=ssoar-1992-schutze-sozialarbeit_als_bescheidene_profession.pdf [Stand: 2020-07-07].

Sen, Amartya (1999): Development as freedom. Oxford: Oxford University Press.

Sen, Amartya Kumar/Krüger, Christa (2012): Die Idee der Gerechtigkeit. Ungek. Ausg. München: dtv.

Struhkamp-Munshi, Gerlinde (2007): Evidenzbasierte Ansätze in kinder- und jugendbezogenen Dienstleistungen der USA. Eine Recherche. Projekt exe, Deutsches Jugendinstitut. Online im Internet: https://www.dji.de/veroeffentlichungen/literatursuche/detailansicht/literatur/7637-evidenzbasierte-ansaetze-in-kinder-und-jugendbezogenen-dienstleistungen-der-usa.html [Stand: 2020-07-07].

Tornow, Harald (2008): Methodische Probleme bei der Wirksamkeitsmessung von Hilfen zur Erziehung (= unveröffentlichtes Manuskript).

Wolf, Klaus (2006): Wie wirken pädagogische Interventionen? Universität Siegen. Online im Internet: https://www.bildung.uni-siegen.de/mitarbeiter/wolf/files/download/wissveroeff/wirkungen.pdf [Stand: 2020-07-07].

Foto: kunstbahr

Thomas Stangl

thomas.stangl@bifeb.at
+43 (0)6137 6621-130
https://www.bifeb.at

Thomas Stangl studierte Soziale Arbeit an der FH Salzburg und Erziehungswissenschaften an der Universität Innsbruck. Seit Oktober 2018 ist er wissenschaftlich-pädagogischer Mitarbeiter am Bundesinstitut für Erwachsenenbildung (bifeb). Er entwickelt und leitet die Lehrgänge und Weiterbildungen für Supervision und Coaching, für Bildungs- und Berufsberatung und Beratung in (sozial-)pädagogischen Handlungsfeldern.

From an Evidence-based Approach to Impact Orientation That Is Participatory

Abstract

What methodological and normative challenges arise when impacts are measured in the field of education? Is the point to fund practical decisions or rather to legitimatize educational offerings? This article discusses evidence-based practice (dealing with practical problems based on prior scientific studies) and evidence-based practices (impact-oriented evaluations of actual practice), indicating their challenges as well as their weaknesses. The thesis is that in both cases, purely evidence-based research does not reflect the complex and normative conditions of educational processes. The choice of relevant impact goals and the question of who should determine them for what reasons often have a significant influence on the evaluations. The conclusion argues for an impact orientation that is participatory (evidence-informed practice) in the field of education. Concretely, this means that the target audience of the educational offerings should participate in both the formulation of goals and the choice of tools and that its autonomy should be respected. (Ed.)

Als dass alle Dinge durch Berechnen beherrscht werden könnten

Über die Idee der Messbarkeit von Wirkungen im Bildungsbereich

Stefan Vater

Vater, Stefan (2020): Als dass alle Dinge durch Berechnen beherrscht werden könnten. Über die Idee der Messbarkeit von Wirkungen im Bildungsbereich.
In: Magazin erwachsenenbildung.at. Das Fachmedium für Forschung, Praxis und Diskurs.
Ausgabe 40, 2020. Wien.
Online im Internet: https://erwachsenenbildung.at/magazin/20-40/meb20-40.pdf.
Druck-Version: Books on Demand GmbH: Norderstedt.

Schlagworte: Messbarkeit, Evidenzen, Max Weber, Bildungssoziologie, Unterfinanzierung, emanzipatorische Bildung, Messwettbewerb, Quantifizierungsmarkt

Kurzzusammenfassung

„Tyranny is always better organized than Freedom!" – mit diesem Zitat des Franzosen Charles Peguy (1959) schließt der vorliegende Beitrag in Anlehnung an Heinz-Dieter Meyers 2017 gehaltenen Vortrag „The Big Shift in Education". Diese Verschiebung, die Evidenz und Messbarkeit zu den „neuen Kardinaltugenden" im Bildungsbereich erhob, wird dabei nicht nur als von internationalen Konzernen und Agenturen befeuert skizziert. Hinterfragt wird vorliegend auch, warum wir vergleichen. Die Antwort scheint simpel: Weil wir es können oder glauben, es zu können, und weil wir Zahlen zur besseren Orientierung nutzen wollen. Jedoch: Was nicht messbar ist, bleibt dann auch unterbelichtet und unterfinanziert, existiert schlicht nicht oder bald nicht mehr und ist auch nicht so gut geeignet, um damit Geld zu verdienen. Für die verantwortlich gemachten Lehrenden bedeutet das oft eine Verschiebung vom „hast du verstanden?" zu „wirst du den Test bestehen?". Pädagogische Rationalität, so das Schlussplädoyer des Autors, ist aber nicht ausschließlich ziel- oder outputorientiert. Emanzipatorische Bildung ist ein Prozess ohne klares und immer gleiches Endziel. (Red.)

04

Thema

Als dass alle Dinge durch Berechnen beherrscht werden könnten

Über die Idee der Messbarkeit von Wirkungen im Bildungsbereich

Stefan Vater

> „Die zunehmende Intellektualisierung und Rationalisierung bedeutet [...] nicht eine zunehmende allgemeine Kenntnis der Lebensbedingungen, unter denen man steht. Sondern sie bedeutet etwas anderes: das Wissen davon oder den Glauben daran: daß man, wenn man nur wollte, es jederzeit erfahren könnte, daß es also prinzipiell keine geheimnisvollen unberechenbaren Mächte gebe, die da hineinspielen, daß man vielmehr alle Dinge – im Prinzip – durch Berechnen beherrschen könne. Das aber bedeutet: die Entzauberung der Welt."

> Max Weber, Wissenschaft als Beruf 1919, S. 488

„The Big Shift in Education"

Die „neuen Kardinaltugenden" im Bildungsbereich sind Evidenz und Messbarkeit, argumentierte Heinz-Dieter Meyer in seinem Keynote-Beitrag „The Big Shift in Education" auf dem Dreiländerkongress Bildungssoziologie in Basel (2017)[1]. Meyer argumentierte weiter, es herrsche ein unerschütterlicher und naiver Glaube, die Welt ließe sich vollständig in einer rechnenden, kalkulierenden, universellen Rationalität erfassen und in Zahlen gießen. Die Wirkungen, Effekte und Erträge ließen sich hinreichend in simplen quantitativen Ursache und Wirkungszusammenhängen darstellen. Meyer traf diese Einschätzung vor dem theoretischen Hintergrund der Schriften von Karl Marx und seiner Analyse des Prozesses der Durchsetzung des Kapitalismus als Prozess kapitalistischer Quantifizierung und Max Webers Idee moderner Entzauberung und Säkularisierung der Welt, die Weber aber gleichzeitig als Verlust des Alltages fasste.

Kontrastierend verwies Meyer bezogen auf die Tendenzen der sich universell verstehenden Quantifizierung auf die aristotelische Idee einer feld- oder kontextspezifischen, praktischen, begrenzten

---

1 Heinz-Dieter Meyer hielt seinen Keynote-Beitrag im November 2017 im Rahmen des am Institut für Bildungswissenschaften der Universität Basel und an der Pädagogischen Hochschule der Nordwestschweiz (Standort Basel) stattfindenden traditionellen Dreiländerkongresses der Sektionen Bildungssoziologie der schweizerischen, deutschen und österreichischen Gesellschaften für Soziologie (SGS, DGS, ÖGS) in Kooperation mit dem Leading House on Governance in Vocational and Professional Education and Training (GOVPET). Zitate, die im Fließtext ohne Quellen ausgewiesen sind, beziehen sich auf ebendiesen Vortrag.

Rationalität oder Einsicht (φρόνησις/phrónesis) (Aristoteles, Nikomachische Ethik VI, 5 und VI, 8–13[2]), die bei Aristoteles zwischen Wissen (episteme) und Können (techne) steht und diese ergänzt. Diese kontextspezifische Rationalität und ihre Wirkungen lassen sich schwer vermessen. Im Feld der Bildung steht heute – dichotomisch überspitzt – eine kontextgebundene, den TeilnehmerInnen verpflichtete pädagogische, lehrende, fragende Rationalität einer dominanten, erdrückenden, transparenten und profitablen ökonomisch-quantifizierenden Rationalität gegenüber (siehe Meyer 2017). Wobei Letzteres sich als universell, ausschließlich und allgemein versteht und eng verbunden und verstrickt ist mit neoliberalen, profitorientierten Entwicklungen (zur Definition von Neoliberalismus siehe Hall 2011; Butterwegge/Lösch/Ptak 2008). Eine ertragsorientierte Rationalität, die noch dazu oft mit dem Vorurteil einhergeht, BildungsarbeiterInnen, d.h. Lehrende, ErwachsenenbildnerInnen und BasisbildnerInnen kümmerten sich nicht um die Wirksamkeit ihrer Arbeit.

„Improving learner outcomes, worldwide and for good"[3]

Übersetzt: „Die Verbesserung der Lernergebnisse, weltweit und für immer" – ein vollmundiger, um nicht zu sagen, großmäuliger Slogan, denn mit den immerwährenden Versprechen ist es so eine Sache...

Der Bildungsbereich hat sich in Hinblick auf erwartete und versprochene Effekte von abgeschlossenen und modularen Bildungsprodukten grundlegend verändert, es gilt Sachen oder Regeln zu erlernen, zu kopieren, ein Lernprodukt als Klon der Lern-Vorlage (vgl. Spivak 2012, S. 21) herzustellen. Die Forderung von messbaren Outcomes und zahlenförmigen oder statistischen Evidenzen, oft verbunden mit einem simplen Black-Box Denken, verdrängt die Orientierung an den BildungsteilnehmerInnen und feldspezifische Perspektiven auf die Wirksamkeit von Bildung, wie die Erlangung von Handlungsmacht, aktive Demokratiekompetenz, und verdrängt

ebenso den Blick auf die Relevanz der Bildung in den Einschätzungen der Teilnehmenden. Es entstand ein blühender Markt von Agenturen und kommerziellen Firmen, die profitorientiert und im Wesentlichen ohne relevante, inhaltliche Kompetenz das Blaue vom Himmel versprechen (siehe Rowan 2006). Sie versprechen Wirksamkeit von natürlich verwertbarer Bildung, die im Konkurrenzkampf und gegen Krankheit, Faulheit und Jugendarbeitslosigkeit wirkt. Und diese Agenturen, Think-Tanks, Institute und Firmen können dies natürlich auch mit eleganten managementtauglichen Zahlenmaterialien belegen. Wer das eigene Handeln nicht durch Zahlen, Fakten, Evidenzen belegen kann, ist unsichtbar, old-style oder gar ein Gaukler.

Die Idee der Messbarkeit, der Quantifizierbarkeit, der Rankings scheint im Feld der Bildung befeuert von internationalen Konzernen und Agenturen, die sich ihre Arbeit sehr gut bezahlen lassen, ungebrochen. Die Lehrenden dürfen weiterhin zu denkbar geringen Löhnen arbeiten.

Alles scheint messbar, quantifizierbar, vergleichbar, in Konkurrenz setzbar. Warum vergleichen wir? Weil wir es können oder glauben, es zu können, und weil Zahlen zur besseren Orientierung in der „entzauberten Welt" (Max Weber) nutzen. Besonders neu ist das natürlich nicht: An die Stelle qualitativer Eigenarten tritt in der Marktwirtschaft der Preis des Produkts. Geld macht alles mit allem vergleichbar (siehe Hirschfeld 2017).

Alles ist messbar? Aber verändert das nicht auch alles?

An dieser Stelle erlaube ich mir – auch als Referenz an meine technische Schulbildung als Messtechniker – einen kleinen grundlegenden Exkurs. Ich bin ein Verfechter eines reflektierten Messens und auch prognostischer Modellbildung. Messen ist allerdings eine Tätigkeit von Menschen, sie ist mit Zielen verbunden und oft lustvoll, Modellbildung ebenso, die grundlegend und immer eine versuchte – und grundlegend theoretisch, reduktionistische und

---

2   Es ist das eine Konzeption, die in vielen modernen Ansätzen weiterentwickelt und wiederaufgegriffen wird: Tacit Knowledge, Implizites Wissen etc. (siehe dazu Polanyi 1966; Knorr-Cetina 2003).

3   Dieser Slogan findet sich [Stand Juli 2020] auf der Seite einer englischen Consulting Agentur (https://evidencebased.education).

abbildende – Annäherung an Aspekte von Realität, an ausgewählte Ausprägungen der Realität, über Indikatoren ist. Und immer sollte es auch um die Messpunkte, die Vollständigkeit und Vorannahmen und externen Faktoren gehen, die oft hinter präzisen Messungen verschwinden und die Willkürlichkeit oder strategischen Wahlen derselben mit Messpräzision überdecken.

Messung zeigt/ist niemals Wirklichkeit, sie erschafft Wirklichkeit in menschlicher Tätigkeit. Quantitative Messergebnisse sollten niemals als Realität verstanden oder missverstanden werden. Sie sind nicht die Realität. Dennoch können sie der Orientierung und Interpretation, der Diskussion dienen. Noch dazu verändert „Messen" normalerweise die Realität, hier könnte ein grundlegender Ausflug in die sozialwissenschaftliche Methodologie und Methodenlehre zu den Begriffen der Gegenstandsadäquatheit, Reaktivität oder Verzerrung wohl auch nicht schaden (siehe Weismann 1980; Lamnek 1995). Und ebenso ein Ausflug in die Welt der vielleicht oft unbewussten Scharlatanerie statistischer Methoden, wo so oft ohne eigentliche Kenntnis der Anwendbarkeit ein Anschein von Glaubhaftigkeit und Validität vermittelt wird. Denn Zahlen und genaue Angaben von minimalen Abweichungen und komplizierte Koeffizientennamen können doch nicht falsch sein oder irrelevant oder strategisch? Sie können von zumindest fraglichen Indikatoren und Bewertungen derselben präzisen Wirkungskurven oder auch Verbreitungsmodelle erstellt werden und die Grundannahmen verschwinden in der beeindruckenden mathematischen Komplexität und Genauigkeit des Modells. Ich beende diesen Exkurs in einem kurzen – und vielleicht nicht ganz adäquaten und paradoxen, da umgekehrten – Exkurs zu Werner Heisenberg und seiner Theorie der Unschärferelation (siehe Heisenberg 1986). Diese besagt, dass im subatomaren Bereich keine genauen Messungen möglich seien, da der Beobachtungs- bzw. Messvorgang auf das zu beobachtende Objekt eine Auswirkung habe, z.B. bezüglich seines Ortes, seiner Energie etc. Selbst in der scheinbar hochpräzisen Paradedisziplin Physik ist „Messen" also nur beschränkt möglich, ist Messen keine reine Abbildung der Wirklichkeit und verändert Messen die Realität (siehe Möller o.J.).

Ein Wettbewerb der Vermessung

Nahezu ein Messwettbewerb oder Quantifizierungsmarkt, sogar Messfetischismus und Evidenzfetischismus[4] sind verstrickt mit der neoliberalen Idee eines völligen Umbaus sozialer Ordnungen (Topologien) zu beobachten. Es wird für den Bildungsmarkt gemessen, für Exzellenz, Qualität, für den Profit und die neoliberale Phantasie einer Zerstörung des öffentlichen Bildungswesens (ganz offen dargelegt von z.B. Fabio Lacchini o.J. auf der Homepage des Hayek-Institutes oder auch für die OECD: Morrisson 1996). Dies ermöglicht Konkurrenzorientierung und Profitorientierung in Rankings und im Wettbewerb und gleichzeitig wird Erfolg als Ergebnis von Leistung präsentiert und nicht überformt von sozialer Herkunft oder Ressourcenlagen.

Es droht auch die Verkürzung der Realität auf das Messbare durch die Wirklichkeit verzerrenden oder herstellenden Messungen, und seien diese messtechnisch noch so präzise. Das Gemessene wird ja oft als Realität verstanden, als Abbild derselben, als Natur. Die Gefahr ist die Adaption der Realität bis hin zu den Grenzen der Messbarkeit, die Ausblendung von Bereichen wie Politische Bildung, Kulturelle Bildung oder teilnehmerInnenorientierter Basisbildung und ebenso eine Veränderung des Handelns der AkteurInnen im Feld durch Fixierung auf Messergebnisse. Denn: Was nicht messbar ist, bleibt unterbelichtet und unterfinanziert, existiert schlicht nicht oder bald nicht mehr und ist auch nicht so gut geeignet, um damit Geld zu verdienen.

Die neoliberale Diskursordnung (das neoliberale Dispositiv) und die neoliberale Vermögens- und Chancenumverteilung ermöglichen und benötigen eine neue quantifizierte, konkurrenzorientierte, ungleichheitsfördernde, sauber abgemessene „Topologie des Sozialen" (siehe Lemke/Krasmann/Bröckling 2000), die gleichzeitig in einem laufenden, strategischen Vermessungsprozess als Natur behauptet wird.

Es entsteht eine neue Ordnung und Reihung des Sozialen, eine neue Verortung der Subjekte (siehe Vater 2018) und Institutionen mittels verschiedener

---

4   Ich verwende Fetischismus hier ganz neutral im Sinne von unreflektierter und emotionell besetzter Verwendung.

Technologien der Macht, unter anderem mit den Technologien und Diskursen der Sicherheit und Normalisierung oder Naturalisierung sowie mit Technologien der Biopolitik. Biopolitik ermöglicht einen steuernden Zugriff auf die Gattung Mensch über Zahlen, Statistik, Hygieneordnungen, Gesundheitspraxen, Bildungspflichten, Geburtenkontrolle oder Medikamentierung[5]. Erstere – Technologien der Sicherheit und Normalisierung – bewirken eine flexible und tolerante[6] Angleichung der Individuen an Mittelwerte, Indikatoren und Durchschnitte wie Bildungsniveau, Idealgewicht, Essverhalten, Arbeits- und Liebesverhalten. Unterstützt oder geführt wird das Subjekt dabei durch diverse Applikationen wie Referenzrahmen[7], High-Stake-Tests, Assessmentcenter, Fitness-Apps, Ortungssysteme oder Nudging-Anordnungen, die nahelegen, ablenken, überzeugen und nicht zwingen (siehe Mau 2017; Waldrich 2004). Sie erstellen Indikatoren und Kennzahlen, die den Individuen als Orientierung dienen und ihnen Gesundheit, Bildung, Arbeit, Erfolg und Erfüllung vermitteln oder vorenthalten, aber ebenso zum gesellschaftlichen Ein- oder Ausschluss dienen. So formiert sich – autoritär, aber wohlmeinend geführt (siehe Bröckling 2017) – ein konkurrenzorientiertes Subjekt unterstützt durch Rankings, Testungen, Professionalisierungsdiskurse, Ratgeberliteratur, Fitness-Tipps, Selbstzertifizierung, ärztliche Ratschläge, Unterricht, Lebenslanges Lernen und vieles mehr in laufenden Prozessen der Selbstoptimierung. Dies ermöglicht eine Quantifizierung, Ausrichtung und Normierung der Wünsche und Bedürfnisse. Die Umrisse dieser Subjektivität bilden laufende Adaptierung, Toleranz gegen Abweichung (vgl. Bröckling 2007, S. 176, siehe auch Bröckling 2002), Eigenverantwortung, völlige Ausblendung von Macht- und Herrschaftsfragen sowie die Idee der Gleichheit der Chancen, für deren Realisierung jede/r im Wettbewerb selbst verantwortlich wäre. Sonst bleibt von der Idee der Gleichheit nichts. Ulrich Bröckling spricht von einem „unternehmerischen Subjekt", das nicht nur Entrepreneur, sondern auch Intrapreneur sein muss (vgl. Bröckling 2017, S. 181).

Die industrielle Idee des Messens der neoliberalen Qualitätssicherung

Im industriellen Kapitalismus spielt die Optimierung der Produkte und Prozesse eine entscheidende Rolle für den wirtschaftlichen Erfolg. Die Qualitätssicherung in der Fertigung baut daher auf schnelle, automatisierte und robuste Prüftechniken und Messungen, die Abweichungen und Toleranzen definieren und nötigenfalls Ausschuss erkennen und ausscheiden. Eine Idee, die sich fast deckungsgleich als eigentlich nicht gegenstandsadäquate Analogie im evidenzorientierten Bildungsdiskurs wiederfindet. Das Ergebnis von Bildungsprozessen wird als Art Produkt verstanden und dieses ließe sich abmessen und etwaig auch als Ausschuss erkennen. Der Neoliberalismus und seine Ideologie der Evidenzbasierung evoziert Vergleichbarkeit, Ranking und Messbarkeit. *„Der Managerialismus basiert auf der Idee, dass ‚alles gemessen werden kann und was gemessen werden kann ‚gemanagt‘ werden kann‘. Wichtiger noch ist die unausgesprochene Konsequenz des Managerialismus: Effizient geführte Organisationen wären das A und O der Zivilisation, deren Endpunkt und Gipfel. Es ist die Wiedergeburt des Glaspalast-Traums, in dem die Gesellschaft als effizienter, vollständig rationalisierter Kosmos erscheint, die Perfektionierung dessen, was Max Weber als ‚Entzauberung‘ bezeichnete, wo die Produktion von Glühbirnen und die der lebenden Geister der gleichen unerbittlichen Strenge des standardisierten Fließbands folgt"* (Meyer 2014, S. 887).

Max Weber beschrieb *„jenen mächtigen Kosmos der modernen, an die technischen und ökonomischen Voraussetzungen mechanisch-maschineller Produktion gebundenen, Wirtschaftsordnung [...], der heute den Lebensstil aller Einzelnen, die in dieses Triebwerk hineingeboren werden – nicht nur der direkt ökonomisch Erwerbstätigen –, mit überwältigendem Zwange bestimmt und vielleicht bestimmen wird, bis der letzte Zentner fossilen Brennstoffs verglüht ist. Nur wie ‚ein dünner Mantel, den man jederzeit abwerfen könnte‘, sollte [...] die Sorge um die äußeren*

---

5   Und diese gesamte Aufzählung ist wie immer bei M. Foucault, der als Referenz angeführt werden könnte, nicht eindeutig gut oder schlecht, produktiv oder unproduktiv, sondern immer beides.

6   Tolerant für Abweichungen.

7   Es wäre durchaus lohnenswert, die Geschichte der Referenzrahmen von Orientierungs- und Mobilitätsunterstützungen für Menschen zu Kontroll-, Integrations- und Prüfungsapplikationen genauer zu beleuchten.

Güter um die Schultern [...]" (Weber 2018, S. 123f.) der Menschen liegen. *„Aber aus dem Mantel ließ das Verhängnis ein stahlhartes Gehäuse werden"* (ebd.).

Was bedeutet dies für das pädagogische Feld?

Ein Ausgangspunkt von Heinz-Dieter Meyers Ausführungen zur Veränderung des pädagogischen Feldes war das White Paper „Teaching and Learning" der Europäischen Union aus dem Jahr 1995 (siehe Europäische Kommission 1995), das direkt Wirtschaft und Bildung zusammenführte, als wären die gesellschaftlichen Teilsysteme grundsätzlich an denselben Prinzipien orientiert und würden denselben Logiken und Zielen folgen. Meyer besprach Zentralisierungsbestrebungen, den Einfluss global agierender, dem ökonomischen Imperativ folgender, scheinbar objektiver Institutionen wie der OECD oder der Weltbank, die im eigentlichen Sinne keinerlei demokratische Legitimation besitzen. Die Rolle und das Selbstverständnis der Lehrenden verändern sich und werden zunehmend durchdrungen von Managementverantwortung und ökonomischem Kalkül (siehe Gunn/Al-Bataineh/Abu Al-Rub 2016). Meyer betonte auch die Verstärkerfunktion der Medien, wenn es um Rankings von Lesefähigkeit, Bildungsgraden, Universitäten und anderen Bildungseinrichtungen geht, als wären diese Institutionen länder- und kulturübergreifend einfach quantitativ zu vergleichen und als wäre diese Suche nach einer scheinbaren universellen Bestenliste und Transparenz etwas anderes als ein weiterer Entzauberungsschub im Sinne Webers kühler Analytik der modernen Rationalisierung. Eine Entzauberung ohne Rückkehr und Möglichkeit der Umkehr?

Der verantwortliche Lehrende?

Als Beispiel einer grundlegenden Veränderung („big shift") im Bildungsbereich diskutierte Meyer die unmittelbare Verantwortlichmachung der Lehrenden für Leistungen der Lernenden, präziser für den Lernoutput oder das Lernprodukt – im Speziellen die Testergebnisse von PISA, PIAAC, LEO oder anderer Tests oder solche im Kontext der

„Integrationsvereinbarung"[8]. Meyer stellte fest, dies sei nur möglich vor dem Hintergrund einer Vorstellung von Bildung als „industrieller Herstellung von Qualifikation", als simples, abmessbares Produkt und vor dem Hintergrund der Vorstellung, Lehrende seien potenziell verzichtbar, wenn das Curriculum und der Lern-Produktionsweg nur eindeutig, fix und fertig vorgegeben sind. Lehren reduziert sich in diesem Diskurs auch zunehmend auf Prüfungsvorbereitung. Das direkte In-Verantwortung-Setzen der Lehrenden erscheint als bildungsspezifisches Unikum, niemals kämen wir auf die Idee, beispielsweise PolizistInnen für Kriminalität verantwortlich zu machen. Die direkte Verantwortung führt zu einer schädlichen Konkurrenz, zu einer Aushöhlung des Engagements und Ethos des Lehrens und zu einer Erosion der „Educational Community" mit ihren Prinzipien wie kollegiale Unterstützung, Austausch und ihrer pädagogischen Qualität, Wertschätzung. Im Grunde wird lehrende Tätigkeit so auf das Negativbild Paulo Freires, des Ausfüllens von Hohlräumen, und auf Prüfungsvorbereitung reduziert, umsponnen von der diskursiven Begleitmusik eines laufenden Verlustes von Qualität und Können der SchülerInnen und der Inkompetenz und Faulheit von Lehrenden. Zunehmend gewinnen auch Consultingunternehmen im US-amerikanischen Bildungsbereich, aber auch in Europa an Einfluss – an Beispielen mangelte es hier in keiner Hinsicht, von gemeinsamen Aussendungen des Bildungsministeriums New York mit Consultingunternehmen (wie Pearson) bis hin zur Entwicklung von Testmaterialien durch Consultingunternehmen unter dem Motto „make education teacherproof", die zudem direkt an die SchülerInnen versandt werden. Beispiele für Curricula-, Test- und Lernmaterialentwicklungen durch nicht im Feld erfahrene Unternehmen finden sich auch in Österreich. Ich spreche von Materialien, die kommerzielle Unternehmen, solche, die auch messbare Wirkungen versprechen, verkaufen und produzieren, und eben von Unternehmen, die es bevorzugen, ihre Materialien weder mit Lehrenden abzusprechen, nein noch viel mehr – sie versprechen diese wären „LehrerInnen-unabhängig" und damit objektiv und wirksam. Die „community of practice" der Lehrenden wird ersetzt durch rein ökonomisches Contracting, Governance-orientiertes Messen und konkurrenzorientiertes Vergleichen. Nicht Verstehen

---

8 Für mehr Informationen siehe: https://www.oesterreich.gv.at/themen/leben_in_oesterreich/aufenthalt/3/Seite.120500.html

und die prickelnde Herausforderung des Lehrens und Lernens stehen im Zentrum, sondern Laufbahn, Karriere, Testergebnisse und das egoistische, eigennutzorientierte Vorankommen in nutzenorientierten Systemen. Zunehmend verändert dies auch nachvollziehbarerweise die Motivation der Lehrenden und Lernenden. Das erfolgreiche Bestehen eines Tests bedeutet nicht unbedingt die generelle Verbesserung etwa der Sprachkompetenz, der inhaltlichen Kompetenz oder des Hier-Angekommenseins und Akzeptiert-Seins. Die Forderung der Wirksamkeit ist unlösbar verschränkt mit Profitinteressen und feldfremden (d.h. nicht pädagogischen oder erwachsenenbildnerischen) Wirkungsvorstellungen, die teils grob funktionalistisch und vereinfachend sind (z.B. Bildung gegen Jugendarbeitslosigkeit, Bildung gegen Populismus), auch wenn sie grundsätzlich gut klingen. Diese dominanten und spezifischen „Wirkungsvorstellungen" sind für einen emanzipatorischen erwachsenenbildnerischen Diskurs kontraproduktiv und kaum brauchbar. Oft spielen auch andere Motive in den Messungen eine Rolle, wie sich als hart in der Migrationspolitik zu positionieren, Menschen auszuschließen, in Eigenverantwortung zu drängen, abzuschieben.

Nicht „hast du verstanden?", sondern „wirst du den Test bestehen?"

Meyer berichtete über die Unterstützung von Consultingagenturen für LehrerInnen (siehe Booher-Jennings 2005), um ein bestmögliches Ergebnis der lehrenden Anstrengungen zu erzielen („the best return of investment") und auch mögliche Sanktionen bei ausbleibendem messbarem Lehrerfolg zu vermeiden. Der consultierende Rat lautete: das lehrende Interesse nicht auf die Besten oder Schlechteren zu richten, sondern auf diejenigen SchülerInnen, die auch real Chancen hätten, die Prüfungen mit zusätzlichen Anstrengungen zu bestehen. Also nicht die Besten oder die ohnehin Verlorenen, weder Begabtenförderung noch Nachhilfe, beinhartes rationales-ökonomisches Kalkül, eine Orientierung an der Idee des „Return of Investment" und eine Abkehr von der demokratischen Idee Bildung. Meyer diskutierte diese Tendenzen weiter

als eine völlige Instrumentalisierung von Bildung als „Hebel im ökonomischen Konkurrenzkampf" durch einleuchtend scheinende Forderungen der Educational Governance nach Transparenz, Ordnung und Vergleichbarkeit und durch den spezifischen historischen Hintergrund der Entwicklung des Ansatzes (siehe Bolder/Bremer/Epping 2017).

Ein cynisches[9] Resümee: ein Plädoyer für die Unmessbarkeit

> *„Tyranny is always better organized than Freedom!"*

Charles Péguy (1959) nach H.D. Meyer[10]

Der im 19. Jahrhundert geborene und im Ersten Weltkrieg getötete französische Schriftsteller Charles Péguy liefert mit H.D. Meyer eine mögliche Antwort auf die im Kontext der Messbarkeitsdebatte der „Educational Governance" vorgebrachte Kritik an der Ineffizienz und Intransparenz, an der fehlenden Übersichtlichkeit des Bildungsfelds und „Geheimnistuerei" lehrender Praxiskompetenz. Meyer plädierte dafür, „Bildung" als ein eigenes Handlungsfeld mit eigener Logik und Rationalität zu begreifen (vgl. McCourt 2005; Jarvis 2010). Ein eigenes Handlungsfeld eingebettet in eine spezifische pädagogische Kultur, die eben nicht mit simplen (!) Methoden quantifizierender Forschung – und schon gar nicht mit naiv angewandten – vermessbar ist. Meyer führt an dieser Stelle den aristotelischen Begriff der Phronesis ($\varphi\rho\acute{o}\nu\eta\sigma\iota\varsigma$) ein, der eine praktische, kontextspezifische Form der Weisheit, der lehrenden Virtuosität, Erfahrung, Einsicht oder Handlungsfähigkeit bezeichnet. Lehren ist nicht nur charakterisiert durch technisches Wissen oder Wissen um Wissenseffizienz und Brauchbarkeit. Pädagogische Rationalität ist nicht ausschließlich ziel- oder outputorientiert, zumal emanzipatorische Bildung ein Prozess ohne klares und immer gleiches Endziel ist, sie ist kooperativ und experimentell. Bildungsprozesse schaffen Wissen. Bildung und Lehren sind frei, mit Demokratie verbunden, oft ergebnisoffen (siehe Klingovsky 2019) und vielleicht auch chaotisch und sie sollen es bleiben.

---

9 Der Cynismus als philosophische Richtung kann charakterisiert werden durch beißenden – von manchen als übertrieben angesehenen – Spott, der gerade deshalb Unangenehmes freilegt.

10 Im französischen Original heißt es: *„La tyrannie est toujours mieux organisée que la liberté"* (Péguy 1959, S. 1018).

Literatur

Bolder, Axel/Bremer, Helmut/Epping, Rudolf (Hrsg.) (2017): Bildung für Arbeit unter neuer Steuerung. Bildung und Arbeit. Wiesbaden: Springer.

Booher-Jennings, Jennifer (2005): Below the Bubble: „Educational Triage" and the Texas Accountability System. In: Educational Research Journal, Vol. 42, 2005, S. 231-268.

Bröckling, Ulrich (2000): Totale Mobilmachung. Menschenführung im Qualitäts- und Selbstmanagement. In: Ders. (Hrsg.): Gouvernementalität der Gegenwart. Frankfurt am Main: Suhrkamp, S. 131-167.

Bröckling, Ulrich (2002): Das unternehmerische Selbst und seine Geschlechter. Gender-Konstruktionen in Erfolgsratgebern. In: Leviathan, 30. Jg., 2002, H. 2, S. 175-194.

Bröckling, Ulrich (2007): Das unternehmerische Selbst: Soziologie einer Subjektivierungsform. Frankfurt am Main: Suhrkamp.

Bröckling, Ulrich (2017): Gute Hirten führen sanft. Über Menschenregierungskünste. Frankfurt am Main: Suhrkamp.

Butterwegge, Christoph/Lösch, Bettina/Ptak, Ralf (2008): Kritik des Neoliberalismus. Wiesbaden: VS Verlag.

Europäische Kommission (1995): White paper on education and training – Teaching and Learning-Towards the Learning Society, Brussles. Online im Internet: https://op.europa.eu/en/publication-detail/-/publication/d0a8aa7a-5311-4eee-904c-98fa541108d8/language-en [Stand: 2020-07-14].

Gunn, Jessica/Al-Bataineh, Adel/Abu Al-Rub, Majedah (2016): Teachers' Perceptions of High-Stakes Testing. In: International Journal of Teaching and Education, Vol. IV(2), S. 49-62.

Hall, Stuart (2011): The Neo-Liberal Revolution. In: Cultural Studies, Vol. 25, Issue 6, S. 705-728.

Heisenberg, Werner (1986): Quantentheorie und Philosophie. Leipzig: Reclam.

Hirschfeld, Alexander (2017): Das metrische Wir – Über die Quantifizierung des Sozialen. Online im Internet: https://accordingtohirsch.com/2017/07/15/das-metrische-wir [Stand: 2020-07-14].

Jarvis, Peter (2010): Adult Education and Lifelong Learning. Theory and Practice. London: Routledge.

Knorr-Cetina, Karin (2003): Epistemic Cultures. How the Sciences Make Knowledge: Cambridge (Mass.): Harvard University Press.

Klingovsky, Ulla (2019): Einsätze für eine Genealogie des erwachsenenpädagogischen Blicks. In: Debatte. Beiträge zur Erwachsenenbildung, 2. Jg, 2019, Heft 1, S. 5-22.

Lacchini, Fabio (o.J.): Durch Privatisierung zum Erfolg im Bildungswesen. Online im Internet: https://www.hayek-institut.at/privatisierung-erfolg-bildungswesen/ [Stand: 2020-07-14].

Lamnek, Siegfried (1995): Qualitative Sozialforschung, 2 Bde. Bd.1: Methodologie. Beltz: Weinheim.

Lemke, Thomas/Krasmann, Susanne/Bröckling, Ulrich (2000): Gouvernementalität, Neoliberalismus und Selbsttechnologien. In: Bröckling, Ulrich/Krasmann, Susanne/Lemke, Thomas (Hrsg.): Gouvernementalität der Gegenwart. Studien zur Ökonomisierung des Sozialen. Frankfurt: Suhrkamp, S. 7-40.

McCourt, Frank (2005): Teacherman. New York: Flamingo.

Mau, Stefan (2017): Das metrische Wir. Über die Quantifizierung des Sozialen. Frankfurt: Suhrkamp.

Meyer, Heinz-Dieter (2017): The limits of measurement: misplaced precision, phronesis, and other Aristotelian cautions for the makers of PISA, APPR, etc. In: Comparative Education, 53:1, S. 17-34.

Meyer, Heinz-Dieter (2014): „Imagining PISA's Policy Futures: A Postscript and Some Extensions to the Open Letter to Andreas Schleicher." In: Policy Futures in Education 12.7 (2014), S. 883-892.

Morrisson, Christian (1996): The Political Feasibility of Adjustment. Policy Brief No. 13. Online im Internet: https://www.oecd-ilibrary.org/development/the-political-feasibility-of-adjustment_112047535116 [Stand: 2020-07-14].

Möller, Peter (o.J.): Werner Heisenberg. Online im Internet: http://www.philolex.de/heisenbe.htm [Stand: 2020-07-14].

Péguy, Charles (1959): Œuvres en prose: 1909-1914. Paris: Gallimard.

Polanyi, Michael (1966): The Tacit Dimension. University of Chicago Press: Chicago.

Rowan, Brian (2006): Five: The school improvement industry in the United States: Why educational change is both pervasive and ineffectual. In: Meyer, Heinz-Dieter/Rowan, Brian (Hrsg.): The New Institutionalism in Education. New York: Suny Press, S. 67-85.

Spivak, Gayatri Chakravorty (2012): An Aesthetic Education in the Era of Globalization. Cambridge Massachusetts/London: Harvard University Press.

Vater, Stefan (2018): Der Körper als unabschließbare Aufgabe. Schlank und fit im neoliberalen Kapitalismus. In: Spurensuche. Zeitschrift für Geschichte der Erwachsenenbildung und Wissenschaftspopularisierung, 27. Jg., 2018, S. 168-176.

Waldrich, Hans Peter (2004): Perfect Body. Körperkult, Schlankheitswahn und Fitnessrummel. Köln: papyrossa.

Weber, Max (2002): Wissenschaft als Beruf (1919). In: Schriften 1894-1922. Stuttgart: Kröner, S. 474-513.

Weber, Max (2018): Die protestantische Ethik und der Geist des Kapitalismus. Hamburg: Nikol Verlagsgesellschaft.

Weismann, Anna (1980): Sozialforschung und Quantifizierung. In: Zeitschrift für Allgemeine Wissenschaftstheorie 11, S. 367-384.

Weiterführende Links

Managerialismus, Definition und Geschichte: http://www.daswirtschaftslexikon.com/d/managerialismus/managerialismus.htm

Meyer, Heinz-Dieter, School of Education, University St. Albany, State University of New York: http://www.albany.edu/epl/faculty_heinz-dieter_meyer.php

„Nudge": https://de.wikipedia.org/wiki/Nudge

Foto: Karo Rumpfhuber

Dr. Stefan Vater

stefan.vater@vhs.or.at
https://www.vhs.or.at
+43 (0)1 216422-619

Stefan Vater studierte Soziologie in Linz und Berlin und Philosophie in Salzburg und Wien. Er ist wissenschaftlicher Mitarbeiter der Pädagogischen Arbeits- und Forschungsstelle des Verbands Österreichischer Volkshochschulen, Projektleiter der Knowledgebase Erwachsenenbildung sowie Lehrbeauftragter für Bildungssoziologie und Genderstudies an verschiedenen Universitäten.

As If Everything Could Be Controlled by Calculation

On the idea of the measurability of impacts in the field of education

Abstract

„Tyranny is always better organized than Freedom!" This quote by Frenchman Charles Peguy (1959) concludes this article in reference to Heinz-Dieter Meyer's lecture „The Big Shift in Education" held in 2017. This shift that elevated evidence and measurability to the „new cardinal virtues" in the field of education is not only sketched as being fuelled by international corporations and agencies. The question of why we compare is also examined. The answer seems simple: because we can or believe we can and because we want to use numbers to orient ourselves better. However: What cannot be measured remains underexposed and underfunded; it simply does not exist or will soon cease to exist and is also not good for making money. For the teachers and instructors made responsible for measurement, this often means a shift from „Did you understand?" to „Will you pass the test?" The author concludes by arguing that pedagogic rationality is not exclusively goal- or output-oriented. Emancipatory education is a process without a clear destination and the same old goal. (Ed.)

Fakt sticht Ideologie – Ideologie sticht Fakt?

Möglichkeiten und Grenzen wissenschaftlicher Politikberatung für die Erwachsenenbildung

Lorenz Lassnigg

Lassnigg, Lorenz (2020): Fakt sticht Ideologie – Ideologie sticht Fakt? Möglichkeiten und Grenzen wissenschaftlicher Politikberatung für die Erwachsenenbildung.
In: Magazin erwachsenenbildung.at. Das Fachmedium für Forschung, Praxis und Diskurs.
Ausgabe 40, 2020. Wien.
Online im Internet: https://erwachsenenbildung.at/magazin/20-40/meb20-40.pdf.
Druck-Version: Books on Demand GmbH: Norderstedt.

Schlagworte: Politikberatung, Bildungspolitik, Bildungsforschung, Evidenz, Evidence-based Policy, Evidenzbasierung

Kurzzusammenfassung

Seit den 2000er Jahren wird verstärkt eine Evidenzbasierung für (bildungs-)politische Entscheidungen gefordert. Dieser Forderung ist aber nicht so leicht nachzukommen, denn Evidenzen im Sinne des „Gold-Standards" randomisierter Experimente sind in Österreichs Bildungsforschung nicht vorhanden, bestenfalls Vorarbeiten dazu. Hinzu kommt, dass es wissenschaftliche Fakten immer nur in einem definierten begrifflichen Kontext gibt und daher bei der Verknüpfung von Forschung und Politik immer Fakten und Ideologie berücksichtigt werden müssen. Der vorliegende Beitrag zeichnet den wissenschaftlichen Diskurs über die Möglichkeiten und Grenzen der wissenschaftlichen Politikberatung mit Fokus auf die Erwachsenenbildung nach und veranschaulicht diese mit drei Beispielen wissenschaftlicher Politikberatung in Österreich: der Evaluierung des ESF-Programms zum Lifelong Learning 2000-2006, Erwachsenenbildung in der Strategie zum lebensbegleitenden Lernen LLL:2020 und der Initiative Erwachsenenbildung. (Red.)

05

Thema

Fakt sticht Ideologie –
Ideologie sticht Fakt?

Möglichkeiten und Grenzen wissenschaftlicher Politikberatung für die Erwachsenenbildung

Lorenz Lassnigg

Mit Beginn der 2000er Jahre wurde - von ideologischen Erwägungen durchdrungen - seitens der EU-Politik, aber auch seitens der OECD verstärkt eine
„Evidence-based Policy" nachgefragt. Dieser verstärkten „Nachfrage" auf
Ebene der Politik stand immer schon die Bildungsforschung in ihrer Tradition des philosophisch-geisteswissenschaftlichen Zuganges gegenüber,
welcher notwendigerweise normativ aufgeladene ideologische Grundlagen
ausleuchtet. In Sachen wissenschaftliche Politikberatung besaß und besitzt
die pädagogische und erziehungswissenschaftliche Forschung bis heute
keinen direkten Zugang zur Politik.

Was ist Evidenz?[1]

Was ist unter „Evidenz" zu verstehen? Und was
bedeutet unter den Bedingungen demokratischer
Politik die Verknüpfungsformel „evidenzbasiert"?
Das Verständnis von Evidenz ist wissenschafts-
intern kontrovers, zudem werden teilweise eigene Forschungsansätze und Wissensformen für
„Evidence-based Policy" abgegrenzt. Die stärkste
Kontroverse bezieht sich auf die Durchsetzung des
„Gold-Standards" randomisierter Experimente als
anzustrebendes und allein akzeptiertes Verständnis
von Evidenz – nimmt man diesen Standard ernst,
gibt es in Österreichs Bildungsforschung keine wirk-
liche Evidenz, bestenfalls Vorarbeiten dazu.

Bei der Verknüpfung von Forschung und demokratischer Politik wird davon ausgegangen, dass sich
die Politik nicht determinieren lassen darf, daher
hat aufbauend auf dem Vorschlag von ExpertInnen
und der OECD der Begriff „Evidence-informed Policy"
an Verbreitung gewonnen – diese Formel relati-
viert aber gerade die wesentliche Botschaft von
„Evidence-based Policy", nämlich eine Verpflichtung,
auf Evidenz aufzubauen und durch diese Verpflichtung Evidenz auch zur Kenntnis nehmen zu müssen.

---

1 Die Abschnitte „Was ist Evidenz?" bis einschließlich „Alles doch nur Policy-based Evidence?" erschienen (mit anderen Zwischen-
überschriften) 2018 als Teil des Beitrages „Fakten gegen Ideologie?" des gleichnamigen Autors in der Zeitschrift „Weiterbildung".
Nachzulesen unter: https://www.weiterbildung-zeitschrift.de/archiv-weiterbildung/fex/magazine/detail/ausgabe_05_2018/-.html.
Die Wiederveröffentlichung erfolgte mit freundlicher Genehmigung des Verlags Wolters Kluwer Deutschland GmbH (alle Rechte
vorbehalten). Eine ausführlichere Fassung des Beitrages mit vollständigen Nachweisen und einer zusammenfassenden Beschreibung der österreichischen Situation, inklusive einer Auswertung und Beschreibung der hier kurz gerafften Beispiele und bibliogra-
fischen Analysen findet sich unter: http://www.equi.at/material/eb-pb-lang.pdf.

Gibt es Evidenzbasierung überhaupt?

Zwei Argumente stellen das Konzept von Evidenzbasierung infrage: Vordergründig erscheint die Gegenüberstellung von Fakten und Ideologie einleuchtend und ist oft auch tatsächlich gedeckt, aber im wissenschaftlichen Diskurs ist klar, dass es (wissenschaftliche) Fakten nur in einem definierten begrifflichen Kontext (von theoretischen Konzepten) gibt, und dass diese überdies immer vorläufig sind. Ein Beispiel sind die Bildungsrenditen, die nur im Kontext von Humankapital-Theorien Sinn ergeben, wobei die Transformation von menschlichen Kompetenzen in Humankapital auch ideologisch konnotiert ist. Auch die Unterscheidungen von „Efficiency" und „Equity" sind an begriffliche Konzeptionen gebunden und in diesem Zusammenhang kreierte empirische Schätzungen sind nicht einfach Fakten. Auch die Wirkung des sozialen Hintergrunds auf Bildungsergebnisse hängt stark von den verwendeten Modellen ab. Als Konsequenz müssten bei der Verknüpfung von Forschung und Politik immer beide Ebenen – Fakten und Ideologie – berücksichtigt werden, und die Erwartung, dass Fakten die Ideologie stechen würden, ist irreführend.

Das zweite Argument betrifft die Frage, wie gut Fakten politische Entscheidungen untermauern können. Hier gilt meist das „Hase-und-Igel-Theorem". Das bedeutet, der „Igel Politik" ist immer schon da und der „Hase Wissenschaft" läuft den Evidenzen nach und kommt letztlich zu spät. Im Umkehrschluss wären politische Streitfragen eben keine substanziellen Streitfragen, wenn diese durch eindeutige Fakten bereits geklärt wären.

Diese Problematik von Fakten und Ideologie kann letztlich nur dadurch aufgelöst werden, dass sich die ideologischen KontrahentInnen – ob in Wissenschaft oder Politik – auf ernsthafte deliberative Diskurse sowohl über die Fakten als auch über die Ideologien einlassen, die in einem umfassenden Verständnis zu den Grundlagen der Demokratie gehören.

Alles doch nur Policy-based Evidence?

Spätestens seit den 1950er Jahren gibt es einen innerwissenschaftlichen Diskurs über die Möglichkeiten und Grenzen der Politikberatung, der sich auch um die Beziehung zwischen den Forschenden und den politischen PraktikerInnen drehte. Die These der „Science of Muddling Through" und das Bild unterschiedlicher Communities waren zentral. Dieser Sicht zufolge haben die beiden Gruppen so unterschiedliche Zugänge zur Praxis und zum dafür erforderlichen Wissen, dass auf der Praxisseite die Resonanz für die wissenschaftlichen Ergebnisse fehlt und die Forschung nicht die Wissensformen liefert, die die Praxis braucht. Der englische Gesundheitsforscher Michael Marmot hat diese Problematik mit der vielleicht zynisch klingenden Umkehrung „Policy-based Evidence" auf den Punkt gebracht, indem er zeigt, dass die politische Logik eben nur bestimmte Evidenzen verträgt und nutzen kann.

Åse Gornitzka (2013) unterscheidet bei der Schnittstelle zwischen Forschung und Politik multimodal unterschiedliche, teilweise konkurrierende Funktionen:

1. Instrument für Politikentwicklung
2. strategische Nutzung
3. konzeptuelle Nutzung
4. Beobachtung (Monitoring)
5. Agenda Setting
6. symbolische Nutzung.

Die legitimatorische Nutzung und die „Schubladisierung" können unter Punkt 6 „symbolische Nutzung" subsumiert werden. Wichtig sind dabei die vielen Facetten, die über die unmittelbar instrumentelle Nutzung hinaus genannt werden. Eine zentrale, offensichtlich unverwüstliche Thematik, die sich durch den Diskurs zieht, ist die Frage der Technokratie und der instrumentellen Problemlösung, die dem (extrem vereinfachten) Bild der Naturwissenschaften nachgebildet ist. Abgesehen vom angeführten Konflikt mit der Demokratie geht es dabei auch darum, welche Rolle in der Politik technische (sachliche) Lösungen spielen.

Demokratisierung von Wissenschaft und Technologie?

In seinem sozialwissenschaftlichen Klassiker, der bereits zu einem geflügelten Wort geworden ist – „The tragedy of the Commons" –, zeigte der Naturwissenschaftler Garett Hardin (1968) bereits vor fünf Jahrzehnten, dass es Probleme gibt, die keine technische Lösung haben. Diese erfordern diskursive kooperative Lösungen auf der Basis von ethischen und moralischen Übereinkünften; wie man zu derartigen Lösungen kommen kann, ist in der Folge dann eine wichtige wissenschaftliche Fragestellung.

In ihrer Auseinandersetzung mit der Frage, wie die Sozialwissenschaften zum sozialen Fortschritt beitragen können, stellen Matthew Adler, Helga Nowotny et al. in ihrem Beitrag „The Contribution of the Social Sciences to Policy and Institutional Change" (2018)[2] die Abkehr vom technokratischen Modell durch die Eröffnung eines demokratischen Diskurses in den Mittelpunkt. Ihr Augenmerk gilt aber auch dem Design der demokratischen Institutionen und der Integration der Bekämpfung von Ungleichheit mit den substantiellen Themen der jeweiligen Politikfelder.

Zentrale Probleme im technokratischen Modell sind ihnen folgend:

- die Trennung von Effizienz und Gerechtigkeit
- vorschnelle überzogene Ableitungen von unvollkommenen „Evidenzen" und
- übertriebene Erwartungen in allgemeine abstrakte Ziel- und Ergebnisorientierung (siehe Adler/Nowotny et al. 2018).

Um Alternativen zum technokratischen Modell zu entwickeln, ist laut Adler, Nowotny et al. zuallererst ein vertieftes Verständnis des jeweiligen politischen Feldes erforderlich. Auf dieser Basis müssen kooperative Ansätze entwickelt werden, die die betroffenen Akteurinnen und Akteure im Feld berücksichtigen. Dies ist nur in einem inter- und transdisziplinären Zugang möglich, der einerseits die Fragestellungen im jeweiligen Feld, z.B. dem Bildungswesen, andererseits auch die Fragestellungen im politischen und sozialen Feld berücksichtigt. *Es gibt keinen direkten Weg von der Pädagogik zur Politik*, dazwischen liegen sowohl die organisatorischen und institutionellen Kontexte als auch die spezifischen Gegebenheiten und Prozesse im politischen Feld und deren Übersetzungen ins Alltagsleben. Adler,

Nowotny et al. charakterisieren die folgenden Aspekte als grundlegende übergreifende Dimensionen über die Politikbereiche hinweg:

- die öffentlichen vs. privaten Akteurinnen und Akteure
- die top-down vs. bottom-up Problematik und
- universelle Prozessprobleme (Rolle der ExpertInnen, Konsensbildung, öffentliche Partizipation, Vollzug).

Diese substantiellen Fragen und Themenbereiche lassen sich nicht einfach durch Erkenntnisinteressen oder Theorieansätze überbrücken – auch emanzipatorisches Erkenntnisinteresse erfordert die Kenntnis der Bedingungen für emanzipatorische Politik. Näheres dazu in der Info Box „Richtungsweisende Anregungen für die (Erwachsenen-)Bildungspolitik" auf den Seiten 8-9 am Ende des Beitrags.

Wissenschaftliche Politikberatung in der Erwachsenenbildung

In der Wissensproduktion zur Erwachsenenbildung/ Weiterbildung in Österreich (siehe dazu Gruber 2009; Holzer/Gugitscher/Straka 2017) konnten neben der Tradition außeruniversitärer Forschung in einer kleinteiligen Projektforschungslandschaft auch die Universitäten in den letzten Jahrzehnten Kapazitäten aufbauen. Konstatiert wird eine starke Kluft zwischen Wissenschaft/Theorie und Praxis, wobei sich gleichzeitig Forschende oft auf beiden Seiten dieser Kluft bewegen, so dass eine *„eigentümliche [...] Vermischung von Theorie und Praxis, von Handlungs-, Forschungs- und Entwicklungsfeldern"* (Gruber 2009, S. 7) entsteht.

Aufgrund der verstreuten Zuständigkeiten und institutionellen Kontexte der Erwachsenenbildung gibt es keine übergreifende politische Steuerung. Erwachsenenbildungspolitik im Sinne einer Antwort auf gesellschaftliche Herausforderungen und zur Stärkung von Humankapital und Wettbewerbsfähigkeit findet vor allem auf einer rhetorischen Ebene statt. Wissenschaftliche Politikberatung in den verstreuten institutionellen Kontexten erfolgt

---

2 Der Beitrag erschien im dritten Band des vom IPSP (International Panel on Social Progress) herausgegebenen Bandes „Rethinking Society for the 21st Century". Mehr dazu unter: https://www.ipsp.org/ sowie Fleurbaey et al. 2018

teilweise informell, teilweise über spezielle konsultative Gremien oder Prozesse und teilweise über marktförmige Auftragsforschung, deren Anbieter in unterschiedlichem Maß wiederum mit politischen Akteuren (zum Beispiel Sozialpartner- oder Anbieterverbänden) verbunden sind.

Man kann die eigenen erfahrungsgestützten Einschätzungen zur wissenschaftlichen Politikberatung durch bibliografische Recherchen ein wenig überprüfen. Es wurden Suchläufe in der deutschen Plattform pedocs und im österreichischen AMS-Forschungsnetzwerk durchgeführt und ausgewertet[3]. Um den Umfang an erfasster Literatur über Erwachsenen- und Weiterbildung und darin das Gewicht an Material zur Politikberatung grob abzuschätzen, können die folgenden Punkte festgehalten werden:

- Als Referenz für das Forschungsvolumen kann man von 1.500 bis 2.000 Diplomarbeiten und 150 Dissertationen (vgl. Gruber 2009, S. 8) in den letzten Jahrzehnten ausgehen.
- Eine Volltextsuche in pedocs findet insgesamt maximal ca. 2.000 Treffer (Freitextsuche Österreich und Erwachsenenbildung bzw. Weiterbildung) bzw. ca. 1.800 Treffer im österreichischen AMS-Forschungsnetzwerk.
- Eine Titelsuche mit Erwachsenen- und Weiterbildung ergibt 136 Treffer in pedocs mit Österreichbezug und 157 Treffer in der AMS-Basis (die auch etwa zur Hälfte Forschungen aus Deutschland umfasst), darunter beziehen sich ein Drittel bis zur Hälfte der Treffer auf Lernen oder Didaktik.
- Der Umfang von expliziter Politikberatung (Stichworte „evalu"…, „berat"…, „qualität") ergibt in beiden Literaturbasen einen Anteil von 13%.
- Eine inhaltliche Inspektion dominanter AMS-Treffer ergibt einige thematische Schwerpunkte: Ein Drittel ist politisch strategisch ausgerichtet (darunter wiederum ein Drittel explizit kritisch-emanzipatorisch), zwei weitere starke Themen sind sozialpolitische Probleme/Förderungen und Neue Technologien, zwei weitere weniger gewichtige Themen sind betriebliche Bildung und ältere Zielgruppen, Professionalisierung kommt

schließlich auch vor, jedoch mit geringstem Gewicht (letzteres Thema ist in pedocs mit einem Viertel der Treffer stärker vertreten).

Die bisherigen Zusammenfassungen zur Forschung in der Erwachsenenbildung/Weiterbildung (EB/WB) in Österreich gehen nicht explizit auf Politikberatung ein (siehe Gruber 2009; Holzer/Gugitscher/Straka 2017), sie subsumieren diese unter die Frage von „Wissenschaft und Praxis" und machen keinen Unterschied zwischen der Forschung für die Erwachsenenbildungs-/Weiterbildungspraxis in den Bildungseinrichtungen und der Forschung für die (Praxis der) Politik.

Beispiele wissenschaftlicher Politikberatung in Österreich

Im Folgenden werden an einigen Beispielen, an denen der Autor beteiligt war, die Vorgangsweisen wie auch die Probleme der Politikberatung auf der strategischen „Meta-Ebene" illustriert.

Beispiel 1: Evaluierung des ESF-Programms zum Lifelong Learning 2000-2006

Eine der ersten Initiativen Österreichs zum „Lifelong Learning (LLL)" war der ESF-Programm-Schwerpunkt 2000-2006. Die EU-Finanzierung erfordert wissenschaftliche Politikberatung im Sinne der Evaluierung (siehe Lassnigg et al. 2003), was zu dieser Zeit im betroffenen Bildungsministerium eine neue Erfahrung darstellte. Die Evaluierung ergab einen grundlegenden Schwachpunkt der Programmatik: Die meisten Fördermittel waren für das Schulwesen vorgesehen (konnten dort jedoch im Vergleich zum großen Budget nur ein „Tropfen auf den heißen Stein" sein), während in der schwach dotierten Erwachsenenbildung durch die ESF-Mittel ein bedeutender Zuwachs erzielt werden hätte können.

Es entzündete sich ein heftiger Konflikt um diese Interpretation. Durch die Forschung wurde jedoch nicht ein Diskurs über die Höhe notwendiger öffentlicher Mittel für die Erwachsenenbildung angestoßen, sondern den EvaluatorInnen wurde

---

3 Siehe hierzu die Auswertung auf den Seiten 12 bis 14 in der Langfassung dieses Beitrages unter: http://www.equi.at/material/eb-pb-lang.pdf.

vorgeworfen, ihre Kompetenz zu überschreiten und statt sachlicher Aussagen politische zu treffen. Für die österreichischen Stellen ging es klar um die symbolische Funktion der Forschung. Die Frage nach einem angemessenen Ausmaß öffentlicher Förderung für die Erwachsenenbildung wurde auch in der Strategie zum lebensbegleitenden Lernen LLL:2020 verdrängt und steht bis heute ungeklärt im Raum. Weitere Forschungsergebnisse im Auftrag der Arbeiterkammer (siehe Lassnigg/Vogtenhuber 2013) werden bis heute politisch nicht beachtet.

Beispiel 2: Erwachsenenbildung in der Strategie zum lebensbegleitenden Lernen LLL:2020

Der Prozess der Expertise-gestützten Entwicklung von LLL:2020 (2005-2011) dauerte fast länger als die Umsetzung der Strategie selbst (2011-2016) und ist ein gutes Beispiel der oben bereits angesprochenen „eigentümlichen Vermischung" von Theorie und Praxis (siehe Gruber 2009). Ein auf den Vorarbeiten aufbauender ExpertInnenvorschlag (siehe Chisholm et al. 2009) für die Grundzüge einer Strategie aus dem Jahr 2009 wurde unter (informeller) Einbeziehung vieler Stakeholder in einem weiteren zweijährigen informellen und intransparenten politischen Aushandlungsprozess in allen wesentlichen Punkten umgestoßen (siehe Republik Österreich 2011). Statt einer gesetzlichen Fundierung ein Regierungspapier, statt eines professionellen Steuerungsgremiums eine ministerielle Task-Force, statt einer finanziellen Grundlage eine umfassende „Fundraising-Strategie" ohne finanzielle Bedeckung. Die Strategie ist als „politisch unzurechnungsfähig" einzuschätzen, indem die Stakeholder ihre (möglichst zusätzlichen) Ressourcen einbringen sollten (= Fundraising) und sich dabei aber noch der Steuerung durch die Ministerien unterwerfen sollten, ohne dafür etwas zu bekommen (die Gruppe, die ein neues Finanzierungsmodell für die Erwachsenenbildung erarbeiten sollte, hat ihre Arbeit folgerichtig gleich eingestellt, nachdem ihr bedeutet wurde, dass es keine zusätzlichen

Ressourcen gibt).[4] In einem großen und komplexen Apparat wurden mit zusätzlichem Aufwand Maßnahmen und Mittel verhandelt, die ohnehin am Weg waren, um letztlich im Namen der Regierung möglichst repräsentative Erfolge verkünden zu können; das wissenschaftliche Monitoring wurde zunehmend für derartige „Jubel"-Berichterstattung missbraucht.[5]

Auch im Bereich der Erwachsenenbildung wurde das Grundkonzept des ExpertInnenvorschlags völlig umgestoßen (siehe auch Lassnigg 2011). Im Konzept zu LLL:2020 wurden fünf inhaltliche Problemdimensionen als Ansatzpunkte für die Entwicklung von politischen Strategien formuliert (Second Chance, Basisbildung-Grundkompetenzen, Vereinbarkeit Familie-Beruf, berufliche Neuorientierung, Lebensqualität Ältere), diese wurden durch Fusionierungen auf drei reduziert und damit politisch vermischt. Es wurde von drei unterschiedlichen Lernumgebungen ausgegangen, die politisch unterstützt und gefördert werden sollten: (i) EB-WB Bildungsinstitutionen im non-formalen Bereich (explizit beruflich und nichtberuflich/allgemein), (ii) informelles Lernen im Alltagsleben sollte durch Community-Education und (iii) informelles Lernen am Arbeitsplatz sollte durch die Förderung lernfreundlicher Arbeitsumgebungen in den Unternehmen zum Gegenstand politischer Förderung gemacht werden.

Die Grundkonzeption der drei Lernumgebungen und der Förderung des informellen Lernens wurde nicht aufgegriffen, Community Education und die Förderung lernfreundlicher Arbeitsumgebungen wurden in den näheren Ausformulierungen der Strategie durch Umsetzungsziele und -maßnahmen de facto in non-formales Lernen umdefiniert, im non-formalen Lernen wurde die Allgemeinbildung gestrichen und durch Beschäftigungs- und Wettbewerbsfähigkeit ersetzt. Dadurch wurden die Stakeholder der nicht-beruflichen Erwachsenenbildung aus dem non-formalen Bereich der Strategie verdrängt; diese suchten in der Folge ihre Zuflucht in der Community

---

4   Die klassische politikwissenschaftliche Frage zum Verhältnis von Budgetierung und Politik „if you can't budget, how can you govern?" (siehe Wildavsky 2001) wurde nicht beachtet. Dieser politische Misserfolg spiegelt sich auch darin, dass die realisierten Werte auf der Benchmark zur Beteiligung an der Erwachsenenbildung immer weiter hinter die Zielwerte zurückgefallen sind. Im Zuge neuerlicher – wiederum forschungsgestützter – Initiativen zur Förderung von Industrie 4.0. wird nun prominent die Forderung zur Entwicklung einer „Weiterbildungsstrategie" aufgestellt (vgl. Verein Industrie 4.0 Österreich 2017, S. 38).

5   Die jährlichen wissenschaftlichen Monitoring-Berichte, die eine detaillierte Berichterstattung und eine kritische Einschätzung enthalten, werden trotz öffentlicher Finanzierung vor der Öffentlichkeit bis heute trotz wiederholter hochrangiger Interventionen verschlossen gehalten (so etwas ist bei den EU-Projekten glücklicherweise nicht möglich). Interessanterweise ist ein neuer alternativer „Konkurrenz-Bericht" nun veröffentlicht.

Tab. 1: Veränderung der Formulierungen zu LLL-Aktionslinien im politischen Prozess

Vorschlag ExpertInnenpapier	LLL:2020 Strategie-Text
Kostenloses Nachholen von grundlegenden Abschlüssen bis zur Berufsreifeprüfung (BRP)	Kostenloses Nachholen von grundlegenden Abschlüssen und Sicherstellung der Grundkompetenzen im Erwachsenenalter (AL3)
Sicherung der Basisbildung und Grundkompetenzen im Erwachsenenalter	
Förderstrukturen, Beratungsangebote sowie tarifvertragliche Berücksichtigung von work-life-Balance, um die Vereinbarkeit zwischen Bildung, Familie und Beruf zu verbessern	Maßnahmen zur besseren Neuorientierung in Bildung und Beruf und Berücksichtigung von Work-Life-Balance (AL5)
Infrastrukturelle Maßnahmen, welche Neuorientierungen in Bildung und Beruf erleichtern	
Bereicherung der Lebensqualität durch Bildung im späteren Erwachsenenalter, insbesondere für sozial benachteiligte SeniorInnen	Bereicherung der Lebensqualität durch Bildung in der nachberuflichen Lebensphase (AL9)
Verstärkung von Community Education-Ansätzen mittels kommunaler Einrichtungen und in der organisierten Zivilgesellschaft	Verstärkung von „Community-Education"-Ansätzen mittels kommunaler Einrichtungen und in der organisierten Zivilgesellschaft (AL6)
Ausbau nichtformaler Bildungsangebote in der außerschulischen Jugendbildung, der beruflichen Weiterbildung und in der allgemeinen Erwachsenenbildung	Weiterbildung zur Sicherung der Beschäftigungs- und Wettbewerbsfähigkeit (AL8)
Förderung lernfreundlicher Arbeitsumgebungen	Förderung lernfreundlicher Arbeitsumgebungen (AL7)

Quelle: eigene Darstellung basierend auf Chisholm et al. 2009; Republik Österreich 2011

Education, was hier die Grundidee der Förderung des informellen Lernens weiter untergrub (siehe Lassnigg 2017).

Zur wissenschaftlichen Politikberatung kann man aus diesem Beispiel folgende Lehren ziehen: Erstens bedingt die – oftmals positiv hervorgehobene – intransparente Vermischung von wissenschaftlicher, praktischer und politischer Expertise eher eine legitimatorische Verwendung von Wissenschaft durch die Politik als Innovationen (es gab z.B. keine formale Feedbackschleife von der politischen LLL:2020 Strategie zum ExpertInnenvorschlag und auch keinen wissenschaftlichen Diskurs zum Monitoring); zweitens hat das Konzept einer umfassenden LLL-Strategie die politischen AkteurInnen und Stakeholder offensichtlich überfordert; drittens wurde in der wissenschaftlichen Expertise die Governance- und Finanzierungs-Problematik trotz richtiger Ansätze wesentlich unterschätzt.

Beispiel 3: Die Initiative Erwachsenenbildung

Zum Vergleich kann noch ein Beispiel herangezogen werden, in dem die wissenschaftliche Beratung zwar eine gewisse Rolle als Zuarbeiter und vielleicht Katalysator für die politischen Prozesse spielte, die Hauptaktion jedoch vom politischen Management auf dem Hintergrund eines erfolgsträchtigen politischen Willens und einer Finanzierungsverpflichtung seitens des Bundes getragen war. Es handelt sich um die „Initiative Erwachsenenbildung" als ein 2012 gestartetes gemeinsames Förderprogramm von Bund und Ländern für das Nachholen des Pflichtschulabschlusses bei Jugendlichen und für die Unterstützung von Basisbildung und Grundkompetenzen bei Erwachsenen.

Es brauchte einen vierjährigen Vorlauf, um diese Initiative zu entwickeln. Das Prinzip besteht darin, dass der Bund die Mittel der Länder erhöht. 2008, parallel zum LLL-Konsultationsprozess, wurde in einer Arbeitsgruppe begonnen, einen Überblick über Förderungen der Erwachsenenbildung zu gewinnen, und es wurde auch der Umfang der Zielgruppen ausgelotet. Weitere Schwerpunkte in der späteren Phase waren die Entwicklung von Qualitätskriterien für die Bildungsangebote und die Konzeption einer Governance-Struktur nach dem Prinzip der Akkreditierung. Ähnlich wie bei den ESF-Förderungen wurden auf Basis eines Programmplanungsdokuments gesetzlich fünfjährige Förderperioden festgesetzt. Die politischen Auseinandersetzungen konzentrieren sich seitdem auf die Verlängerung des Programms, die nach Ende jeder Förderperiode erneut in Frage gestellt wurde.

Die wissenschaftlichen Beiträge in diesem Programm waren im Wesentlichen instrumentell angelegt: Erhebung der bestehenden Förderungen, Abschätzung der Zielgruppen, Nutzung der ESF-Evaluierungen für die Entwicklung von Qualitätskriterien etc. Auch diese Erhebungen sind nicht öffentlich verfügbar, und das Programm ist im Vergleich zum erhobenen Bedarf sehr klein ausgefallen. Die wesentliche Innovation wurde auf der politischen Ebene darin gefunden, die europäischen Governance-Mechanismen der „offenen Koordination" und der ESF-Programmplanung teilweise auf das kleine föderale Österreich zu übertragen.

Ausblick: noch ein weiter Weg...

Die vorliegend thematisierte Politikberatung in der LLL-Strategie liefert exemplarisch Erfahrungen über die Dynamik von Fakten und Ideologie. Im ExpertInnen-papier (2009) wurde versucht, den verfügbaren Fakten gerecht zu werden und Mechanismen zum Aufbau von Wissen in die Umsetzung der Strategie einzubauen. Indikatoren sollten Fakten generieren und die Maßnahmen sollten wissensgenerierend angelegt werden (durch Evaluierung, Begleitforschung, Demonstrationsprojekte etc.; siehe Lassnigg 2011). Das formelle Monitoring ist jedoch zunehmend in eine Kontroll- und Marketingaktivität umgeschlagen, in deren Zug die wissenschaftliche Berichterstattung gegenüber der Öffentlichkeit geheim gehalten wurde und nicht für vertiefende Reflexionen genützt werden konnte. Zur Verwirklichung einer neuen, demokratisch und nicht technokratisch orientierten Politikberatung im Sinne von Adler, Nowotny et al. (2018) ist es offensichtlich noch ein weiter Weg.

Richtungsweisende Anregungen für die (Erwachsenen-)Bildungspolitik

Die Analysen des Beitrags der Sozialwissenschaften in den verschiedenen Politikfeldern im dritten Band des IPSP (International Panel on Social Progress) geben auch für den Bereich des Bildungswesens und folgerichtig für die Erwachsenenbildung eine Reihe wichtiger Anregungen:

(politische) Ökonomie-Wirtschaftspolitik
Hier werden zwei Achsen als wesentliche strukturierende Dimensionen herausgearbeitet: erstens Marktglaube vs. (endemisches) Marktversagen durch imperfekte (unzureichende, asymmetrische) Information der MarktteilnehmerInnen und Machtkonzentration, zweitens (bedingt durch die erste Achse) die Trennung vs. Integration von Effizienz mit Gerechtigkeits(Equity)überlegungen. Die beiden Achsen zusammen resultieren in einer zyklischen Bewegung der politischen Präferenz für Marktfreiheit vs. Staatsinterventionismus, der „ewigen Frage der politischen Ökonomie" (vgl. Adler/Nowotny et al. 2018, S. 856).

Natur-/Sozialwissenschaften und Umweltprobleme
Die Verschmutzung wird als Problem des Marktversagens modelliert (Transaktionskosten, Trittbrettfahrer-Rationalität, öffentliche Güter, Gemeineigentum), daher müssen naturwissenschaftliche Risiko-Analysen durch sozialwissenschaftliche Analysen und Evaluierungen ergänzt werden; die verschiedenen Lösungsansätze und Politikinstrumente dafür werden skizziert. Charakterisiert und bewertet wird das breite Politik-Instrumentarium gegen Marktversagen, das vielfach auch in der Bildungspolitik zur Disposition steht (Haftung, Information, verschiedene Formen von Regulierung, reflexive Märkte).

Medizin und öffentliche Gesundheit(spolitik)
In diesem Bereich wird der einzigartige Grad an „Evidenz-Basierung bzw. -Informierung" hervorgehoben (vgl. ebd., S. 863), der auch politisch erfolgreich eingeschätzt wird (vgl. ebd., S. 868). Es geht dabei aber keineswegs allein oder vordringlich um die Medizin im engeren Sinne, die in Analogie zur Pädagogik oder Bildungswissenschaft gesetzt werden könnte, sondern im Mittelpunkt steht die institutionelle und politische Umsetzung der „universellen Absicherung" (Universal Health Coverage: UHC). Im Unterschied zur Tendenz verstärkter Marktorientierung und Differenzierung/

Positionierung im Bildungswesen wird für das Gesundheitswesen ein Konsens in Richtung Umverteilung und der notwendigen starken Rolle des Staates festgestellt. Dieser Konsens wird theoretisch und wissenschaftlich von zwei Seiten begründet: Marktversagen (Ökonomie) in Versicherungsmärkten und moralisches Recht auf Gesundheit und Gesundheitsversorgung (politische Theorie sozialer Gerechtigkeit) (vgl. ebd., S. 866). Für die Lösung von Verteilungsfragen wird das Kriterium der Kosten-Wirksamkeit als zu eng gesehen und soll durch Argumente im Sinne der sozialen Gerechtigkeit ergänzt werden: Prioritäten im Sinne der Schlechtergestellten, finanzielle Risikoabsicherung und faire und legitime politische Prozesse der Prioritätensetzung werden als Kriterien angeführt.

Entwicklungspolitik, neoklassische Ökonomie und demokratisch-pluralistische Governancepolitik

In diesem Bereich wird der „Washington Consensus" als Beispiel für intellektuelle Hegemonie analysiert, der – bei durchaus zugestandenen manchen Erfolgen – den Blick für die realen „schmutzigen" Komplexitäten verstellt und letztlich falsche Vorstellungen erzeugt, indem Evidenzen voreilig im Sinne der Hegemonie interpretiert werden, die dadurch (fälschlicherweise) immer weiter verfestigt wird (vgl. ebd., S. 871). In diesem Verständnis werden dann den fremden, abweichenden Realitäten in einer „Rhetorik der Unnachgiebigkeit" anscheinend oder scheinbar wissenschaftlich begründete „Best Practices" übergestülpt, ohne die Kontexte entsprechend zu berücksichtigen. Demgegenüber wird ein deliberativ-demokratischer Diskurs des „Possibilismus" vorgeschlagen (vgl. ebd., S. 872).

Innovation, Wissenschaft und Technologie

Hier wird die (konzeptionelle) Trennung von technischer Innovation von ihrer gesellschaftlichen Einbettung durch das Modell der Technokratie in den Mittelpunkt gestellt. Anhand der Konzepte und Ergebnisse der verschiedenen Ansätze der Science-Technology-Studies (STS) wird gezeigt, dass Innovationen nicht-linear und interaktiv funktionieren und sie normativ geprägt sind. Innovationen sind nicht notwendigerweise vorteilhaft, und im Markt gewinnt nicht immer die beste Lösung. Die kapitalistische Wirtschaft determiniert Innovation in Richtung von mehr Extraktion von Ressourcen und Erweiterung des Marktes in neue Bereiche (Beispiel Handel mit Verschmutzungszertifikaten) (vgl. ebd., S. 875). Die gesellschaftliche Bedingtheit von Innovation muss geklärt werden, und es sind Wege zu finden, um Innovation auch demokratisch im Sinne von „Sociotechnical Imaginaries" einer gerechten, inklusiven und nachhaltigen Zukunft zu beeinflussen (vgl. ebd., S. 876): *„governance, such as power structures and unfair trade agreements, can also hamper social progress [...]"* (ebd.).

Die Analysen relativieren das vorherrschende Bild von Wissenschaft und Fortschritt in dreifacher Hinsicht:

- „Creative Destruction" ist ein zweischneidiges Schwert, die destruktiven Elemente könnten heute die konstruktiven bereits überwiegen (siehe Soete 2013)
- Machtverschiebungen zwischen nationalen Institutionen einerseits und globalen Unternehmen und soziotechnischen Systemen andererseits erfordern neue Formen von Governance
- die Verfügungsmacht über Daten und Information ist von den Staaten zu den Unternehmen übergegangen, Algorithmen bestimmen die Sicht der Welt, die Spaltung zwischen einer „engagierten" globalen professionellen und kosmopolitischen Elite und zurückgelassenen oder sich zurückgelassen fühlenden Massen hat zur De-Legitimierung von Expertise geführt.

Die Frage nach dem Verhältnis zwischen „Fakten" und Bewertungen muss aufgelöst werden, ohne eines der beiden[6] über Bord zu werfen. Adler, Nowotny et al. verbinden den reflexiven Konstruktivismus von Pierre Bourdieu (2002) aus dem Selbstversuch mit der „Rhetorik des Possibilismus", den Albert O. Hirschman der Rhetorik der Reaktion und der Intransigence entgegengesetzt hat: *„One of the main – and decidedly normative – tasks of the social sciences has always been, and is even more so now, to open up toward the realm of possibilities, to show in scientifically plausible ways that it could be otherwise [...]. But this is not sufficient. To open up toward the realm of the possible, the social sciences must stimulate public debate, making room for multiple perspectives, allowing for contestation"* (Adler/Nowotny et al. 2018, S. 880).

Anm.: Siehe hierzu vertiefend die ausführlichere Fassung des Beitrages unter: http://www.equi.at/material/eb-pb-lang.pdf mit den englischsprachigen Originalzitaten aus dem Band von Adler/Nowotny et al. 2018.

---

6 Heute wird weithin der Aspekt der Fakten, der Wahrheit negiert; dem widmet Timothy Snyder (2017, S. 65) den Pkt.10 seiner Lessons gegen die Tyrannei: „Believe in truth. To abandon facts ist to abandon freedom. If nothing is true, then no one can critizise power [...] The biggest wallet pays for the most blinding lights".

Literatur

Adler, Matthew/Nowotny, Helga/Coglianese, Cary/Jasanoff, Sheila/Kanbur, Ravi/Levy, Brian/Norheim, Ole F./Schot, Johan/ Schwartzman, Simon/Spiel, Christiane/Starobin, Shana (2018): The Contribution of the Social Sciences to Policy and Institutional Change. In: International Panel on Social Progress (Hrsg.): Rethinking Society for the 21st Century, Vol. 3: Transformations in Values, Norms, Cultures. Cambridge, S. 847-886.

Bourdieu, Pierre (2002): Ein soziologischer Selbstversuch. Frankfurt: Suhrkamp.

Chisholm, Lynne/Lassnigg, Lorenz/Lehner, Martin/Lenz, Werner/Tippelt, Rudolf (2009): Wissen– Chancen – Kompetenzen. Strategie zur Umsetzung des lebensbegleitenden Lernens in Österreich. ExpertInnenbericht zum Konsultationsprozess. Wien 2009. Online im Internet: https://erwachsenenbildung.at/downloads/service/LLL-Strategie_ExpertInnenbericht.pdf [Stand: 2020-05-02].

Fleurbaey, Marc/Bouin, Olivier/Salles-Djelic, Marie-Laure/Kanbur, Ravi/Novotny, Helga/Reis, Elisa (2018): A Manifesto for Social Progress: Ideas for a Better Society. Cambridge: CUP.

Gornitzka, Åse (2013): The interface between research and policy – a note with potential relevance for higher education. In: European Journal of Higher Education 3(3), 2013, S. 255-264.

Gruber, Elke (2009): Auf der Spur... Zur Entwicklung von Theorie, Forschung und Wissenschaft in der österreichischen Erwachsenenbildung/Weiterbildung. In: Magazin erwachenenbildung.at, Ausgabe 7/8, Wien. Online im Internet: https://erwachsenenbildung.at/magazin/09-7u8/meb09-7u8_02_gruber.pdf [Stand: 2020-08-04].

Gruber, Elke/Schlögl, Peter (2011): Das Ö-Cert – ein bundesweiter Qualitätsrahmen für die Erwachsenenbildung in Österreich. In: Magazin erwachsenenbildung.at, Ausgabe 12, Wien. Online im Internet: https://erwachsenenbildung.at/magazin/11-12/meb11-12_02_gruber_schloegl.pdf [Stand: 2020-05-02].

Hardin, Garrett (1968): The Tragedy of the Commons. In: Science, Vol. 162, No. 3859 (Dec. 13, 1968), S. 1243-1248. Online im Internet: https://science.sciencemag.org/content/sci/162/3859/1243.full.pdf [Stand: 2020-07-16].

Hirschman, Albert O. (1991): The Rhetoric of Reaction. Cambridge: Harvard University Press.

Holzer, Daniela/Gugitscher, Karin/Straka, Christoph (2017): Wissenschaft und Forschung in der Erwachsenenbildung. Dossier erwachsenenbildung.at. Online im Internet: https://erwachsenenbildung.at/images/themen/dossier/ebooks/dossier-eb-forschung.pdf [Stand: 2020-07-16].

Lassnigg, Lorenz (2011): LLL-Strategie in Österreich. Praktische Überlegungen zu Entwicklung und Umsetzung. In: Materialien zur Erwachsenenbildung Nr. 2/2010, Wien 2011. Online im Internet: https://erwachsenenbildung.at/downloads/service/materialien-eb_2010_2_LLL-Stratgie.pdf [Stand: 2020-05-02].

Lassnigg, Lorenz (2017): Community Education – Grundlagen, Ziele und Methoden in Österreich. In: Höbsch, Werner/Marxer, Wilfried (Hrsg.): Community Education. Stark durch Bildung. Erasmus+ Projekt Community Education. Bendern und Brühl, S. 147-165. Auch online unter: http://www.equi.at/dateien/CE-Liechtenst-draft.pdf [Stand: 2020-08-04].

Lassnigg, Lorenz/Steiner, Mario/Scheibelhofer, Elisabeth/Steiner, Peter/Kiessling, Stephanie (2003): Lebenslanges Lernen und Forschung-Wissenschaft-Technologie. ESF-Ziel 3 Sonderevaluierung von Schwerpunkt 3. IHS Forschungsbericht (Oktober). Wien. Online im Internet: http://www.equi.at/dateien/ESF-sp3.pdf [Stand: 2020-07-16].

Lassnigg, Lorenz/Vogtenhuber, Stefan (2013): Neuere Schätzungen zur öffentlichen und privaten Finanzierung der Erwachsenenbildung in Österreich. In: Report - Zeitschrift für Weiterbildungsforschung, 36(2), 29-42. Online im Internet: http://www.equi.at/dateien/lassnigg-vogtenhuber_2013_we.pdf [Stand: 2020-08-04]. vgl. auch international http://www.equi.at/dateien/Esrea-fin.pdf [Stand: 2020-08-04].

Republik Österreich (2011): LLL:2020. Strategie zum lebensbegleitenden Lernen in Österreich. Wien. Online im Internet: https://erwachsenenbildung.at/downloads/themen/LLL-2020-Strategie.pdf?r=196166032 [Stand: 2020-08-04].

Snyder, Timothy (2017): On tyranny. Twenty lessons from the twentieth century. London: Bodley Head.

Soete, Luc (2013): Is Innovation Always Good? In: Fagerberg, Jan/Martin, Ben R./Andersen, Esben S. (Hrsg): Innovation Studies: Evolution and Future Challenges. Oxford: Oxford University Press, S. 134-144. Online im Internet: https://edisciplinas.usp.br/pluginfile.php/4103729/mod_resource/content/1/Fagerberg-MaertinAndersen-Innovation%20Studies%202013.pdf [Stand: 2020-08-04].

Steiner, Mario/Pessl, Gabriele/Wagner, Elfriede/Plate, Marc (2011): ESF Beschäftigung Österreich 2007-2013. Bereich Erwachsenenbildung. Halbzeitbewertung 2011. Evaluierung im Auftrag des BMUKK. Online im Internet: https://erwachsenenbildung.at/downloads/service/ESF_Halbzeitbewertung2011.pdf [Stand: 2020-08-04].

Verein Industrie 4.0 Österreich (2017): Ergebnispapier „Qualifikation und Kompetenzen in der Industrie 4.0". Wien. Online im Internet: https://plattformindustrie40.at/wp-content/uploads/2016/03/WEB_Industrie4.0_Ergebnispapier-Qualifikation-und-Kompetenzen.pdf [Stand: 2020-08-04].

Wildavsky, Aaron B. (2001): Budgeting and governing. Ed.by B.Swedlow, intro by J.White. New Jersey: Transaction.

Weiterführende Links

Pedoc-Stichwortsuche: http://www.equi.at/material/suche-PEDOCS.pdf

Stichwortsuche im AMS-Forschungsnetzwerk: http://www.equi.at/material/suche-AMS.pdf

Dr. Lorenz Lassnigg

lassnigg@ihs.ac.at
http://www.ihs.ac.at
+43 (0)1 59991-214

Lorenz Lassnigg studierte Pädagogik, Politikwissenschaft und Soziologie in Wien und am IHS, wo er seit 1985 tätig ist. 1990, 2004 und 2006 war er Gastwissenschafter am Wissenschaftszentrum für Sozialforschung Berlin (WZB), 1991 Visitor an der UC-Berkeley (Center for Studies of Higher Education, CSHE), 1995 Reviewer der Berufsbildung von Minas Gerais (Brasilien), 1998-1999 für die OECD in Finnland (Transition Projekt), 2004 Experte für die ILO (Social Dialogue), 2010 für die ETF-Turin, 2012-2013 in einem EU-Twinning Projekt in Mazedonien, 2011-2016 Experte im OECD Projekt „Governing Complex Education Systems (GCES)". Seine Erfahrungen bringt er auch fallweise in Lehraufträge an verschiedenen Universitäten ein, darunter 2009 als Gastprofessor an der Universitat Autònoma de Barcelona und seit 2010 an der Universität Tampere (Finnland). Seine Forschungsschwerpunkte liegen in der Sozialwissenschaftlichen Bildungsforschung.

Fact Trumps Ideology—Ideology Trumps Fact?

Possibilities and limits of scientific policy advising in adult education

Abstract

Since the 2000s, evidence-based (educational) policy decisions have been increasingly required. This requirement is not that easy to meet, for evidence in the sense of the „gold standard" of randomized experiments does not exist in Austria's educational research; at best only preliminary work is available. On top of that, scientific facts only ever exist in a defined conceptual context and thus facts and ideology must be taken into account whenever research and policy are linked. This article traces the scientific discourse on the possibilities and limits of scientific policy advising with a focus on adult education, illustrating them with three examples of scientific policy advising in Austria: the evaluation of the ESF Program on Lifelong Learning 2000–2006, Adult Education in the Strategy for Lifelong Learning LLL:2020 and Initiative Erwachsenenbildung (Adult Education Initiative). (Ed.)

Wirkungen von Bildungsprozessen: messbar oder nachweisbar?

Christine Zeuner und Antje Pabst

Zeuner, Christine/Pabst, Antje (2020): Wirkungen von Bildungsprozessen: messbar oder nachweisbar?
In: Magazin erwachsenenbildung.at. Das Fachmedium für Forschung, Praxis und Diskurs.
Ausgabe 40, 2020. Wien.
Online im Internet: https://erwachsenenbildung.at/magazin/20-40/meb20-40.pdf.
Druck-Version: Books on Demand GmbH: Norderstedt.

Schlagworte: Wirkungsforschung, Bildungsforschung, Messbarkeit, Bildungspolitik, Grundlagenforschung, Evaluationsforschung

Kurzzusammenfassung

Auch wenn die Frage nach den Wirkungen von Bildungsmaßnahmen aktuell vermehrt gestellt wird, ist die Wirkungsforschung selbst noch kein explizites Feld der Bildungsforschung. Die Autorinnen legen im vorliegenden Beitrag wissenschaftliche und bildungspolitische Begründungen für die Durchführung von Wirkungsforschung vor. Sie diskutieren die damit verbundenen Herausforderungen, beziehen sich dabei auf bestimmte Formen von Wirkungsforschung und gehen auch auf die Kritik an den Hoffnungen ein, die sich an die Messbarkeit von Bildung knüpfen. Genannt seien etwa die vielschichtigen Erwartungen und Interessen im Bildungsbereich (Politik, Träger und Einrichtungen, Lehrende und Lernende), zeitliche Aspekte der Wirksamkeit von Bildungsprozessen oder die Schwierigkeit, intersubjektive Lernprozesse zu messen. Diese Herausforderungen legen je nach Ebene, Bildungssegment oder Personen, die durch Forschung in den Blick genommen werden, unterschiedliche Methoden und Ansätze für die Messung von Wirkungen nahe. Wichtig seien Transparenz und Nachvollziehbarkeit in Bezug auf mögliche Absichten und Konsequenzen der Forschung. (Red.)

06

Thema

Wirkungen von Bildungsprozessen: messbar oder nachweisbar?

Christine Zeuner und Antje Pabst

Die Frage nach den Wirkungen von Lern- und Bildungsprozessen erscheint durchaus befremdlich. Natürlich zeitigen sie Wirkungen – warum sollte man daran zweifeln? Menschen lernen und bilden sich ein Leben lang. Sie entwickeln berufliche, politische, kulturelle Interessen, entfalten ihre Potentiale, übernehmen Verantwortung und vielfältige Aufgaben im privaten Umfeld wie im öffentlichen Raum. Dies alles ist nur möglich, weil sie lernen und sich (weiter-)bilden. Damit scheinen Wirkungen selbstverständlich und selbsterklärend zu sein.

Ist die Frage also überflüssig oder überfällig?

Für organisierte Lern- und Bildungsprozesse existieren in entwickelten Gesellschaften Bildungssysteme, deren Aufgabe es ist, jede Generation bezogen auf die jeweilige Gesellschaft zu erziehen und zu bilden und somit zu „nützlichen Mitgliedern" derselben zu formen. Bildungssysteme sind daher mit gesellschaftlichen Erwartungen, Zielsetzungen und Perspektiven verbunden. Sie sind eingebettet in vielfältige gesellschaftliche Dimensionen, die ihrerseits Zielsetzungen und Funktionen unterliegen und deren Akteurinnen und Akteure durchaus widersprüchliche Erwartungen an die Bildungssysteme stellen. Hinzu kommen die Interessen der lernenden Subjekte – sie können mit gesellschaftlichen Erwartungen kohärent sein oder aber auch im Kontrast dazu stehen.

Diese reziproken und interdependenten Wechselwirkungen und Erwartungen beeinflussen die möglichen Effekte (organisierter) Lern- und Bildungsprozesse. Insofern kann Bildungssystemen ein inhärentes Spannungsverhältnis zu eigen sein,

das gegensätzliche Interessen ausbalancieren muss, die u.a. auch die Erreichung intendierter Wirkungen betreffen. Trotzdem werden der Bildung – wie im Call for Papers für diese Ausgabe des Magazin erwachsenenbildung.at beschrieben – positive Effekte auf die Gesellschaft als Ganze, auf ökonomische, politische und soziale Bedingungen und Zustände und damit auch auf die Lebensbedingungen der Einzelnen zugeschrieben, gleichwohl diese empirisch schwer erfassbar sind. All dies muss in der Wirkungsforschung berücksichtigt werden.

Die Frage nach den Wirkungen von Bildungsinterventionen wird seit einiger Zeit vermehrt gestellt. Gleichzeitig zeigen bisherige Forschungsergebnisse, dass die Wirkungsforschung als explizites Forschungsfeld weder in der erziehungswissenschaftlichen noch in der erwachsenenbildungswissenschaftlichen Forschung einen hohen Stellenwert hat. Daher ist es das Ziel des vorliegenden Beitrags, einen Überblick über die wissenschaftlichen und bildungspolitischen Begründungen für die Durchführung von Wirkungsforschung zu geben und die Ansätze und Konzepte für Wirkungsforschung sowohl in Bezug auf erkenntnisleitende Interessen der Forschenden als auch im Hinblick auf ihren möglichen Nutzen zu reflektieren. Daraus abgeleitet werden sinnvolle methodische Zugänge vorgestellt.

Was spricht für die Wirkungsforschung?

Ein Blick in die deutschsprachige erziehungswissenschaftliche und erwachsenenbildungswissenschaftliche Forschung zeigt, dass Wirkungsforschung seit ca. 20 Jahren einen gewissen Stellenwert erlangt hat. Ihre Intensivierung ist auf vielfältige Gründe zurückzuführen:

Erstens hatten Bildungssysteme schon immer die Aufgabe, bedarfsgerecht Fachkräfte zu qualifizieren und dem Arbeitsmarkt zur Verfügung zu stellen. In dieser Hinsicht stehen die Bildungssysteme der westlichen Welt mittlerweile aufgrund des demographischen Wandels vor besonderen Herausforderungen, so dass Wirkungen von Bildungsinvestitionen aus ökonomischer Perspektive hinterfragt werden.

Zweitens steigerten zunehmende Internationalisierung und Globalisierung die Erwartungen an den Erhalt der Wettbewerbs- und Konkurrenzfähigkeit von Ökonomien, womit die Frage der Leistungsfähigkeit von Bildungssystemen höhere Relevanz erhielt und auch dem Regime des Lebenslangen Lernens in den politischen Agenden sowohl der EU als auch der UNESCO und der OECD aus unterschiedlichen Perspektiven mehr Aufmerksamkeit geschenkt wurde (siehe Schreiber-Barsch/Zeuner 2018).

Drittens wurden in Zeiten verminderter öffentlicher Einnahmen viele Aufwendungen unter Effizienzgesichtspunkten hinterfragt. Dies betraf unter anderem sozial- und gemeinwohlorientierte Ausgaben der Kommunen, Städte und Gemeinden, einschließlich des Bildungssystems. In diesem Zusammenhang wurde zunächst im Gesundheitswesen und der Medizin, später auch für andere gesellschaftliche Teilsysteme wie Soziales und Bildung „evidenzbasiert" nach Nutzen und Wirkungen und damit nach der Qualität (finanzieller) Interventionen gefragt (vgl. Schneider 2011, S. 23f.).

Dass für eine erbrachte Leistung (monetär oder anders) ein adäquates Resultat erwartet wird, ist zunächst nachvollziehbar. Problematisch wird

es – und daran entfaltet sich auch die grundsätzliche Kritik bezogen auf bestimmte Formen der Wirkungsforschung im Bildungsbereich –, wenn die Beurteilung auf systemfremden Kriterien und Erwartungen beruht (siehe Faulstich/Zeuner 2015). So wird teilweise davon ausgegangen, dass Vorgänge im Bildungsbereich effizient gesteuert werden können, obwohl aus der Produktion abgeleitete, managementförmige Steuerungsmodelle systemimmanenten Logiken des Bildungssystems widersprechen (vgl. Mayrhofer 2017, S. 23).

Mindestens drei Faktoren sind kennzeichnend für Besonderheiten von Bildungssystemen:

Erstens sind organisierte Bildungsprozesse immer in ein vielfältiges Wirkungsgefüge zwischen Staat, Gesellschaft, Trägern/Einrichtungen, Personal und Teilnehmenden eingebettet. Im Mittelpunkt stehen die Lernenden, deren Identität ihrerseits geprägt ist von Sozialisationserfahrungen, sozialem Umfeld, sozialem und ökonomischem Kapital usw. – Faktoren, die nur bedingt beeinflussbar sind.

Zweitens ist zu berücksichtigen, dass Lern- und Bildungsprozesse im Gegensatz zu den meisten Produktionsprozessen weder genau planbar noch vorhersehbar sind. Die Eigenwilligkeit, die Interessen und auch das aktuelle subjektive Können der unmittelbar Beteiligten haben wesentlichen Einfluss auf den Erfolg (organisierter) Lern- und Bildungsprozesse. Dabei ist zu berücksichtigen, dass Lernerfolg subjektiv bestimmt ist. Zwar kann unter Umständen der Erfolg einer Maßnahme an außen gesetzten Zielen gemessen werden (z.B. die Vermittlungsquote in den Arbeitsmarkt, die Kompetenzerweiterung in einem Sprachkurs usw.), die Wirkung der Teilnahme kann subjektiv aber durchaus anders bewertet werden. Hinzu kommt, dass Lern- und Bildungserfolge sich teilweise intersubjektiv wahrnehmbaren Veränderungen entziehen und auch subjektiv nicht immer bewusst sind. Sie können aber in Teilen durch Sprache und Interaktion beobachtet, reflektiert und ins Bewusstsein gebracht werden.

Drittens ist ein temporaler Aspekt zu berücksichtigen: Lern- und Bildungsprozesse können sowohl unmittelbare als auch u.U. erst mittel- oder langfristige Wirkungen bei den oder für die Subjekte hervorrufen. Sie sind nicht immer voraussehbar und entziehen sich damit auch einer direkten Überprüfung.

Erziehungswissenschaftliche Wirkungsforschung sieht sich also, abgeleitet aus diesen Aspekten, erheblichen Schwierigkeiten gegenüber. So stellt Armin Schneider in Bezug auf die soziale Arbeit fest – und dies gilt sicherlich auch für andere Bereiche des Bildungssystems wie die Erwachsenenbildung: *„Wirkung ist alles andere als eindeutig. Wirkung hat sowohl subjektive als auch objektive Dimensionen, eine Kausalität ist in der sozialen Arbeit nicht eindeutig nachweisbar und höchstens durch aufwändige Rekonstruktionen annäherungsweise zu erkunden"* (Schneider 2011, S. 19).

Die von uns eingangs skizzierten Erklärungsmuster für eine Intensivierung bildungs- und erziehungswissenschaftlicher Wirkungsforschung erheben keinen Anspruch auf Vollständigkeit, sind aber für Entwicklungen im Bildungsbereich am relevantesten, wenn es darum geht, Ökonomisierungstendenzen zu erklären und nachzuvollziehen. Die Übertragung ökonomischer Denkmuster auf Bildungssysteme, verbunden mit Überlegungen zu Nutzen und Wirkungen von Interventionen und der Überprüfung von Effizienz und Effekten führte zu Messbarkeitsvorstellungen, die sich häufig als Illusionen herausstellen. Denn die favorisierten Input-Output- bzw. Outcome-Relationen können weder die reziproken Wirkungsgefüge, denen Bildungssysteme unterliegen, noch den Faktor Zeit, der bei der Entwicklung von subjektiven Bildungsprozessen eine wesentliche Rolle spielt, abbilden. So konnte in retrospektiv angelegten Studien nachgewiesen werden, dass sozialpädagogische Maßnahmen teilweise mit langer zeitlicher Verzögerung positive Entwicklungen für die Beteiligten zeitigten, die in dem Versuch, unmittelbare Ursache-Wirkungsketten zu bestimmen, nicht sichtbar geworden wären (vgl. Mayrhofer 2017, S. 32).

Wirkungsforschung überfällig oder überflüssig? – Kontroverse Standpunkte

Aus bildungspolitischer und gesellschaftlicher Perspektive ist die Erwartung nachvollziehbar, dass Bildungssysteme bestimmte Wirkungen erzielen sollen. Investitionen sollen sich „rechnen", daher

wird überprüft, inwiefern der Input – bspw. öffentliche und private finanzielle Mittel für Strukturen, Konzepte, Personal und Zeit – einen erwartungsgemäßen und angemessenen Output in Bezug auf gesellschaftliche Ziele unterschiedlichster Art erzeugt.

Letztlich haben die Beteiligten aller Ebenen – Politik, Träger und Einrichtungen, Lehrende und Lernende – aus verschiedensten Gründen Interesse am Erfolg ihrer Bemühungen. Wobei die Einschätzung des Erfolgs abhängig ist von zuvor definierten Zielsetzungen, Motiven sowie Nutzen- und Wirkungserwartungen der jeweiligen Akteurinnen und Akteure. Vor dem Hintergrund vielschichtiger Bedingungsgefüge, in die Bildungssysteme eingebettet sind, sind Wirksamkeit (Effizienz) und Wirkungen (Effekte) von (organisierten) Lern- und Bildungsprozessen aber nur schwer zu beurteilen. Hinzu kommen die bereits beschriebenen Eigentümlichkeiten von Lern- und Bildungsprozessen, die sich im Wesentlichen einer Überprüfbarkeit entziehen oder diese erschweren. Demzufolge erfassen Analyse- und Messinstrumente auch nur bestimmte Momente und Teilausschnitte von Lern- und Bildungsprozessen, weswegen Diskussionen über die Einschätzung ihrer Wirksamkeit und Wirkungen kontrovers verlaufen.

Was bedeutet „Wirkung" und welche Aufgabe hat Wirkungsforschung im Rahmen der Erziehungswissenschaft? Von Wirkung wird in der Regel gesprochen, wenn eine Intervention beabsichtigte oder auch unbeabsichtigte Zustandsveränderungen, also Folgen zeitigt. Eine grundlegende Definition lautet: *„Wirkungen können sich in der Veränderung von Strukturen, Prozessen oder individuellen Verhaltensweisen zeigen"* (Stockmann 2007, S. 66; Hervorh. im Original).

Legt man eine solche, breit formulierte Definition von Wirkung zugrunde, lässt sich an verschiedenen Beispielen zeigen, dass je nach Ebene, Bildungssegment oder Personen, die durch Forschung in den Blick genommen werden, unterschiedliche Methoden und Ansätze für die Messung bzw. Analyse von Wirkungen gegenstandsangemessen zum Tragen kommen. Hierin liegt unserer Einschätzung nach auch der Ursprung kontroverser Diskussionen über die „Wirksamkeit" oder „Unwirksamkeit" von Wirkungsforschung:

Vor dem Hintergrund des jeweiligen Erkenntnisinteresses, das auf (bildungs-)theoretischen Überlegungen, politischen, gesellschaftlichen oder ökonomischen Intentionen fußen kann, wäre es überraschend, wenn Einigkeit über Vorgehensweisen und Zielsetzungen solcher Forschung herrschte. Umso wichtiger ist es, Forschungskonzepte und -ansätze transparent und nachvollziehbar in Bezug auf mögliche Absichten und Konsequenzen hin zu formulieren.

In den letzten zehn Jahren wurde der erziehungswissenschaftlichen Wirkungsforschung größere Aufmerksamkeit gewidmet, wobei ihre Sinnhaftigkeit durchaus kontrovers diskutiert wurde. Dabei äußern sich einige AutorInnen dezidiert skeptisch gegenüber jeglichem Ansinnen, die Wirkung von Bildungsprozessen erforschen zu wollen (siehe z.B. Hufer 2018), während andere Beispiele zeigen, dass mit gegenstandsangemessenen Methoden durchaus der langfristige Nutzen des Besuchs von Bildungsveranstaltungen rekonstruiert und beschrieben werden kann (siehe z.B. Vater 2019).

Klaus-Peter Hufer (2018) zieht in seinem Aufsatz „Wirkungslose Wirkungsforschung?", schwerpunktmäßig bezogen auf die Politische Bildung, ein vorläufiges, insgesamt eher negatives Fazit. Nicht so sehr im Hinblick auf die wenigen von ihm referierten Wirkungsstudien zur Politischen Bildung, sondern weil er die Sinnhaftigkeit der Erforschung von Wirkungen pädagogischer oder andragogischer Interventionen grundsätzlich in Frage stellt. Wirkungsforschung als wirkungslos zu bezeichnen (vgl. Hufer 2018, S. 10), begründet er – zumindest in Bezug auf die Politische Bildung – mit den Zielsetzungen Politischer Bildung und ihren ethischen Grundlagen bezogen auf die lernenden Subjekte.

Ziele der Politischen Bildung wie die Entwicklung politischer Urteils- und Kritikfähigkeit und politischer Handlungsfähigkeit zur Unterstützung des demokratischen Gemeinwesens sowie die Entwicklung von Zivilcourage lassen sich nach Hufer nur schwer evaluieren und operationalisieren. Politische Bildung entziehe sich Wirkungsanalysen, da sie immer subjektbezogen und situationsabhängig zu verstehen sei und *„auf vielschichtigen intersubjektiven Prozesse[n] sehr verschiedener Menschen [beruhe], die an den Veranstaltungen teilnehmen"* (ebd., S. 11).

Er fragt, auf welche Weise die Teilnehmenden solcher Veranstaltungen *„objektiviert, taxiert, quantifiziert, zertifiziert, evaluiert, controlled, qualifiziert oder bepunktet"* (ebd.) werden können.

Diese Vokabeln, entnommen dem Repertoire des Bildungsmanagements mit dem Ziel der Qualitätssicherung – und, so möchten wir hinzufügen, der Normierung von Lern- und Bildungsprozessen durch Steuerungsprozesse –, sind in der Tat für die Politische Bildung nur schwer vorstellbar. Indirekt greift Hufers Kritik damit unsere zuvor angestellten Überlegungen auf, wonach jede Forschung gegenstandsbezogen adäquate Methoden einsetzen muss, um in Relation zu ihren erkenntnisleitenden Interessen zu nachvollziehbaren Aussagen und Ergebnissen zu kommen.

Bildungswissenschaftliche Wirkungsforschung

Die vorliegenden Untersuchungen und Studien, die der erziehungswissenschaftlichen Wirkungsforschung zugerechnet werden können, zeigen folgerichtig eine große Bandbreite an methodischen Zugängen und Vorgehensweisen in Abhängigkeit von ihren forschungsleitenden Fragestellungen. Zu unterscheiden ist zwischen Evaluationsforschung und Grundlagenforschung, die sich bezogen auf Reichweite und Erkenntnisinteressen unterscheiden.

Evaluationen übernehmen spezifische Funktionen als Planungs- und Entscheidungshilfen für die Praxis, legitimieren Entscheidungsprozesse und Handeln in verschiedenen bildungspolitischen Kontexten. Sie erhalten eine Steuerungsfunktion, wenn Empfehlungen für die Optimierung von Handlungen oder Handlungsalternativen abgeleitet werden. Evaluationen verfolgen entweder eine Ziel- oder eine Wirkungsorientierung: Sie stellen einen „Soll-Ist-Vergleich" auf (Zielorientierung) oder bilanzieren die Effekte des Evaluationsgegenstandes (Wirkungsorientierung) (vgl. Stockmann 2007, S. 35). *„Evaluationen stellen ein wichtiges Instrument zur Generierung von Erfahrungswissen dar. Sie werden durchgeführt, indem Informationen gesammelt und anschließend bewertet werden, um letztlich Entscheidungen treffen zu können"* (Stockmann 2006, S. 15).

Was unterscheidet Evaluationen und Wirkungsforschung? Grundlegend, so betont Reinhard Stockmann, bestehen *„keine prinzipiellen Unterschiede zwischen Evaluations- und Grundlagenforschung im Hinblick auf die Auswahl des Untersuchungsgegenstandes sowie die Verwendung von Datenerhebungs- und Analysemethoden zur Identifizierung von Wirkungen und der Bearbeitung von Kausalitätsfragen (Ursache-Wirkungszusammenhängen)"* (ebd., S. 17). Ausschlaggebend ist aber der folgende Aspekt: *„Während Grundlagenforschung relativ zweckfrei nach Erkenntnis streben kann, hat Evaluationsforschung zumeist einen Auftraggeber, der damit bestimmte Absichten verfolgt"* (ebd., S. 16).

Wirkungsforschung als Grundlagenforschung verfolgt das Ziel, wissenschaftliche Erkenntnisse über bestimmte Sachverhalte, Entwicklungen, Zustandsveränderungen, Zusammenhänge etc. zu generieren, ohne dass daraus direkte Handlungsempfehlungen mit dem Ziel der Steuerung abgeleitet werden. – In diesem Sinne ist vielleicht Stockmanns Einschätzung der Zweckfreiheit von Grundlagenforschung zu verstehen. Wobei allerdings, wie wir anhand unserer Studie (siehe dazu auch Zeuner/Pabst in dieser Meb-Ausgabe) zeigen, auch ein wissenschaftlich formuliertes Interesse durchaus gewissen Zwecken dient. Unser Ziel war es beispielsweise, auf Grundlage unserer Ergebnisse der viel geäußerten Skepsis zu begegnen, dass für Teilnehmende am Bildungsurlaub weniger der Bildungs- als vielmehr der Urlaubsaspekt im Vordergrund stehe. Dieses Argument unterstellt zugleich, dass die Teilnehmenden keine Bildungs- oder Lernprozesse durchlaufen. Ein Aspekt, den wir widerlegen wollten. – Auch mit dem Ziel, die Möglichkeiten und Reichweite der Bildungsfreistellung als bildungspolitisches Instrument z.B. zur Unterstützung des Lebenslangen Lernens zu belegen.

Sowohl im Rahmen der Evaluations- als auch der Grundlagenforschung liegen in der erziehungswissenschaftlichen Wirkungsforschung mittlerweile vielfältige Ergebnisse vor. Während die Evaluationsforschung sowohl im Rahmen von Large-Scale-Erhebungen als auch bezogen auf die unterschiedlichsten Themen und Teilgebiete der Erziehungswissenschaft eine wesentliche Rolle spielt, sind die bisherigen Erträge grundlagenorientierter Wirkungsforschung in der Erziehungswissenschaft noch überschaubar.

Zu groß angelegten Evaluationsstudien, die den Lernerfolg messen, um die Wirkung schulischer oder außerschulischer Lehr-Lernprozesse zu bewerten, gehören die in bestimmten zeitlichen Abständen durchgeführten Schulleistungserhebungen (PISA), die Untersuchungen zu Kompetenzen Erwachsener (PIAAC) oder die Forschung im Bereich der Alphabetisierung und Grundbildung (LEO Level-One). Auf Ebene der EU wurden system- und policybezogene Evaluationen mit dem Ziel durchgeführt, Erkenntnisse über die Leistungsfähigkeit der Erwachsenenbildungsstrukturen in den Mitgliedstaaten zu generieren, um daraus übergreifende Steuerungskonzepte abzuleiten (siehe Europäische Kommission/EACEA/Eurydike 2015; European Commission 2015; Manninen et al. 2014).

Der jährlich von der deutschen Bundesregierung veröffentlichte Bildungsbericht „Bildung in Deutschland" legte 2018 einen Schwerpunkt auf die Erforschung von Wirkungen und Erträgen der Bildung (siehe Autorengruppe Bildungsberichterstattung 2018). Ein kürzerer Abschnitt widmet sich dem Nutzen von Weiterbildung (Kapitel G4). Nach dem individuellen Nutzen von Weiterbildung wird zwar gefragt, aber hervorgehoben, dass *„die kausale Zuordnung aufgrund des zeitlichen Auseinanderfallens von Teilnahme an der Weiterbildung und den verschiedenen Nutzendimensionen, z. B. dem individuellen Nutzen, der Arbeitsmarktintegration oder der Verbesserung der beruflichen Position, weiterhin kaum möglich [ist]"* (ebd., S. 185).

Daher werden im Bericht schwerpunktmäßig die Wirkungen von Weiterbildung im Verhältnis zu arbeitsmarktbezogenen Erträgen, monetären Erträgen und Bildungsrenditen, nichtmonetären Erträgen außerhalb des Arbeitsmarktes, Wirkungen von Struktur- und Steuerungsentscheidungen behandelt (vgl. ebd., S. IV; Kapitel H). Subjektiv zugeschriebene Wirkungen werden dagegen nicht berücksichtigt. Der Schwerpunkt liegt auf quantifizierbaren Aspekten.

Grundlagenbezogene Wirkungsforschung findet im Rahmen der Bildungs- und Erziehungswissenschaft bezogen auf viele Teilbereiche des Bildungssystems statt. Neben dem Schul-, Hochschul- und Weiterbildungssystem (siehe z.B. Nuissl et al. 2011) handelt es sich u.a. um die Bereiche soziale Arbeit (siehe Eppler/Miethe/Schneider 2011; Mayrhofer 2017); LehrerInnenbildung (siehe Lipowsky/Rzejak 2017); allgemeine Erwachsenenbildung (siehe Vater 2019; Müllegger 2016); außerschulische politische Jugend- und Erwachsenenbildung (siehe Ahlheim/Heger 2006; Balzter/Ristau/Schröder 2014; Straßer/Petter 2015). Einige dieser Studien verfolgen subjektbezogene Ansätze, in denen auf der Grundlage subjektiver Einschätzungen durch die Befragten Folgen und Wirkungsweisen von Lern- und Bildungsprozessen vom Standpunkt der Lernenden aus rekonstruiert werden.

Wirkungsforschung: Ein Resümee

Ziel des Beitrags war es, einen Überblick über Diskussionen, Kontroversen, aber auch Ansätze und Formen erziehungs- und erwachsenenbildungswissenschaftlicher Wirkungsforschung zu geben. Dabei zeigte sich, dass die Reichweite und Aussagekraft von qualitativen und quantitativen Forschungsansätzen sehr unterschiedlich ist und v.a. gegenstandsbezogen dem jeweiligen inhaltlichen Erkenntnisinteresse entsprechend angemessene Konzepte und methodische Zugangsweisen entwickelt werden müssen.

Kritik an den sog. „Large-Scale" Untersuchungen wird v.a. aus zwei Gründen geäußert: Erstens bilden diese Zustandsbeschreibungen ab, da sie einen bestimmten (kognitiven) Kenntnisstand, der die Interessen Dritter widerspiegelt, zu einem bestimmten Zeitpunkt erheben. Zweitens sollen sie aus bildungspolitischer Sicht v.a. zur Qualitätssicherung von Bildungssystemen beitragen, ohne dass genau bestimmt werden kann, welche Qualitätskriterien damit auf Dauer erfüllt werden sollen. Gleichzeitig wird deutlich, dass langfristige biographische, persönliche oder berufliche Wirkungen der Teilnahme an Bildungsveranstaltungen jeglicher Art damit nicht erfasst werden können.

Literatur

Ahlheim, Klaus/Heger, Bardo (2006): Wirklichkeit und Wirkung politischer Erwachsenenbildung. Eine empirische Untersuchung in Nordrhein-Westfalen. Schwalbach/Ts.: Wochenschau Verlag.

Autorengruppe Bildungsberichterstattung (2018): Bildung in Deutschland. Ein indikatorengestützter Bericht mit einer Analyse zu Wirkungen und Erträgen von Bildung. Bielefeld: wbv publikation. Online im Internet: https://www.bildungsbericht.de/de/bildungsberichte-seit-2006/bildungsbericht-2018/pdf-bildungsbericht-2018/bildungsbericht-2018.pdf [Stand: 2020-06-12].

Balzter, Nadine/Ristau, Yan/Schröder, Achim (2014): Wie politische Bildung wirkt. Wirkungsstudie zur biographischen Nachhaltigkeit politischer Jugendbildung. Schwalbach/Ts.: Wochenschau Verlag.

Eppler, Nathalie/Miethe, Ingrid/Schneider, Armin (Hrsg.) (2011): Qualitative und quantitative Wirkungsforschung. Ansätze, Beispiele, Perspektiven. Opladen: Verlag Barbara Budrich.

Europäische Kommission/EACEA/Eurydice (2015): Allgemeine und berufliche Erwachsenenbildung in Europa: Ausweitung des Zugangs zu Bildungsangeboten. Eurydice-Bericht. Luxemburg: Amt für Veröffentlichungen der Europäischen Union. Online im Internet: https://op.europa.eu/en/publication-detail/-/publication/aaeac7ed-7bad-11e5-9fae-01aa75ed71a1/language-de [Stand: 2020-06-12].

European Commission (2015): An in-depth analysis of adult learning policies and their effectiveness in Europe. Luxemburg: Publication Office of the European Union. Online im Internet: https://op.europa.eu/en/publication-detail/-/publication/c8c38dc9-89d0-11e5-b8b7-01aa75ed71a1/language-en [Stand: 2020-06-12].

Faulstich, Peter/Zeuner, Christine (2015): Ökonomisierung und Politisierung des Feldes der Erwachsenenbildung: Die Rolle der Wissenschaft. In: Erziehungswissenschaft, 26, 50, S. 25-35.

Hufer, Klaus-Peter (2018): Wirkungslose Wirkungsforschung? Rückblick und Ausblick. In: Journal für politische Bildung 8, 3, S. 10-14.

Lipowsky, Frank/Rzejak, Daniela (2017): Fortbildungen für Lehrkräfte wirksam gestalten – Erfolgsversprechende Wege und Konzepte aus Sicht der empirischen Bildungsforschung. In: Bildung und Erziehung, 70, 4, S. 379-399.

Manninen, Jyri et al. (2014): Benefits of Lifelong Learning in Europe: Main Results of the BeLL-Project. Research Report. Bonn: DIE. Online im Internet: http://www.bell-project.eu/cms/wp-content/uploads/2014/06/BeLL-Research-Report.pdf [Stand: 2020-06-12].

Mayrhofer, Hemma (Hrsg.) (2017): Wirkungsevaluation mobiler Jugendarbeit. Methodische Zugänge und empirische Ergebnisse. Opladen: Verlag Barbara Budrich.

Müllegger, Julia (2016): Neue Horizonte. Bildungskurse in St. Wolfgang von 1956 bis 1972. Strobl: bifeb publikationen.

Nuissl, Eckard/Ambos, Ingrid/Gnahs, Dieter/Enders, Kristina/Greubel, Stefanie (2011): Lernende fördern – Strukturen stützen. Evaluation der Wirksamkeit der Weiterbildungsmittel des Weiterbildungsgesetzes (WbG) Nordrhein-Westfalen. Im Auftrag des Ministeriums für Schule und Weiterbildung des Landes Nordrhein-Westfalen. Bonn: Deutsches Institut für Erwachsenenbildung. Online im Internet: https://www.die-bonn.de/doks/2011-evaluation-weiterbildungsgesetz-nrw-01.pdf [Stand: 2020-06-12].

Schneider, Armin (2011): Professionelle Wirkung zwischen Standardisierung und Fallverstehen: Zum Stand der Wirkungsforschung. In: Eppler, Natalie/Miethe, Ingrid/Schneider, Armin (Hrsg.): Qualitative und quantitative Wirkungsforschung. Ansätze, Beispiele, Perspektiven. Opladen: Verlag Barbara Budrich, S. 13-32.

Schreiber-Barsch, Silke/Zeuner, Christine (2018): Lebenslanges Lernen: Positionen, Konzepte, Programmatiken, Befunde. In: Zeuner, Christine (Hrsg.): Enzyklopädie Erziehungswissenschaft Online. Fachgebiet: Erwachsenenbildung. Weinheim: Juventa Verlag. DOI: 10.3262/EEO16180393.

Stockmann, Reinhard (2006): Evaluation in Deutschland. In: Ders. (Hrsg.): Evaluationsforschung. Grundlagen und ausgewählte Forschungsfelder. Sozialwissenschaftliche Evaluationsforschung Bd. 1. 3. Aufl. Münster: Waxmann, S. 15-46.

Stockmann, Reinhard (2007): Einführung in die Evaluation. In: Ders. (Hrsg.): Handbuch zur Evaluation: Eine praktische Handlungsanleitung. Sozialwissenschaftliche Evaluationsforschung Bd. 6. Münster: Waxmann, S. 24-70.

Straßer, Peter/Petter, Isabell (2015): Wirkungen politischer Erwachsenenbildung verstehen. Eine Machbarkeitsstudie. Politisch bilden. Hustedter Beiträge zur politischen Bildung. Norderstedt: Books on Demand.

Vater, Stefan (2019): Wie wirkt Erwachsenenbildung und wem nutzt Erwachsenenbildung? ‚Wider Benefits for Lifelong Learning (BeLL)‘. In: Die Österreichische Volkshochschule 2, 267, S. 11-13.

Foto: Reinhard Scheiblich HSU

Prof.in Dr.in Christine Zeuner

zeuner@hsu-hh.de
http://www.hsu-hh.de/eb
+49 (0)40 6541-2796

Christine Zeuner ist Professorin für Erwachsenenbildung an der Helmut-Schmidt-Universität/ Universität der Bundeswehr Hamburg. Ihre Arbeits- und Forschungsschwerpunkte sind: Politische Bildung, international-vergleichende Erwachsenenbildung, historische Erwachsenenbildung, TeilnehmerInnenforschung, Lehr-Lernprozesse im Erwachsenenalter, Wirkungsforschung, Grundbildung-Literalität-Numeralität.

Foto: Petra Becker (Glückstadt)

Dr.in Antje Pabst

antje.pabst@hsu-hh.de
http://www.hsu-hh.de/eb
+49 (0)40 6541-3908

Antje Pabst studierte Erziehungs- und Bildungswissenschaften in Erfurt. Sie ist als wiss.
Mitarbeiterin an der Helmut-Schmidt-Universität/Universität der Bundeswehr Hamburg in den
Bereichen Berufs- und Betriebspädagogik und Erwachsenenbildung tätig. In ihrer Dissertation
beschäftigte sie sich mit individuellen beruflichen Vorstellungen von LeiharbeiterInnen. Sie
forscht aktuell zu Lern- und Bildungsprozessen im Rahmen von Bildungsfreistellungen/
Bildungsurlaub sowie im Bereich Alphabetisierung und Grundbildung Erwachsener.
Arbeitsschwerpunkte: subjektwissenschaftliche Lehr-Lern-Forschung, Wirkungsforschung,
Grundbildung-Literalität-Numeralität Erwachsener, Berufliche Bildung/individuelle
Beruflichkeit.

Impacts of Educational Processes: Measurable or Detectable?

Abstract

Although the impacts of educational measures are currently under greater investigation,
impact research is still not an explicit field of educational research. The authors present
scientific and educational policy reasons for conducting impact research. They discuss
the challenges that go along with it referring to specific forms of impact research and also
examine the criticism of the hopes associated with the measurability of education. The
complex expectations and interests in education (politics, providers and institutions,
instructors and learners), temporal aspects of the effectiveness of educational processes,
and the difficulty of measuring intersubjective learning processes are all mentioned. These
challenges suggest different methods and approaches to measuring impacts depending on
the level, educational segment or people in the focus of the research. What is important
are transparency and accountability regarding possible intentions and consequences of
research. (Ed.)

Bildung nach Maß

Die Auswirkungen des AMS-Algorithmus auf Chancengerechtigkeit, Bildungszugang und Weiterbildungsförderung

Heiko Berner und Elmar Schüll

Berner, Heiko/Schüll, Elmar (2020): Bildung nach Maß. Die Auswirkungen des AMS-Algorithmus auf Chancengerechtigkeit, Bildungszugang und Weiterbildungsförderung.
In: Magazin erwachsenenbildung.at. Das Fachmedium für Forschung, Praxis und Diskurs.
Ausgabe 40, 2020. Wien.
Online im Internet: https://erwachsenenbildung.at/magazin/20-40/meb20-40.pdf.
Druck-Version: Books on Demand GmbH: Norderstedt.

Schlagworte: Arbeitsmarktservice, AMS, Beratungs- und Betreuungseinrichtung, BBE, Employability, Algorithmus, Diskriminierung, Verdinglichung, Menschenwürde

Kurzzusammenfassung

Das österreichische Arbeitsmarktservice (AMS) ist selbst kein Bildungsanbieter. Als Finanzier, Besteller und „Platzanweiser" für arbeitsmarktbezogene Qualifizierungsmaßnahmen ist es aber ein wirkmächtiger und entscheidender Akteur in der berufsorientierten Erwachsenenbildung. Zum Zweck der Effizienzsteigerung plante das AMS für das Jahr 2021 die Einführung eines automatisierten, datenbasierten Prognosemodells, das die Entscheidung, welche Unterstützungs- und Qualifizierungsleistungen Arbeitssuchende erhalten sollen, in Zukunft maßgeblich beeinflussen sollte. Der vorliegende Beitrag stellt die Funktionsweise und den Kontext des sogenannten „AMS-Algorithmus" vor, berichtet von den Argumenten, die für und wider seine Einführung in der öffentlichen Diskussion vorgebracht wurden, und bezieht in dieser Diskussion schließlich selbst Position. Der entscheidende Kritikpunkt der Autoren am AMS-Algorithmus ist sein diskriminierender Charakter. (Red.)

07

Thema

Bildung nach Maß

Die Auswirkungen des AMS-Algorithmus auf Chancengerechtigkeit, Bildungszugang und Weiterbildungsförderung

Heiko Berner und Elmar Schüll

Anstelle des Einsatzes eines diskriminierenden Instruments plädieren wir für eine möglichst individuelle Beratung der Arbeitssuchenden. Die (schlechte) Vermittelbarkeit von Arbeitssuchenden mit ihrem schlechten Integrationschancenwert zu begründen, trägt zur Individualisierung strukturell gelagerter Probleme bei. Stattdessen wäre eine effektive Unterstützung von Arbeitssuchenden dadurch zu erreichen, dass die strukturell bedingten Hindernisse als solche adressiert werden und den Betroffenen eine passgenaue Hilfe zuteil wird.

Problemaufriss

Das Arbeitsmarktservice (AMS) agiert als Dienstleistungsunternehmen am österreichischen Arbeitsmarkt mit dem Ziel, Arbeitslosigkeit zu verhüten und zu beseitigen, indem es auf die Zusammenführung von Arbeitskräfteangebot und -nachfrage hinwirkt (vgl. § 29 Abs 1 AMSG). Die Unterstützung und Qualifizierung von Arbeitskräften ist eine der Aktivitäten, die das AMS zum Erreichen dieses Ziels entfaltet (vgl. § 32 Abs 2 AMSG). Das AMS wird dabei nicht selbst als Bildungseinrichtung aktiv; als Finanzier, Besteller und Platzanweiser für Qualifizierungsmaßnahmen ist das AMS aber ein wirkmächtiger und im wörtlichen Sinne entscheidender Akteur in der berufsorientierten Erwachsenenbildung.

Gemeint ist hierbei und im Folgenden nicht jener an einem humanistischen Menschenbild ausgerichtete Teilbereich der Erwachsenenbildung, der sich der *„individuellen und gesellschaftlicher [sic!] Aufklärung verpflichtet"* (Lenz 2005, S. 45) fühlt. Mit klarem Arbeitsmarktbezug geht es vielmehr um Angebote der beruflichen Weiterbildung und Qualifizierung, d.h. um solche Angebote der Erwachsenenbildung, bei denen Anpassungsleistungen im Vordergrund stehen und *„die als Investition in die eigene Arbeitskraft und als unmittelbar ökonomisch verwertbar gelten"* (Stöger 2018, S. 8).

Die vom AMS vermittelten Bildungs- und Fördermaßnahmen werden von so genannten „Betreuungs- und Beratungseinrichtungen" (BBE) durchgeführt. Dabei sind BBEB, BBEV (siehe AMS 2017) und BBEN (siehe Weber et al. 2019) zu unterscheiden, wobei der letzte Buchstabe das Angebot differenziert: BBEB sind in der Regel berufliche Weiterbildungsmaßnahmen,

BBEV sind Angebote, die der Vermittlung in den ersten Arbeitsmarkt dienen. BBEN (N für neu), seit 2017 das jüngste Instrument, sind niederschwellige Angebote, die schwer vermittelbaren Arbeitslosen in erster Linie eine Tagesstruktur und den Betreuenden eine Einschätzung über die Jobaussichten der Suchenden erlauben sollen. Sie bieten, wie viele der bereits etablierten BBE-Maßnahmen, häufig eine Mischform aus sozialer bzw. sozialarbeiterischer Unterstützung und Bildungsmaßnahmen im engeren Sinne. Der Bildungsanteil wiederum ist als zweigliedrig zu bezeichnen: Zum einen handelt es sich um offene Bildungsangebote, die nicht unmittelbar dem Zweck der Arbeitsaufnahme dienen (z.B. Workshops oder Diskussionsrunden zu verschiedenen alltäglichen Themen), und um Angebote, die die „Employability" der Betroffenen unmittelbar steigern sollen (siehe dazu kritisch Schindler/Schmid/Vater 2019).

Für die Einschätzung, welche Beratungsleistungen und Qualifizierungsmaßnahmen für welche Personen geeignet sind, erprobte das AMS ab Anfang 2019 ein automatisiertes und datenbasiertes Verfahren, das die Bezeichnung „Personalisiertes Arbeitsmarktchancenassistenzsystem" (PAMAS)[1] trägt, allgemein aber unter dem Begriff „AMS-Algorithmus" bekannt geworden ist. Dessen Grundidee besteht darin, auf der Grundlage von soziodemografischen und berufsbezogenen Daten Arbeitssuchender eine Prognose zu deren Aussichten auf eine erfolgreiche Vermittlung in den ersten Arbeitsmarkt zu erstellen. Aufgrund der Prognose werden die Arbeitssuchenden segmentiert, d.h. einer von drei Gruppen zugeordnet. Die Zugehörigkeit zu einer Gruppe entscheidet über die Art und den Umfang der vom AMS angebotenen Unterstützungs- und Qualifizierungsangebote. Die Erprobungsphase war mit 2019 abgeschlossen, seit 2020 befindet sich PAMAS in der Einführungsphase. Der flächendeckende Einsatz wurde zunächst auf Sommer 2020 verschoben (vgl. Allhutter et al. 2020, S. 16), aufgrund der Corona-Pandemie später auf Anfang 2021 [Stand Juli 2020][2]. Im August 2020 verhinderte jedoch die österreichische Datenschutzbehörde per Bescheid die Einführung von

PAMAS in seiner jetzigen Form Der Hauptkritikpunkt liegt darin, dass durch die Bewertung von Chancen aufgrund von Personenmerkmalen Profiling stattfinde, das gesetzlich nicht geregelt sei. Diese Praxis muss nun entweder überarbeitet oder per Gesetz geregelt werden, um die Einführung zu ermöglichen[3].

Die Erprobung und geplante Einführung des AMS-Algorithmus werden massenmedial aufmerksam verfolgt und haben auch starke Reaktionen von zivilgesellschaftlichen Stakeholdern ausgelöst. Das AMS stellt die Einführung als zeitgemäße Innovation dar, die Beratungsprozesse objektiviert und beschleunigt und den effizienten Einsatz begrenzter Ressourcen unterstützt (siehe Der Standard 2018; Kopf 2018; futurezone 2018). Von verschiedener Seite wurden hingegen der grundsätzliche Ansatz des AMS-Algorithmus, die fehlende Transparenz des verwendeten Prognosemodells, die mangelnde Qualität der zugrunde liegenden Daten sowie die gesellschaftliche Ungleichheit reproduzierende Wirkung kritisiert (siehe Gleichbehandlungsanwaltschaft 2019; Lopez 2019; Allhutter et al. 2020).

Mit dem Ziel, einen Beitrag zur Orientierung in der gegenwärtigen Diskussion zu leisten, wollen wir im Folgenden die Funktionsweise des AMS-Algorithmus in geraffter Form darstellen. Anschließend werden wir die wichtigsten Argumente wiedergeben, die für und gegen den Einsatz des AMS-Algorithmus in seiner jetzigen Form vorgebracht wurden. Darauf aufbauend soll der Fokus auf den in unserer Sicht entscheidenden Kritikpunkt gelegt werden: die Diskriminierung der Arbeitssuchenden im Zuge der Segmentierung, die ihr Versprechen – passgenaue Beratung und Qualifizierung nach Maß – gerade nicht einlöst. Im Ergebnis stellt die Einführung des AMS-Algorithmus einen weiteren Schritt der wirkungsorientierten Verwaltungsführung hin zur Verdinglichung des Menschen sowie der Gefährdung der Menschenwürde und des Gleichbehandlungsgrundsatzes dar. Dass es auch anders gehen könnte, soll abschließend anhand einiger Vorschläge aufgezeigt werden.

---

1 Das AMS bezeichnet das Instrument auch als Arbeitsmarktchancenassistenzsystem (AMAS).

2 Nachzulesen unter: https://www.noen.at/niederoesterreich/wirtschaft/ams-verschiebt-algorithmus-einfuehrung-niederoesterreich-redaktionsfeed-ams-coronavirus-202653967

3 Nachzulesen unter: https://orf.at/stories/3178332/

Funktionsweise und Kontext des AMS-Algorithmus

Die Einführung des AMS-Algorithmus erfolgt im Zeichen der Effizienzsteigerung. Die begrenzten Ressourcen sollen möglichst dort eingesetzt werden, wo sie den größten Effekt für eine erfolgreiche Integration in den Arbeitsmarkt auslösen können (siehe Der Standard 2018). Zu diesem Zweck sollen die Arbeitssuchenden fortan in drei Gruppen eingeteilt werden, die sich aufgrund der Wahrscheinlichkeit unterscheiden, mit der eine erfolgreiche Integration in den Arbeitsmarkt zu erwarten ist. Dabei werden eine kurzfristige und eine langfristige Perspektive in Anschlag gebracht: Ein kurzfristiger Erfolg ist dann gegeben, wenn in sieben Monaten nach Beginn der Beobachtungsphase in Summe zumindest 90 reguläre Beschäftigungstage erreicht werden. Von einem langfristigen Erfolg wird dann gesprochen, wenn in 24 Monaten nach Beginn der Beobachtungsphase mindestens 180 reguläre Beschäftigungstage erreicht werden (vgl. Holl/Kernbeiß/Wagner-Pinter 2018, S. 4).

Die Gruppe mit den „besten" Erfolgsaussichten wird als H(och)-Gruppe bezeichnet. Zu ihr werden Arbeitssuchende gezählt, die mit einer errechneten Wahrscheinlichkeit von mindestens 66% kurzfristig in den Arbeitsmarkt vermittelt werden können, also in den kommenden sieben Monaten voraussichtlich mindestens 90 Tage lang regulär beschäftigt sein werden. Die Gruppe mit den niedrigsten Chancen wird als N-Gruppe bezeichnet. Für Angehörige dieser Gruppe wird die Wahrscheinlichkeit für eine erfolgreiche langfristige Vermittlung in den Arbeitsmarkt unter 25% angesetzt. Alle Arbeitssuchenden, die weder der H- noch der N-Gruppe zuzuordnen sind, gehören zu der M-Gruppe mit mittleren Erfolgsaussichten (vgl. ebd., S. 6).

Angehörige dieser M-Gruppe sollen zukünftig am intensivsten betreut werden, weil dem investierten Qualifizierungs- und Beratungsaufwand hier die größte Wirkung zugeschrieben wird. Das hinterlegte Bild ist nachvollziehbar: Es handelt sich um Personen, die derzeit zwar keinen Job haben, die aber mit der richtigen Beratung, Umschulung oder Weiterqualifikation gute Chancen haben, bald wieder in den ersten Arbeitsmarkt zurückzukehren. Für sie sind hauptsächlich BBEV vorgesehen. Für Angehörige

der so genannten H-Gruppe wird hingegen eine baldige Arbeitsaufnahme auch ohne Zutun des AMS als wahrscheinlich angenommen, weshalb hier nur ein begrenzter Aufwand betrieben werden soll. Den Angehörigen der N-Gruppe, für die eine niedrige Vermittlungschance errechnet wird, sollen in Zukunft ebenfalls nicht alle arbeitsmarktpolitischen Unterstützungs- und Qualifizierungsinstrumente zur Verfügung stehen. Aufgrund der gemachten Erfahrungen wird davon ausgegangen, dass hier auch mit viel Aufwand nur geringe Effekte für eine Integration in den Arbeitsmarkt erreicht werden können (siehe Der Standard 2018). Stattdessen sollen für Angehörige der N-Gruppe schwerpunktmäßig die neu geschaffenen Beratungs- und Betreuungsangebote (BBEN) zum Einsatz kommen, die einen niederschwelligen Charakter haben, psychosoziale Betreuung bieten und auch auf soziale Stabilisierung abzielen (siehe Kopf 2018; Weber/Hager/Krüse 2019). Die Entscheidung darüber, welche Personen welche Art der Beratung und Weiterqualifikation benötigen, lag bislang allein im Ermessen der BetreuerInnen des AMS. Diese Entscheidung soll in Zukunft durch den AMS-Algorithmus und die damit einhergehende Segmentierung der Arbeitssuchenden vorstrukturiert werden.

Mathematisch basiert der AMS-Algorithmus auf einem Regressionsmodell, mit dem für jede/n Arbeitssuchende/n die Wahrscheinlichkeit für einen kurzfristigen und einen langfristigen Vermittlungserfolg (s.o.) geschätzt wird. Grundlage des Modells sind die Erfahrungswerte, die in der Vergangenheit mit Arbeitssuchenden gemacht wurden. Der AMS-Algorithmus hat also empirischen Charakter, die Prognosen für die einzelnen Arbeitssuchenden ergeben sich aufgrund der Verhältnisse, die in den vergangenen Jahren auf dem Arbeitsmarkt herrschten.

Konkret wurde bei der Entwicklung des Modells geprüft, welche Merkmale der Personen, die in den Jahren 2015 und 2016 AMS-Geschäftsfälle waren, sich im Nachhinein als aussagekräftig für deren spätere Integration in den Arbeitsmarkt herausgestellt haben. Darunter sind sozio-demografische Merkmale wie das Geschlecht oder das Alter, aber auch Merkmale, die die berufliche Vorgeschichte abbilden, wie z.B. die Häufigkeit, mit der die betreffenden Personen bereits AMS-Unterstützung in

Tab. 1: Variablen und Werte des Integrations-Chancenmodells

	Mögliche Werte	Änderungs-koeffizient
Personenmerkmale Geschlecht	männlich / weiblich	0 / -0,14
Altersgruppen	0-29 Jahre / 30-49 Jahre / 50 und mehr Jahre	0 / -0,13 / -0,70
Staatengruppe	Österreich / EU-Staat ohne Österreich / Drittstaat	0 / +0,16 / -0,05
Ausbildung	Höchstens Pflichtschule	0
	Lehre oder berufsbildende mittlere Schule	+0,28
	allgemeinbildende oder berufsbildende höhere Schule, Universität, Fachhochschule, ...	+0,01
Gesundheitliche Beeinträchtigung	ja / nein	-0,67 / 0
Betreuungspflichten (bei Frauen)	ja / nein	-0,15 / 0
Berufsgruppe	Produktion / Dienstleistung	+0,17 / 0
Regionaler Arbeitsmarkt – fünf unterschiedliche Kategorien in Abhängigkeit von Vermittlungsaussichten der zugeordneten AMS Geschäftsstellen	RGS Typ 1 / RGS Typ 2 / RGS Typ 3 / RGS Typ 4 / RGS Typ 5	0 / -0,34 / -0,18 / -0,83 / -0,82
Vorherige Berufskarriere Zahl der ungeförderten, voll versicherungspflichtigen Beschäftigungstage in den vergangenen vier Jahren	<75%	0
	≥75%	-0,74
Anzahl der Geschäftsfälle in den vier Jahren des Beobachtungszeitraums	kein Geschäftsfall	0
	ein Geschäftsfall in einem der vier Jahre	+0,65
	in 2 Jahren mindestens je ein Geschäftsfall	+1,19
	in 3 oder 4 Jahren mindestens ein Geschäftsfall	+1,98
Dauer des Geschäftsfalls	kein Geschäftsfall mit mindestens 180 Tagen Dauer	0
	mind. ein Geschäftsfall von mindestens 180 Tagen Dauer	-0,80
Teilnahme an Maßnahmen	keine Maßnahmenteilnahme	0
	mindestens eine unterstützende Maßnahme	-0,57
	mindestens eine Qualifizierungsmaßnahme	-0,21
	mindestens eine Beschäftigungsförderungsmaßnahme	-0,43

Quelle: eigene Darstellung nach Holl et al. 2018, S. 8ff. und Alhutter et al. 2020, S. 6.

Anspruch genommen haben. Tabelle 1 zeigt die so identifizierten Variablen.

Als Basisgruppe werden in dem Modell junge (0-29 Jahre) Männer mit österreichischer Staatsbürgerschaft gesetzt, die keine Betreuungspflichten und keine gesundheitlichen Einschränkungen haben, deren höchste abgeschlossene Ausbildung ein Pflichtschulabschluss ist, die im Dienstleistungssektor tätig sind, in den vergangenen vier Jahren mehr als 75% Beschäftigungstage erreicht und

keinen AMS-Geschäftsfall ausgelöst haben und die folglich auch keine Maßnahme in Anspruch nehmen mussten. Mitgliedern dieser Basisgruppe ist in dem Modell ein Wert von 0,10 zugeordnet, aus dem sich nach logistischer Transformation eine Integrationschance von 52% ergibt. Abweichungen von den genannten Merkmalen führen zu einer Steigerung oder Reduktion dieses Integrationschancenwerts; die Abweichungen sind ebenfalls in Tabelle 1 dargestellt.

Bei der Interpretation der Angaben in Tabelle 1 ist zu beachten, dass die Änderungskoeffizienten nicht durch einfaches Aufsummieren in die Berechnung des Integrationschancenwertes einfließen. Das durch Aufsummieren errechnete Ergebnis wird logistisch transformiert, wodurch sich immer ein Wert zwischen 0 und 1 ergibt. Dieser Wert ist als Erwartungswert für eine erfolgreiche Integration zu interpretieren – in Prozentform dargestellt, entspricht er dem geschätzten Integrationschancenwert (vgl. Holl/Kernbeiß/Wagner-Pinter 2018, S. 7-13). Beispielsweise führt die Verbesserung, die sich im Vergleich zur Basisgruppe bei ansonsten gleichbleibenden Merkmalen durch einen Lehrabschluss ergibt (+0,28) nach logistischer Transformation zu einer Steigerung der Integrationschance von 52% auf 59%. Die Änderungskoeffizienten wirken sich rechnerisch also nicht linear auf den Integrationschancenwert aus. Gleichwohl: Die Wirkungsrichtung ist durchaus zu erkennen. Die Zugehörigkeit zur Altersgruppe 50+ wirkt sich ähnlich negativ aus wie eine gesundheitliche Beeinträchtigung. Ein Wohnsitz, der einer AMS-Geschäftsstelle in einer wirtschaftlich schwachen Region zugeteilt ist, wirkt sich noch negativer aus als eine gesundheitliche Beeinträchtigung. Die Zugehörigkeit zum weiblichen Geschlecht bringt ebenfalls eine Reduktion der Vermittlungswahrscheinlichkeit mit sich und Betreuungspflichten führen aufgrund der bestehenden gesellschaftlichen Verhältnisse und den so gemachten Erfahrungswerten nur bei Frauen zu einem geringeren Integrationschancenwert.

Für und Wider des AMS-Algorithmus

Das Vorhaben des AMS, im Zuge einer Neuorganisation der Beratungs- und Unterstützungsleistungen ein automatisiertes Prognosemodell zum Einsatz zu bringen, ist seit geraumer Zeit bekannt und hat erhebliche öffentliche Aufmerksamkeit und auch politische Reaktionen ausgelöst. In der gebotenen Kürze werden im Folgenden die wichtigsten Punkte genannt, die für und wider das Vorhaben in die Diskussion eingebracht wurden.

Effizienzsteigerung

Das AMS sieht sich mit der Herausforderung konfrontiert, möglichst viele Arbeitssuchende möglichst schnell und nachhaltig (wieder) in den ersten Arbeitsmarkt zu vermitteln. Die dafür zur Verfügung stehenden Ressourcen sind begrenzt. Insofern ist das Ansinnen, die verfügbaren Mittel möglichst effizient einzusetzen, nicht nur gut nachvollziehbar, sondern für eine sozialstaatlich handelnde Agentur nachgerade geboten. Effizienzsteigernd soll der AMS-Algorithmus wirken, indem er die Entscheidung zur Segmentierung der Arbeitssuchenden für die mit vielen Fallzahlen belasteten AMS-BeraterInnen vorstrukturiert. Dadurch wird Zeit für die eigentliche Beratung gewonnen. Zudem sollen die begrenzten Mittel zur Förderung der Arbeitssuchenden in Zukunft vor allem dort eingesetzt werden, wo ein positiver Effekt zu erwarten ist – dies sind die Personen, die der Gruppe M zugeordnet werden. Das AMS bekennt sich explizit zur Effizienzorientierung (siehe Kopf 2018).

Letztentscheidung liegt bei Menschen

Hinweise darauf, dass der AMS-Algorithmus – wie automatisierte Unterstützungssysteme generell – in seiner Leistungsfähigkeit überbewertet werde und bestehende Ungleichheiten reproduziere (siehe arbeit plus 2019), kontert das AMS damit, dass die Entscheidung über die Zuweisung zu einem bestimmten Segment auch weiterhin bei den BeraterInnen des AMS liegen wird. Diese verfügen über *„ein solides Grundwissen in Statistik, so dass Sie [sic!] wissen, dass Prognosen eben Prognosen und keine zuverlässigen Vorhersagen über die Zukunft sind. […] Sie wissen, dass das ‚Personalisierte Arbeitsmarkt-Assistenzsystem (PAMAS)‘ ein Assistenzsystem ist, das ihnen nicht die Verantwortung abnimmt, sondern hilft, dieser Verantwortung gerecht zu werden"* (AMS 2019, Punkt 14).

Kompensierung von Diskriminierung durch begleitende Maßnahmen

Auch der bestehenden Formen der Diskriminierung am Arbeitsmarkt, besonders von Frauen, ist man sich beim AMS bewusst. Daher sollen spezielle Fördermaßnahmen, bspw. für Jugendliche oder Frauen, durch das neue Verfahren nicht beschnitten werden.

Dem stehen kritische Beiträge zu PAMAS gegenüber, die im Wesentlichen zwei verschiedenen gesellschaftlichen Bereichen zuzuordnen sind:

zum einen zivilgesellschaftlichen AkteurInnen, die gesellschaftspolitisch mit dem Thema betraut sind (hierzu siehe besonders Gleichbehandlungsanwaltschaft 2019; arbeit plus 2019), zum anderen wissenschaftlichen Auseinandersetzungen. Da beide Bereiche ähnliche Kritikpunkte nennen, werden sie im Folgenden gemeinsam vorgestellt:

Unterkomplexität

Das Prognosemodell des AMS-Algorithmus wird der komplexen sozialen Realität nicht gerecht, wodurch sich Zweifel an den errechneten Schätzungen ergeben und auch Fragen in Hinblick auf die Entstehung und Anwendung aufgeworfen werden. Beispielsweise unterscheidet das Modell bei der Input-Variable „Berufsgruppe" nur zwischen Dienstleistung und Produktion und nimmt keine weitere Differenzierung vor; Betreuungspflichten werden nur bei Frauen (negativ) berücksichtigt (siehe Gleichbehandlungsanwaltschaft 2019). Hinzu kommt, dass die Einführung des AMS-Algorithmus mit einer Neuausrichtung der bisherigen Förderpraxis einhergeht, bei der die Arbeitssuchenden in so genannte Zielgruppen eingeteilt wurden, denen je spezifische Unterstützung zuteil wurde, beispielsweise Frauen, Ältere oder Jugendliche. In Zukunft soll nicht länger die Zugehörigkeit zu einer bestimmten Gruppe den Förderbedarf begründen, sondern die zielgruppenunspezifische Zugehörigkeit zu einem der drei Segmente (siehe ebd.). Schließlich besteht die Möglichkeit, dass die reduktionistische Einschätzung von Individuen anhand weniger Merkmale durch den AMS-Algorithmus bei den BeraterInnen ähnlich simplifizierende Deutungsmuster anreizt.

Intransparenz im Modell

Die Funktionsweise des Prognosemodells, das dem AMS-Algorithmus zugrunde liegt, ist an verschiedenen Stellen wenig nachvollziehbar. Dies betrifft fehlende Definitionen von wesentlichen Inputvariablen, wie z.B. gesundheitliche Beeinträchtigung oder Betreuungspflichten; dies betrifft genauere Angaben zur Beschaffung und Pflege der einfließenden Daten und dies betrifft auch fehlende Angaben zu den alternativen Prognosemodellen, die bei unvollständigen Datensätzen zur Anwendung kommen (vgl. Allhutter et al. 2020, S. 13f.; siehe arbeit plus 2019).

Unklarheiten und Unstimmigkeiten in der Umsetzung

Offenbar gibt es in Hinblick auf die Anwendung des AMS-Algorithmus unterschiedliche Haltungen zwischen den Landes- und Regionalgeschäftsstellen des AMS. Auch innerhalb der Geschäftsstellen wird nicht einheitlich verfahren (siehe arbeit plus 2019). Unklar ist weiterhin die Verbindlichkeit, mit der sich die AMS-BeraterInnen an die errechnete Prognose zu halten haben. Einerseits soll das Prognosemodell die Entscheidung über die Zuordnung von Arbeitssuchenden zu einem Segment beschleunigen, andererseits liegt die Letztentscheidung über die Zuordnung bei den BeraterInnen. Wenn ein/e BeraterIn die Algorithmuseinschätzung nicht übernimmt, sondern sie reflektiert und in eigene Abwägungen einbezieht, wird sie oder er gerade nicht der Anforderung nach einer schnelleren Fallbearbeitung gerecht. Dies wiederum würde bei wiederholtem Vorkommen die PAMAS-Praxis ad absurdum führen und hätte einen inneren Konflikt zur Folge, denn es „leaves case workers ‚torn between standardized efficiency and customer-orientation'" (Allhutter et al. 2020, S. 14).

Nur scheinbare Objektivität

Laut AMS-Vorstand Johannes Kopf erzeugt der AMS-Algorithmus keine Realität, sondern er erfasst lediglich die Chancen und Probleme der einzelnen Arbeitssuchenden rechnerisch und zeigt sie auf (siehe Kopf 2018). Dieser Darstellung des Prognosemodells als objektives Instrument widersprechen jedoch die Hinweise auf eher menschlich-pragmatische Setzungen, die für das Prognosemodell und die Prognoseergebnisse grundlegenden Charakter haben. Dies betrifft die Entscheidung für genau drei Gruppen, die Schwellenwerte zwischen den Gruppen sowie die Auswahl der berücksichtigten Bewertungskategorien. Auch ist die Datenlage mitunter lückenhaft, und es ist unklar, wie sich dieser in der Praxis nicht seltene Umstand auf die Objektivität des Prognoseergebnisses auswirkt. Auch Doris Allhutter et al. (2020, S. 14) kommen zu dem Schluss: "the algorithm reflects value-laden judgements of system designers, entrepreneurial practices of the AMS and the 'logic of workfare'".

Diskriminierung und die N-Gruppe als Sackgasse

Die Verwendung bestehender Daten mag dazu dienen, eine realistische Einschätzung von Vermittlungschancen zu erhalten. Die Ursachen für diese Chancen liegen aber nur zum Teil in der Person der Arbeitssuchenden begründet; sie sind auch das Ergebnis von diskriminierenden Verhältnissen auf dem Arbeitsmarkt. So gilt als belegt, dass migrantische Arbeitssuchende aufgrund diskriminierender Praktiken einen vergleichsweisen schweren Zugang zum Arbeitsmarkt haben (siehe Litschel/Löffler 2017; Hofer et al. 2013). Die Benachteiligung wirkt sich negativ auf das Prognoseergebnis für diese Personengruppe aus, die daraufhin mit höherer Wahrscheinlichkeit in der N-Gruppe landet. Das Modell reproduziert somit bestehende Diskriminierung auf dem Arbeitsmarkt. Paola Lopez (2019, S. 13) weist darauf hin, dass die AMS-Beratung prinzipiell unter das Gleichbehandlungsgesetz fällt (vgl. §3, §17 GlBG). Befindet sich eine Person erst in der N-Gruppe, ist sie in der Regel in eine BBEN-Maßnahme zu vermitteln. Diese sind vom Anspruch her zwar darauf ausgelegt, die TeilnehmerInnen so zu fördern, dass sie in die höher gestufte M-Gruppe und in der Folge in eine BBEV wechseln können. Allerdings: Die Einstufung in die N-Gruppe findet vor allem aufgrund von nicht (oder nur schwer) veränderbaren Persönlichkeitsmerkmalen wie Geschlecht, Alter oder Staatsbürgerschaft statt. Wie soll unter diesen Rahmenbedingungen ein Aufstieg in die M-Gruppe erreicht werden?

Segmentierung! Ja, aber wofür?

Intransparenz, die scheinbare Objektivität des statistischen Modells und Inkonsistenzen bei der Implementierung in der Beratungspraxis sind berechtigte Kritikpunkte am AMS-Algorithmus, insbesondere angesichts der folgenreichen Entscheidungen, die auf Grundlage der Prognosen getroffen werden. Es wird vom errechneten Integrationschancenwert und der Aufgeklärtheit des zuständigen AMS-Beraters oder der zuständigen AMS-Beraterin abhängen, wer Zugang zu welchen Qualifizierungsmaßnahmen erhalten wird. Gleichwohl: Transparenz und Nachvollziehbarkeit könnten auch nachträglich noch hergestellt und Schwellenwerte zwischen den verschiedenen Arbeitssuchenden-Segmenten könnten besser begründet und nachjustiert werden. Sollte eine diskriminierende Praxis, die in der vorschnellen Zuweisung von Einzelnen zur Gruppe N liegt, evaluativ ermittelt werden, so ließe sich auch diese in Zukunft womöglich vermeiden. Angesichts der weitgehenden Umstellungen, die im Zuge der PAMAS-Einführung zu vollziehen sind, erscheinen die gegen den AMS-Algorithmus gerichteten Anfragen (siehe bes. Gleichbehandlungsanwaltschaft 2019; arbeit plus 2019) in der Tat weniger überraschend als die reflexartigen Versuche des AMS, die noch nicht einmal eingeführte Neuerung als völlig durchdacht und problemfrei darzustellen (siehe AMS 2019; Kopf 2018; futurezone 2018; Der Standard 2018).

Der Unterschied zwischen allen und jedem

Als entscheidender Kritikpunkt, der im Gegensatz zu den übrigen Punkten grundlegenden Charakter hat, erweist sich hingegen der prinzipiell diskriminierende Charakter des Modells. Die Zuordnung zu den verschiedenen Segmenten entscheidet über Art und Umfang an sozialstaatlichen Unterstützungsleistungen; sie soll in Zukunft jedoch nicht durch eine sorgfältige Prüfung der Eigenschaften erfolgen, die dafür in sachlicher Hinsicht angezeigt wären, wie beispielsweise die individuellen Lebensumstände oder Vermittlungshindernisse der Arbeitssuchenden, (evtl. aus dem Ausland) mitgebrachte Qualifikationen, die Motivation, sich umschulen zu lassen, oder persönliche Wünsche. Stattdessen erfolgt die Zuordnung zu den Segmenten auf Basis weniger Persönlichkeitsmerkmale, die sich empirisch als aussagekräftig für den Vermittlungserfolg erwiesen haben. Eine empirisch feststellbare Korrelation, z.B. zwischen dem weiblichen Geschlecht und einer geringeren Vermittlungschance in den Arbeitsmarkt, gibt jedoch keine Auskunft über einen ursächlichen Zusammenhang – insbesondere nicht auf individueller Ebene; sie informiert lediglich darüber, was im Beobachtungszeitraum und unter den gegebenen gesellschaftlichen Verhältnissen über alle Fälle hinweg festgestellt werden konnte: *"Precisely this structural dimension of disadvantage, which has nothing to do with the specific individual, is embedded in the statistical significance of the different included features. The model therefore does not calculate the individual chances that a person has, but reflects the structural situation on the labour market with which this person will be confronted when searching for a job"* (Lopez 2019, S. 12; Hervorh.i.Orig.).

Mit der umstandslosen Übernahme der „objektiv" festgestellten Verhältnisse in das Prognosemodell trägt das AMS somit zur Individualisierung von strukturell angelegten Problemlagen ebenso bei wie zur Naturalisierung und Zementierung gesellschaftlicher Ungleichheit.

Die Reduzierung der Arbeitssuchenden auf Einzelmerkmale hat gleichzeitig einen entsubjektivierenden und verdinglichenden Charakter (siehe Honneth 2015), der einer individualisierten Einschätzung der Beratenden gegenübersteht, die in der Lage wäre, die Partizipation an Vermittlungsentscheidungen und damit die Autonomie ihrer „KundInnen" zu fördern. Legt man Autonomie als Merkmal eines würdevollen Daseins an (siehe Scherr 2002), so bedroht genau dieser Umstand die Würde des/der Einzelnen und kann daher im Sinne des Gleichbehandlungsgesetzes als grundsätzlich diskriminierend gelten.

Der Hinweis auf den diskriminierenden Charakter des AMS-Algorithmus ist kein Plädoyer für die Gleichbehandlung von Arbeitssuchenden mit ungleichen Kompetenzen und Lebensumständen. Menschen sind verschieden, auch hinsichtlich ihrer Motivation und Fähigkeit, auf dem Arbeitsmarkt Leistung abzugeben. Nur: Die vom Modell vorgenommene Segmentierung zielt gerade nicht darauf ab, diese Unterschiedlichkeit zu erfassen, um daraufhin passgenaue Beratung und Qualifizierung zu ermöglichen. Das Movens des Modells ist vielmehr, eine automatisierte Hilfe für die Entscheidung bereitzustellen, bei wem sich Beratung und Qualifizierung vermutlich lohnt und bei wem dies vermutlich nicht der Fall ist. Viele Gründe sprechen dafür, dass diese Entscheidung dem einzelnen Fall nicht gerecht werden wird.

Wie wäre es, eine passgenaue Qualifizierung zu ermöglichen?

Schon in der Ausgabe 38 des Magazin erwachsenenbildung.at (Meb), das sich arbeitsmarktorientierter Erwachsenenbildung widmete, wurde an verschiedenen Stellen dafür argumentiert, dass eine individualisierte AMS-Beratung einer zunehmend standardisierten vorzuziehen sei. So kommt Ingeborg Schüßler zum Schluss, dass es für eine pädagogisch professionelle und innovationsfördernde Beratung besser sei, *„die Kategorisierung von Arbeitsuchenden nicht in die alleinige Verantwortung von KI-Systemen zu geben, sondern in die Hände von professionell pädagogisch geschultem Weiterbildungspersonal"* (Schüßler 2019, S. 10). Krista Susman führt kritisch an, dass das Streben nach Weiterentwicklung seitens der Arbeitssuchenden in der AMS-Vermittlungspraxis überhaupt kein Thema sei. Im Kontext einer subjektorientierten Form von Bildung widerspricht eine solche Vermittlungspraxis aber der grundsätzlichen Voraussetzung einer freien (Mit-)Entscheidung der Betroffenen (vgl. Susman 2019, S. 2).

Die hier angeführten Argumente und Kritikpunkte zielen in genau diese Richtung: Anstelle des Einsatzes eines diskriminierenden Instruments plädieren wir für eine möglichst individuelle Beratung der Arbeitssuchenden. Die (schlechte) Vermittelbarkeit von Arbeitssuchenden mit ihrem schlechten Integrationschancenwert zu begründen, trägt zur Individualisierung strukturell gelagerter Probleme bei. Stattdessen wäre eine effektive Unterstützung von Arbeitssuchenden dadurch zu erreichen, dass die strukturell bedingten Hindernisse als solche adressiert werden und den Betroffenen eine passgenaue Hilfe zuteil wird. Was auf den ersten Blick wie ein weniger effizientes Mittel erscheint, wäre in der Folge nicht nur chancengleicher (vgl. §31 Abs 3 AMSG) und würde die Würde des/der Einzelnen berücksichtigen; es wäre auch effektiver (vgl. §31 Abs 5 AMSG) als das, was ein vereinfachender und Ungerechtigkeiten reproduzierender Algorithmus – dessen Entwicklung, Implementierung und Betrieb im Übrigen ebenfalls Kosten verursachen – zu leisten in der Lage ist.

Würde man die Beratung von Arbeitssuchenden nicht nur als Kostenfaktor betrachten, den es tunlichst zu reduzieren gilt, sondern bereits als Teil des Bildungs- und Qualifizierungsprozesses wäre es beispielsweise denkbar:

- Anti-Diskriminierungsschulungen für AMS-BeraterInnen einzurichten, um ihnen den diskriminierungssensiblen Umgang mit ihren KlientInnen zu ermöglichen

- Multiprofessionelle Teams beim AMS ins Leben zu rufen, um auf evtl. vorhandene Multiproblemlagen von einzelnen Arbeitssuchenden eingehen zu können
- Unternehmen zu aktivieren, zumindest solche mit einer kritischen Größe, d.h. einer eigenen Personalabteilung, um dort Aufklärungsarbeit gegen Diskriminierung zu leisten, die Leistungen betrieblicher Sozialer Arbeit bekannt zu machen oder bspw. Mentoringprogramme zu etablieren, bei denen benachteiligte Arbeitssuchende als Mentees mit Einzelpersonen aus Unternehmen als MentorInnen in Kontakt gebracht werden.

Versteht man Effizienz als das in Geld bewertete Verhältnis zwischen Input und Output, wird augenfällig, dass der AMS-Algorithmus wie viele andere arbeitsmarktpolitische Maßnahmen auch auf eine Effizienzsteigerung durch die Reduktion des Inputs abzielt. Dies führt hier wie allgemein zur Verantwortungsverschiebung hin zum Individuum. Die genannten Beispiele sollen verdeutlichen, dass es durchaus denkbar wäre, stattdessen mehr Aufmerksamkeit und Kreativität auf die Steigerung des Outputs zu verwenden.

Literatur

Allhutter, Doris/Cech, Florian/Fischer, Fabian/Grill, Gabriel/Mager, Astrid (2020): Algorithmic Profiling of Job Seekers in Austria: How Austerity Politics Are Made Effective. In: Frontiers in Big Data. 3, 2020. Online im Internet: https://www.frontiersin.org/articles/10.3389/fdata.2020.00005/full [Stand: 2020-07-09].

AMS (2017): Bundesrichtlinie Arbeitsmarktbezogene Beratungs- und Betreuungseinrichtungen (BBE). Online im Internet: https://sozialplattform.at/files/inhalte/downloads/richtlinien/AMF_BRL_BBE_2017_oN.pdf [Stand: 2020-07-09].

AMS (2019): Schreiben des AMS an die Gleichbehandlungsanwaltschaft vom 25. April 2019 mit dem Betreff „Beurteilung Arbeitssuchender mithilfe eines Algorithmus". Online im Internet: https://www.gleichbehandlungsanwaltschaft.gv.at/at.gv.bka.liferay-app/documents/340065/450375/Schreiben_von_AMS_Bundesgesch%C3%A4ftsstelle_25.04.2019.pdf [Stand: 2020-07-09].

arbeit plus (2019): Algorithmen und das AMS Arbeitsmarkt-Chancen-Modell. Zum Einsatz automatisierter Entscheidungs- und Profilingsysteme im arbeitsmarktpolitischen Bereich. Eine Positionierung von arbeit plus. Online im Internet: https://arbeitplus.at/wordpress/wp-content/uploads/2019/07/2019-07_Position-Algorithmus-und-Segmentierung.pdf [Stand: 2020-07-09].

Der Standard (2018): AMS-Vorstand Kopf: „Was die EDV gar nicht abbilden kann, ist Motivation". Interview mit Johannes Kopf von András Szigetvari in der Ausgabe vom 10. Oktober 2018. Online im Internet: https://www.derstandard.at/story/2000089096795/ams-vorstand-kopf-menschliche-komponente-wird-entscheidend-bleiben?ref=article [Stand: 2020-07-09].

futurezone (2018): AMS-Chef: „Mitarbeiter schätzen Jobchancen pessimistischer ein als der Algorithmus". Interview mit Johannes Kopf von Barbara Wimmer. Online im Internet: https://futurezone.at/netzpolitik/ams-chef-mitarbeiter-schaetzen-jobchancen-pessimistischer-ein-als-der-algorithmus/400143839 [Stand: 2020-07-09].

Gleichbehandlungsanwaltschaft (2019): Schreiben an die AMS Bundesgeschäftsstelle vom 11. März 2019 mit dem Betreff „Beurteilung Arbeitssuchender mithilfe eines Algorithmus – Vereinbarkeit mit dem Gleichbehandlungsgesetz (GbBG)". Online im Internet: https://www.gleichbehandlungsanwaltschaft.gv.at/at.gv.bka.liferay-app/documents/340065/450375/Schreiben_an_AMS_Bundesgescha%CC%88ftsstelle_final_11.03.2019.pdf [Stand: 2020-07-09].

Hofer, Helmut/Titelbach, Gerlinde/Weichselbauer, Doris/Winter-Ebmer, Rudolf (2013): Diskriminierung von MigrantInnen am österreichischen Arbeitsmarkt. Projektbericht. Wien. Online im Internet: https://www.ihs.ac.at/publications/lib/IHSPR6311119.pdf [Stand: 2020-07-09].

Holl, Jürgen/Kernbeiß, Günter/Wagner-Pinter, Michael (2018): Das AMS-Arbeitsmarktchancen-Modell. Dokumentation zur Methode. Synthesis Forschung, Wien. Online im Internet: http://www.forschungsnetzwerk.at/downloadpub/arbeitsmarktchancen_methode_%20dokumentation.pdf [Stand: 2020-07-09].

Honneth, Axel (2015): Verdinglichung. Eine anerkennungstheoretische Studie. Frankfurt am Main: Suhrkamp.

Kopf, Johannes (2018): AMS-Algorithmus – von der Ansicht zur Einsicht. Kommentar in der Ausgabe von Der Standard vom 14. November 2018. Online im Internet: https://www.derstandard.at/story/2000091365385/ams-algorithmus-von-der-ansicht-zur-einsicht [Stand: 2020-07-09].

Lenz, Werner (2005): Porträt Weiterbildung Österreich. 2. Aufl. Bielefeld. Online im Internet: https://www.die-bonn.de/doks/2005-weiterbildung-oesterreich-01.pdf [Stand 2020-07-09].

Litschel, Veronika/Löffler, Roland (2017): Migration und Arbeitsmarkt in Österreich, Deutschland und der Schweiz. Bibliographisch basierte Meta-Recherche und Kurzanalysen. Endbericht. Wien. Online im Internet: http://www.forschungsnetzwerk.at/downloadpub/Meta%20Recherche%20Migration_Enbericht.pdf [2020-07-09].

Lopez, Paola (2019): Reinforcing Intersectional Inequality via the AMS Algorithm in Austria. Proceedings of the STS Conference, Graz. Online im Internet: https://openlib.tugraz.at/download.php?id=5e29a88e0e34f&location=browse [Stand: 2020-07-09].

Scherr, Albert (2002): Soziale Probleme, Soziale Arbeit und menschliche Würde. In: Sozialextra. Juni 2002, S. 35-39. Online im Internet: http://www.sozialarbeit.ch/dokumente/wuerde.pdf [Stand: 2020-07-09].

Schindler, Julia/Schmid, Kurt/Vater, Stefan (2019): Editorial zum Themenheft Arbeitsmarktorientierte Erwachsenenbildung. In: Magazin erwachsenenbildung.at, Ausgabe 38. Online im Internet: https://erwachsenenbildung.at/magazin/19-38/01_schindler_schmid_vater.pdf [Stand: 2020-07-09].

Schüßler, Ingeborg (2019): Zur Steuerungslogik arbeitsmarktorientierter Erwachsenenbildung. Auswirkungen auf die Professionalisierung und Beschäftigungsbedingungen des pädagogischen Personals. In: Magazin erwachsenenbildung.at, Ausgabe 38. Online im Internet: https://erwachsenenbildung.at/magazin/19-38/05_schueszler.pdf [Stand: 2020-07-09].

Susman, Krista (2019): Die Wirkmächtigkeit impliziter Menschenbilder in der arbeitsmarktpolitischen Erwachsenenbildung. In: Magazin erwachsenenbildung.at, Ausgabe 38. Online im Internet: https://erwachsenenbildung.at/magazin/19-38/03_susman.pdf [Stand: 2020-07-09].

Stöger, Eduard (2018): Weiterbildung in Unternehmen. Herausgegeben von Statistik Austria, Wien. Online im Internet: http://www.forschungsnetzwerk.at/downloadpub/2018-stataustria-betriebliche_weiterbildung_2015.pdf [Stand: 2020-07-09].

Weber, Friederike/Hager, Isa/Krüse, Tobias/Reidl, Christine (2019): Evaluierung des Betreuungsformates für Personen mit multiplen Vermittlungserfordernissen (BBEN). Endbericht der prospect Research & Solution Unternehmensberatung. Arbeitsmarktservice, Wien. Online im Internet: http://www.forschungsnetzwerk.at/downloadpub/2019_BBEN_BBEN-ams_final.pdf [Stand: 2020-07-09].

Foto: K. K.

FH-Prof. Heiko Berner PhD

heiko.berner@fh-salzburg.ac.at
https://www.fh-salzburg.ac.at/forschung
+43 (0)50 2211-1853

Heiko Berner studierte Empirische Kulturwissenschaft und Ostslavische Philologie an der Eberhard-Karls-Universität Tübingen, sowie Soziale Arbeit an der Fachhochschule Salzburg. Er absolvierte sein PhD-Studium an der Fakultät für Bildungswissenschaften der Universität Innsbruck im Fachbereich Migrationspädagogik. Seit 2010 ist er an der FH Salzburg als wissenschaftlicher Mitarbeiter in Lehre und Forschung an den Studiengängen BA Soziale Arbeit und MA Soziale Innovation tätig. Seine Tätigkeitsschwerpunkte – Rassismuskritik und (Anti-)Diskriminierung, Empowerment und bildungstheoretisch fundierte Biographieforschung – beziehen sich hauptsächlich auf migrationsgesellschaftliche Verhältnisse.

FH-Prof. Dr. Elmar Schüll

elmar.schuell@fh-salzburg.ac.at
https://www.fh-salzburg.ac.at/forschung
+43 (0)50 2211-1858

Elmar Schüll studierte Publizistik und Kommunikationswissenschaft, Spanisch und Betriebs-
wirtschaftslehre an der Freien Universität Berlin. 2016 promovierte er am Fachbereich
Erziehungswissenschaft und Psychologie der Freien Universität Berlin mit einer Arbeit zur
Zukunft der österreichischen Fachhochschulen. Er unterrichtet im Masterstudiengang Soziale
Innovation der FH Salzburg und im Masterstudiengang Zukunftsforschung der
Freien Universität Berlin. Seine Forschungsschwerpunkte sind Gesellschaftlicher Wandel und
soziale Innovation, Hochschul- und Organisationsforschung sowie die Grundlagen und
Methoden der Zukunftsforschung.

Made to Order Education

The impact of the AMS algorithm on equal opportunity, access to education and promotion of continuing education

Abstract

Public Employment Service Austria (AMS) is not an educational provider. As a financier,
buyer, and „usher" for labour market-related qualification measures, it is a very powerful
and important player in career-oriented adult education. To increase efficiency, the AMS
has planned to introduce an automated, data-based forecasting model that would
significantly influence the decision what kind of support and qualification services job
seekers should receive. This article presents how the „AMS algorithm" works and in what
context, reporting the arguments for and against its introduction that have been put
forward in public discussion of it and ultimately taking a position in this discussion. For
the authors, the critical point about the AMS algorithm is that it is discriminatory. (Ed.)

Prozessorientierte Messung der Anerkennung non-formaler Abschlüsse

Studienergebnisse aus der Schweiz

Philipp Schüepp und Irena Sgier

Schüepp, Philipp/Sgier, Irena (2020): Prozessorientierte Messung der Anerkennung non-formaler Abschlüsse. Studienergebnisse aus der Schweiz.
In: Magazin erwachsenenbildung.at. Das Fachmedium für Forschung, Praxis und Diskurs.
Ausgabe 40, 2020. Wien.
Online im Internet: https://erwachsenenbildung.at/magazin/20-40/meb20-40.pdf.
Druck-Version: Books on Demand GmbH: Norderstedt.

Schlagworte: non-formale Abschlüsse, berufsorientierte Weiterbildung, Anerkennung, Wert, In-Wert-Setzung, Messung, Schweiz, Branchenzertifikate

Kurzzusammenfassung

Welche Wirkungszusammenhänge und Wechselwirkungen führen zur Anerkennung von sog. „Branchenzertifikaten", d.h. von anbieterübergreifenden Weiterbildungsabschlüssen auf dem Schweizer Arbeitsmarkt? Wie kann die Anerkennung dieser non-formalen Abschlüsse über die Marktlogik hinaus aus Sicht einer Bildungslogik „gemessen" werden? Diesen und weiteren Fragen widmete sich eine Studie, die 2016-2019 in fünf Fallstudien ausgewählte non-formale Abschlüsse mittels qualitativer und quantitativer Interviews und Dokumentenanalyse bezüglich der Anerkennungspraxis untersuchte und verglich. Darunter fanden sich u.a. das Branchenzertifikat „Pflegehelfer/in" vom Schweizerischen Roten Kreuz und das Zertifikat „Fertigungsspezialist" des Verbands der Schweizerischen Schreinermeister und Möbelfabrikanten. Erarbeitet wurde ein theoretischer Ansatz, der Anerkennung als einen Prozess in drei verschiedenen Ausprägungen erfasst und in verschiedenen Bezugssystemen verortet. Skizziert werden im Beitrag aber auch Spannungsfelder, mit denen alle Zertifikate in unterschiedlicher Ausprägung konfrontiert sind. (Red.)

08

Thema

Prozessorientierte Messung der Anerkennung non-formaler Abschlüsse

Studienergebnisse aus der Schweiz

Philipp Schüepp und Irena Sgier

Weiterbildung ist in der Schweiz ein mehrheitlich nicht-abschlussorientierter Bildungsbereich. 2016 wurde bei 80% aller besuchten Weiterbildungsaktivitäten kein Abschluss vergeben (vgl. BFS 2018, S. 17). Die verbleibenden 20% sind jedoch keinesfalls zu vernachlässigen: Es existieren heute zahlreiche non-formale Abschlüsse, die für spezifische Fachbereiche und Regionen oder auch für ganze Branchen auf nationaler Ebene eine hohe Relevanz haben. Ein gutes Drittel der Schweizer Weiterbildungsabschlüsse sind Branchenzertifikate (vgl. ebd., S. 18).

Was sind Branchenzertifikate?

Bei den Branchenzertifikaten handelt es sich um berufsorientierte, non-formale Abschlüsse, die von einer Branchenorganisation, d.h von einem Berufsverband getragen und von verschiedenen Institutionen angeboten werden. Diese Abschlüsse unterscheiden sich von Inhouse-Zertifikaten darin, dass eine übergreifende Instanz hinter dem Abschluss steht. Von formalen Titeln unterscheiden sich Branchenzertifikate dadurch, dass sie nicht vom Staat, sondern von einer Branchenorganisation vergeben werden. Ihre Funktionen reichen vom niederschwelligen Berufseinstieg über die fachliche Spezialisierung bis zur Qualifikation für einen Zweitberuf. Sie sind teilweise eng mit dem formalen Bildungssystem verzahnt, teilweise gänzlich davon abgekoppelt.

Die fachliche Spezialisierung durch das Zertifikat „Fertigungsspezialist/in" wird beispielsweise vom Branchenverband der Schreiner und Möbelfabrikanten getragen und von verschiedenen Schulen angeboten. Es ordnet sich klar in das System der formalen Abschlüsse dieser Branche ein, die vom gleichen Träger verantwortet werden, und schließt direkt an einen staatlichen Abschluss an. Das Zertifikat „Pflegehelfer/in" steht im Vergleich dazu eher außerhalb des formalen Bildungssystems. Es ermöglicht einen niederschwelligen Berufseinstieg in die Branche, aber keinen direkten Anschluss an eine staatliche Qualifikation in diesem Berufsfeld. Der Träger des Zertifikats, das Schweizerische Rote Kreuz, ist ein wichtiger Akteur in der Branche, trägt aber keine Verantwortung für deren formale Bildungsabschlüsse.

Auf dem Schweizer Arbeitsmarkt haben sich zahlreiche Branchenzertifikate etabliert. Welchen Wert sie haben und wie ihre Anerkennung zustande kommt, wurde aber bisher nicht erforscht. Dieser Frage ist die Studie „Anerkennung von Branchenzertifikaten auf dem Arbeitsmarkt" (2016-2019) nachgegangen. In vier Branchen wurde untersucht, wie die Anerkennung etablierter Branchenzertifikate zustande gekommen ist; in einer fünften Branche wurde ein

Zertifikat untersucht, das sich erst im Aufbau befindet. Um Anerkennung messen zu können, wurde im Rahmen der Studie ein Verfahren entwickelt, das mit qualitativen und quantitativen Erhebungen die Grundlage liefert, um Konstellationen und Prozesse zu erkennen, die zu einer Anerkennung führen.

Eckdaten der Studie „Anerkennung von Branchenzertifikaten auf dem Arbeitsmarkt"

Zeitraum: 2016 bis 2019

Untersuchte Branchen und Zertifikate: Schreinerei und Möbelfabrikanten (Fertigungsspezialist/in VSSM/FRECEM, Fachmonteur/in VSSM), Elektroinstallation (Elektro-Teamleiter/in VSEI), Weiterbildung (Praxisausbilder/in SVEB, Kursleiter/in SVEB), Pflege und Betreuung (Pflegehelfer/in SRK), Bewegung und Gesundheitsförderung (Branchenzertifikat im Aufbau)

Forschungsmethode: Analyse und Vergleich von fünf Fallstudien (Dokumentenanalysen, qualitative Interviews, quantitative Befragung von Betrieben)

Resultate: Erfolgsfaktoren für die Etablierung von Branchenzertifikaten

Finanzierung: Die Studie wurde vom Staatssekretariat für Bildung, Forschung und Innovation SBFI finanziell unterstützt.

Mehr dazu unter:
https://alice.ch/de/sveb/projekte/aba

Wert der Weiterbildung

Der Wert einer Weiterbildung war historisch betrachtet nur selten an Abschlüsse und Zertifizierungsverfahren geknüpft. In der Erwachsenenbildung hat es, wie Hans Tietgens feststellt, immer schon *„eine deutliche Distanz gegenüber allem [gegeben], was mit Lehrplänen, Prüfungen und Zeugnissen zu tun hat"* (Tietgens 1992 zit.n. Nuissl 2003, S. 9). Die lebenslange individuelle Entwicklung sowie Werte wie Autonomie und Horizonterweiterung, Empowerment oder kritisches Denken rangierten in der Erwachsenenbildung traditionellerweise höher als amtliche Stempel.

Berufsorientierte Weiterbildungen können sich aber nicht einzig auf solche Werte berufen, da sie

von Seiten des Arbeitsmarktes immer schon mit der Forderung konfrontiert sind, ihren Nutzen unter Beweis zu stellen: *„Die berufliche Weiterbildung kämpft seit je her damit, dass ihr Nutzen diffus, ihre Kosten aber äusserst real sind"* (Gesmann 2018, S. 7). Gerade Werte wie die oben genannte Horizonterweiterung lassen sich aber kaum als messbarer Nutzen darstellen. Einem standardisierten Abschluss, der bestimmte Kompetenzen für alle AbsolventInnen sowie ein bestimmtes Niveau garantiert, fällt dies leichter. Die berufliche Weiterbildung muss daher ihre Distanz gegenüber Zertifizierungsprozesse und Abschlüsse teilweise überwinden, um ihre Leistungen fassbar zu machen und gegenüber der Wirtschaft zu legitimieren. Eine solche Tendenz prognostizierte Ekkehard Nuissl schon vor mehr als 15 Jahren: *„Es zeichnet sich, auch im Kontext des ‚lebenslangen Lernens', eine Reorganisation der Weiterbildung ab, die sie enger an Berufs- und Qualifikationssysteme heranführt. In der Weiterbildung wird diese Entwicklung ambivalent gesehen; Weiterbildung hatte sich bislang durch ein hohes Mass an Flexibilität und Offenheit von den anderen Bildungsbereichen unterschieden"* (Nuissl 2003, S. 9).

Branchenzertifikate: zwischen zwei Welten

Flexibilität und Offenheit werden von Nuissl als Werte genannt, die der Weiterbildung eigen seien und die gerade durch eine Angleichung an andere Bildungsbereiche – namentlich an die formale Bildung – verloren gehen könnten. Dieser Prozess könnte insbesondere für Branchenzertifikate von Bedeutung sein, gleichen sie doch als Weiterbildungsabschlüsse in mehreren Aspekten formalen Titeln: etwa durch eine übergreifende Trägerschaft, standardisierte Zertifizierungs- und Qualitätssicherungsprozesse, durch eine gewisse Standardisierung der Umsetzung und der Inhalte und nicht zuletzt durch ihre partielle Anbindung an das formale Bildungssystem. Was sie aber klar von der formalen Bildung unterscheidet, ist, dass diese Prozesse nicht vom Staat kontrolliert und beglaubigt werden. Ihre Anerkennung kann daher Faktoren beinhalten, die auf klassischen Werten der Weiterbildung, wie Flexibilität und Offenheit, aber auch auf Werten der formalen Bildung beruhen, wie etwa der Standardisierung.

Als ordnende Kraft tritt an die Stelle des Staates in der vorwiegend privatwirtschaftlich organisierten Schweizer Weiterbildung der Markt (siehe Schöni 2019). Nicht zuletzt zeigt sich dies darin, dass non-formale Abschlüsse in der Schweiz im Nationalen Qualifikationsrahmen (NQR) nicht berücksichtigt werden, darin also keine Stufe zugewiesen erhalten; im Fall der formalen Bildungsabschlüsse wird ersichtlich, dass die Einordnung in den NQR als implizite Wertzuschreibung und Anerkennung interpretiert werden kann. Für den privaten Weiterbildungsmarkt stehen demgegenüber wirtschaftliche Erfolge im Zentrum, worin Walter Schöni durchaus problematische Konsequenzen sieht: *„Seine Praxis rechtfertigt der Weiterbildungssektor mit dem wirtschaftlichen Erfolg [...]. Fraglich ist jedoch, ob er mit seiner kommerziellen Strategie wirklich nachhaltige Beiträge zu beruflicher Qualifizierung auf allen Stufen leistet, ob er jeder und jedem eine ‚zweite Chance' gibt, ob er die Orientierung in der Weiterbildung verbessert, mit einem Wort zu gesellschaftlicher Wertschöpfung beiträgt"* (ebd., S. 33).

Anerkennung zwischen Bildungs- und Marktlogik

Branchenzertifikate, die sich zwischen den Welten der non-formalen und der formalen Bildung bewegen, können jedoch nicht aus einer reinen kommerziellen Marktlogik heraus verstanden werden. Sie sind je nach Zertifikat als Zwischenschritt auf dem Weg ins formale Bildungssystem konzipiert, wollen Teilnehmende beruflich weiterbringen, können Anschlüsse oder Zugänge zum Arbeitsmarkt schaffen – und damit zu der von Schöni geforderten „gesellschaftlichen Wertschöpfung" beitragen. Sie sind daher nicht nur aus einer Marktlogik, sondern auch aus einer Bildungslogik heraus zu betrachten. Dieser Hintergrund ist entscheidend, wenn nach der „Anerkennung auf dem Arbeitsmarkt" der Zertifikate gefragt wird, denn er verdeutlicht die Mehrdimensionalität der Anerkennungsthematik.

Branchenzertifikate werden sowohl vom Bildungssystem als auch vom Arbeitsmarkt stark beeinflusst. Ein wichtiger Einflussfaktor ist auch der individuelle Kontext. Dieser umfasst den biographischen Hintergrund sowie die Bedürfnisse und Erwartungen der Individuen hinsichtlich des Nutzens und der Verwertungsmöglichkeiten des Zertifikats. Um dieses Zusammenspiel zu erfassen, wurde für die Studie ein einfaches heuristisches Modell entwickelt, das die Bezugssysteme auf einen Blick darstellt (siehe Abb. 1):

Abb. 1: Bezugssysteme von Branchenzertifikaten

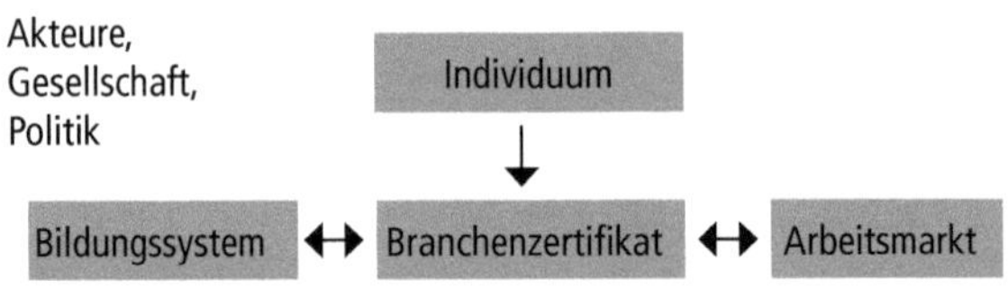

Quelle: eigene Darstellung

Gemäß diesem Modell erwirbt ein Individuum ein Branchenzertifikat, das ihm auf Grund der Positionierung im Bildungssystem und der Anerkennung auf dem Arbeitsmarkt bestimmte Perspektiven und Möglichkeiten eröffnet. Die Wechselwirkungen des Zertifikats mit den Bezugssystemen Arbeitsmarkt und Bildungssystem werden immer über das Individuum wirksam, das über dieses Zertifikat verfügt. Im übergeordneten Kontext prägen Akteure wie der Staat, politische Akteure und Akteurinnen und weitere Branchenorganisationen die konkrete Ausgestaltung der Zertifikate sowie deren Rahmenbedingungen.

Auch die Anerkennung auf dem Arbeitsmarkt, die im Fokus der vorgestellten Studie steht, lässt sich gerade über die Situation der AbsolventInnen eines dieser Zertifikate erkennen: Finden sie dank des Abschlusses eine Anstellung, erhalten einen höheren Lohn oder machen einen Karriereschritt?

Da aber die Zertifikate, wie oben beschrieben, durch verschiedene Bezugssysteme beeinflusst werden, können solche Faktoren nicht alleine betrachtet werden, um ein gesamthaftes Bild dieser Anerkennung wiederzugeben: Niederschwellige Zertifikate haben andere Konsequenzen für die Absolvierenden als Spezialisierungen. Und Abschlüsse, die auf QuereinsteigerInnen ausgerichtet sind, führen eher zu einer Anstellung als zu einem Karriereschritt. Was wir als Anerkennung auf dem Arbeitsmarkt feststellen, muss also immer in Bezug zu den anderen Systemen gesetzt werden.

Formen der Anerkennung

Damit wird ersichtlich, dass die Anerkennung dieser Zertifikate durch Prozesse in unterschiedlichen Bezugssystemen entsteht und von den Wechselwirkungen zwischen diesen beeinflusst wird. Zu beachten ist, dass auch die Anerkennung selbst in mehreren Ausprägungen gedacht werden muss, wie aus Schönis Analyse der Bildungswertschöpfung ersichtlich wird. Er unterscheidet prinzipiell zwischen zwei Formen: *„Die Anerkennung der Leistungen der Weiterbildung erfolgt* formell *durch Zulassungsentscheide (Akkreditierung, Zertifizierung), durch Qualitätslabels, durch öffentliche Beiträge oder* informell *durch die Anbieterbewertung an den Märkten, durch die Zuschreibung von Reputation oder Prestige. Die Anerkennung gibt dem Bildungsdienstleister die Legitimation, das Leistungsangebot am Markt abzusetzen [...]"* (Schöni 2017, S. 147; H.d.V.).

Die hier als „formell" bezeichnete Anerkennung entspricht dem Alltagsverständnis des Begriffs als formalisierter Beurteilungsprozess durch eine dafür legitimierte Stelle. Dieses Verständnis findet sich auch im Ausdruck „staatlich anerkannter Abschluss" wieder. Ursprungsort dieser Form der Anerkennung ist zumeist das Bildungssystem, welches Akkreditierungen regelt und Abschlüsse positioniert. Doch wie das Zitat zeigt, können beispielsweise auch Qualitätslabels solche Prozesse bestimmen. Hinzu kommen Branchenfonds oder -regelungen, die ähnlich strukturierte Anerkennungsprozesse generieren können.

Die zweite Form der Anerkennung beruht auf normativen Wertzuschreibungen. Sie entsteht beispielsweise, wenn ein/e ArbeitgeberIn einem Lehrgang ein gutes Image attestiert oder ein Zertifikat als für seinen/ihren Betrieb relevant einstuft. Auf dem Arbeitsmarkt beruhen solche Zuschreibungen zumeist auf impliziten Regeln, die den Arbeitsmarktstrukturen und Rekrutierungspraktiken einer Branche oder auch den Führungssystemen von Unternehmen eingeschrieben sind (vgl. Schöni 2017, S. 150). Solche Prozesse finden sowohl im Arbeitsmarkt als auch auf der Ebene des Bildungssystems und des Individuums statt. Entscheidend sind nicht zuletzt

auch die Branchenorganisationen, die hinter den jeweiligen Zertifikaten stehen: *„Der Stellenwert von Weiterbildungszertifikaten für Arbeitsmarkt und Berufskarriere hängt stark von Bekanntheit und Reichweite der Zertifikate selbst ab. Diese wiederum wird bestimmt von jener der Weiterbildungsträger, ihrem Image im Nachfragebereich und der regionalen bzw. sektoralen Ausdehnung ihrer Infrastruktur"* (Nuissl 2003, S. 20).

Aus diesen impliziten Wertzuschreibungen lässt sich noch eine dritte Form ableiten: Die Anerkennung als konkrete Verwertung von Bildungsleistungen bzw. die „In-Wert-Setzung" am Arbeitsmarkt (siehe Schmid/Kraus 2018). Dies bedeutet, dass Abschlüsse am Arbeitsmarkt beispielsweise in Form von Ansprüchen auf Kompetenzen, Lohnerhöhungen oder Ähnliches umgesetzt werden oder dass sie vom/von der ArbeitgeberIn als Anforderungen in Bewerbungsprozessen bestimmt werden. Diese Verwertung ist wiederum stark mit den normativen Wertzuschreibungen, aber auch mit formalisierten Regelungen verknüpft.

Die Studie „Anerkennung von Branchenzertifikaten auf dem Arbeitsmarkt" unterscheidet drei Formen von Anerkennung:

1. Die formalisierte Anerkennung durch standardisierte Beurteilungsprozesse

2. Die symbolische Anerkennung durch Prozesse der Wertzuschreibung

3. Die materialisierte Anerkennung durch Prozesse der In-Wert-Setzung des Zertifikates durch den Arbeitsmarkt

Diese drei Formen der Anerkennung können unabhängig voneinander oder in Kombination auftreten, sich gegenseitig beeinflussen und unterschiedliche Auswirkungen haben. Bestimmt werden sie durch das Zusammenspiel und die Wechselwirkungen der relevanten Bezugssysteme, in denen sich die Branchenzertifikate bewegen. Diese Systeme bestehen aus dem Individuum mit seinen Nutzenerwartungen, dem Bildungssystem und dem Arbeitsmarkt. In unterschiedlichem Ausmaß relevant sind zudem das gesellschaftliche Umfeld und die politischen Rahmenbedingungen (vgl. Schüepp/Sgier 2019, S. 103).

Nötige Vorannahmen und Messmethodik der Studie

Die Untersuchung der Anerkennung in drei Formen und auf Grund dynamischer Prozesse in mehreren Bezugssystemen erfordert eine Messmethodik, die nicht auf einzelne Indikatoren und quantifizierbare Resultate fokussiert, sondern auf Konstellationen und Prozesse sowie deren Einschätzungen durch die involvierten AkteurInnen. Eine nähere Betrachtung der beiden eingangs erwähnten Beispiele kann dies veranschaulichen:

Das Branchenzertifikat „Pflegehelfer/in" des Schweizerischen Roten Kreuz ist ein niederschwelliger Einstieg in den Pflegebereich, der sich unterhalb der formalen beruflichen Grundbildung ansiedelt; die Zulassung zum Zertifikat wird flexibel gestaltet und kann beispielsweise Rücksicht nehmen auf Eigenheiten spezifischer Zielgruppen oder regionale Bedarfe. Die Nachfrage auf Seiten der Teilnehmenden ist groß. Auf dem Arbeitsmarkt sind AbsolventInnen ebenfalls gefragt, allerdings hängt dies jeweils von kantonalen Bestimmungen ab, welche regeln, wie viele Betreuungspersonen auf diesem Niveau beschäftigt werden dürfen. Hinzu kommt, dass der Träger der formalen Bildung dieser Branche den Abschluss lange Zeit als Konkurrenz zu den formalen Abschlüssen angesehen und keine klare Verbindung zum Bildungssystem zugelassen hat. Die Anerkennung des Zertifikats beruht also in erster Linie auf der Verwertung durch den Arbeitsmarkt, der Arbeitskräfte in diesem Bereich dringend benötigt: Qualität und Relevanz des Abschlusses werden auf dem Arbeitsmarkt sehr gut bewertet. Daran ändert auch die Tatsache nichts, dass einige Verantwortliche des Bildungssystems gegenüber dem Abschluss, den sie teilweise als „Schnellbleiche" bezeichnen, gewisse Vorbehalte hegen. Das Zertifikat kann seinen Wert infolge des hohen Bedarfs und der positiven Einschätzung der Betriebe also trotz ambivalenter Beurteilung durch das Bildungssystem behaupten. Dazu trägt insbesondere auch die Niederschwelligkeit des Abschlusses in Bezug auf Einstiegshürden sowie Zeitaufwand und Kosten bei, die das Feld für potentielle Absolvierende öffnet.

Das Zertifikat „Fertigungsspezialist" des Verbands der Schweizerischen Schreinermeister und Möbelfabrikanten ist ganz anders konzipiert: Dieses non-formale Zertifikat wird von demselben Akteur verantwortet, der auch Träger der formalen Abschlüsse in dieser Branche ist. Das erlaubt, dass der Bildungsgang aus Modulen besteht, welche für den nächsthöheren formalen Abschluss nötig sind und im Falle, dass dieser angestrebt wird, auch angerechnet werden. Das Zertifikat ist im formalen Bildungssystem der Branche damit so stark eingepasst, dass sich der Gegensatz zwischen non-formal und formal in ein Kontinuum auflöst. So kann das Zertifikat sowohl als eigenständiger Abschluss erworben werden als auch im Sinne eines Zwischenschritts auf dem Weg zum nächsten formalen Abschluss genutzt werden. Seine Anerkennung auf diesem Arbeitsmarkt basiert sehr stark auf der formalisierten Einbindung in das formale Bildungssystem.

Beide Abschlüsse erlangen auf dem Arbeitsmarkt eine Anerkennung. Diese entsteht jedoch durch unterschiedliche Prozesse und zeigt sich in verschiedenen Formen. Sie an einem einzelnen Wert festmachen zu wollen, würde der Realität nicht gerecht werden. Die Prozesse selbst können jedoch analysiert und verglichen werden, und es können Faktoren erkannt werden, die für alle untersuchten Zertifikate gültig sind, sowie Konstellationen, die Anerkennung verstärken oder schwächen.

Um geeignete Abschlüsse für die Untersuchung zu finden, wurde im Rahmen der Studie die Vorannahme getroffen, dass eine stabile Nachfrage seitens der Individuen und der Betriebe als Indiz dafür genommen werden darf, dass ein Zertifikat eine gewisse Anerkennung genießt. Für die Studie wurden daher Branchenzertifikate aus vier Branchen untersucht, die sich dort seit längerer Zeit etabliert haben. Um eine weitere Perspektive zu erhalten, wurde zusätzlich eine Branche analysiert, die sich im Prozess der Erarbeitung und Etablierung eines Branchenzertifikats befindet.

Um die Prozesse in den fünf Branchen in allen Bezugssystemen und Formen der Anerkennung zu dokumentieren und zu analysieren, wurden detaillierte Fallstudien erstellt. Diese basieren erstens auf einer Dokumentenanalyse, welche auf Grund von öffentlichen sowie internen Dokumenten wie Rahmenlehrplänen, Regelungen und Kompetenzprofilen der Abschlüsse erstellt wurde. Dadurch konnten Charakteristika wie Trägerschaftsstrukturen,

Qualitätssicherungsmechanismen, Zulassungsmodalitäten und Ähnliches erfasst und festgehalten werden. Als zweite Erhebungsmethode wurden qualitative Interviews mit ExpertInnen für die jeweiligen Branchenzertifikate durchgeführt. Gestützt auf einen halbstrukturierten Leitfaden wurden pro Branche mindestens drei ExpertInnen befragt, die Trägerschaft, Anbieter oder weitere Branchenorganisationen vertreten. Diese Erhebung liefert insbesondere Einsichten in die Entstehungsprozesse und die Konzeption der Zertifikate sowie in die dahinter stehenden Überlegungen. Als dritte Grundlage für die Fallstudien wurden quantitative Befragungen mit mindestens 20 Betriebsleitungen pro Branche durchgeführt. Darin wurde etwa erhoben, welche Chancen ArbeitnehmerInnen dank dem Zertifikat haben und wie die Arbeitgebenden die Relevanz des Abschlusses für den ganzen Betrieb und die Branche einschätzen.

Aus der vergleichenden Analyse der Ergebnisse jeder Branche konnten die Faktoren eruiert werden, die bei einzelnen Zertifikaten sowie branchenübergreifend zu positiven oder negativen Auswirkungen auf die Anerkennung führen. Die Erfolgsfaktoren können in den unterschiedlichen Bezugssystemen verortet werden: Im übergeordneten Kontext der AkteurInnen gehören dazu etwa die klare Trennung zwischen Trägerschaft und Bildungsanbietern sowie eine gute Vernetzung der Trägerschaft mit der Wirtschaft. Ein weiterer Erfolgsfaktor ist eine möglichst große, das heißt nationale oder allenfalls auch nur sprachregionale Reichweite. Für die Anerkennung relevant ist außerdem eine einheitliche und konsistente Kommunikation des Kompetenzniveaus der Abschlüsse. Bildungsmarketing ist für die Anerkennung der Zertifikate also durchaus mitentscheidend. Dessen positiver Einfluss hängt in erster Linie davon ab, wie gut es gelingt, die mit dem Zertifikat erworbenen Kompetenzen und deren Verwertungsmöglichkeiten adäquat darzustellen (für eine Übersicht aller Erfolgsfaktoren vgl. Schüepp/Sgier 2019, S. 125).

Spannungsfelder zwischen Bildung und Wirtschaft

Interessant sind insbesondere die Faktoren, die im Wechselspiel zwischen dem Bildungssystem und dem Arbeitsmarkt wirken und so Spannungsfelder generieren. Dies bringt uns zurück zu den Begriffen „Flexibilität" und „Offenheit", welche im Zitat von Nuissl zu Beginn dieses Textes als Merkmale der non-formalen Bildung genannt wurden.

Alle untersuchten Branchenzertifikate bewegen sich bezüglich des formalen Bildungssystems auf einem Spektrum zwischen Anpassung und Abgrenzung: Einige sind stark darin eingebunden, andere weisen nur eine lose oder gar keine Verbindung dazu auf. Interessanterweise können aus allen drei Konstellationen positive oder negative Wirkungen auf die Anerkennung auf dem Arbeitsmarkt entstehen. Entscheidend sind zwei Dinge: zum einen die Funktion, die ein Zertifikat erfüllen soll, zum anderen die Positionierung in Bezug auf das formale System. Dabei wurde festgestellt, dass eine klare, bewusste und kohärent kommunizierte Positionierung positive Auswirkungen auf die Anerkennung zeigt – und zwar unabhängig davon, wie eng das Zertifikat in das formale System eingebunden ist.

So sind die Zulassungsbedingungen des beschriebenen Abschlusses aus dem Bereich Pflege und Betreuung gerade so flexibel gestaltbar, weil das Zertifikat nicht direkt an eine formale Stufe anschließt oder dort angerechnet wird. Das Zertifikat aus der Schreinerbranche zeigt gleichzeitig, dass die starke Passung ins formale Bildungssystem auch Konsequenzen für die Flexibilität des Abschlusses hat. Da diese Weiterbildung auf Modulen eines eidgenössischen Abschlusses aufbaut, können dessen Inhalte und Umsetzung nicht einfach verändert werden, ohne dass der formale Bildungsgang geändert wird.

Beide Konstellationen führen zu einer Form der Anerkennung. So wird das Zertifikat der Pflege von den befragten Institutionen in Bezug auf die Relevanz für das eigene Unternehmen am besten bewertet: Ohne die AbsolventInnen könnten viele die aktuellen Aufgaben schlicht nicht bewältigen. Gleichzeitig beurteilen die Unternehmen den Abschluss klar nicht als Karriereschritt; es ist ein niederschwelliger Einstieg in den Beruf. Dagegen erhält der Abschluss der Schreinerbranche hier mehr Zustimmung. Auch dies ist auf Grund seiner Funktion als Zwischenschritt zur Höherqualifizierung nachvollziehbar.

Die Reichweite des Modells...

Ausgangslage dieses Beitrages war die Frage, wie die Anerkennung von non-formalen Abschlüssen verstanden und erfasst werden kann. Anerkennung wurde dafür in mehrere Formen ausdifferenziert. Dieser Ansatz erlaubt es, die Anerkennung eines Abschlusses nicht als statischen Wert erfassen zu müssen, sondern als das Zusammenwirken dynamischer Prozesse und Wechselwirkungen.

So können beispielsweise individuelle und gesamtgesellschaftliche Prozesse und Diskurse miteinbezogen werden und die Gefahr, Weiterbildungsabschlüsse auf ihre privatwirtschaftliche Dimension zu reduzieren, wird verringert. Gleichzeitig verdeutlicht dieser Ansatz die unterschiedlichen Ansprüche, zuweilen auch die Widersprüche, zwischen Bildungssystem und Wirtschaft und zeigt, wie diese gerade durch non-formale Weiterbildungen teilweise miteinander vereint werden können. Da der Fokus der Studie, die diesem Beitrag zugrunde liegt, aber stark auf der Anerkennung am Arbeitsmarkt lag, wurde die individuelle Perspektive der Teilnehmenden nur indirekt über die Befragung der Arbeitgebenden und ExpertInnen und vor allem in Bezug auf ihre Erwartungen und Möglichkeiten auf dem Arbeitsmarkt erfasst. Eine Folgestudie, die die Teilnehmenden selbst befragt und auch gesellschaftliche und biographische Hintergründe stärker einbezieht, würde diese Lücke schließen.

...und seine Grenzen

Durch das methodische Vorgehen der Studie können Prozesse und Wechselwirkungen verstanden und qualitativ verglichen werden. Dies erlaubt es, die Anerkennung der einzelnen Zertifikate zu messen, ohne sie dafür auf einen Zahlenwert zu reduzieren. So kann berücksichtigt werden, dass sich Weiterbildung zu einem großen Teil über symbolische Prozesse legitimiert: *„Der Wertbeitrag von Bildungsleistungen ist eine relationale Grösse: es ist nicht der Output an Kompetenzen, Abschlüssen und Zertifikaten allein, es ist die Anerkennung und Inwertsetzung in gesellschaftlichen Bezugssystemen, die den Wert einer Bildung bestimmt. [...] Der Output der Bildungsbranche liesse sich theoretisch auch in makroökonomischen Grössen erfassen,* *beispielsweise in der volkswirtschaftlichen Gesamtrechnung, sofern die Datengrundlagen dafür vorhanden wären. In der gesellschaftlichen Praxis läuft die Anerkennung der Bildung und ihrer Wertbeiträge jedoch ausgesprochen selten über die Messung ihrer Leistungen"* (Schöni 2017, S. 137). Stattdessen sei es die Eingliederung in einen „hegemonialen Diskurs", der besagt, dass Weiterbildung zu individuellem wie auch kollektivem Wirtschaftserfolg führe, welche den einzelnen Bildungsleistungen einen großen Teil ihrer Legitimation und Anerkennung verschaffe.

Mit der vorgestellten Studie und deren Ansatz bleiben wir gewissermaßen in diesem Paradigma haften und brechen nicht daraus aus. Wenn in qualitativen Interviews die Praxisnähe eines Zertifikats hervorgehoben wird und auch die befragten Betriebe dem beistimmen, ist dies ein deutliches Indiz dafür, dass dieser Faktor für die Anerkennung eine Rolle spielt. Die Stärke dieses Faktors kann jedoch nicht gemessen werden, da auch die Einschätzungen der befragten Personen dazu nur äußerst selten auf Messungen basieren dürften. Wir können nicht abschätzen, zu welchem Grad der Effekt daraus resultiert, dass ein Zertifikat klug in die geltende Vorstellung von „praxisnaher Weiterbildung für die Wirtschaft" eingebettet wurde, oder daher, dass es effektiv einen höheren Praxisbezug hat als andere. Wir können aber verifizieren, ob diese Einschätzung am Arbeitsmarkt geteilt wird, und erklären, wie sich dies auswirkt.

Fazit

Ob gemessen oder nicht; die Faktoren und Prozesse, die die Anerkennung beeinflussen, bleiben für die Akteurinnen und Akteure und die Bezugssysteme relevant und real. Die Erfolgsfaktoren für die Anerkennung von Branchenzertifikaten, die in der Studie erarbeitet wurden, beweisen, dass Anerkennung keineswegs nur als „staatliche Anerkennung" gesehen werden sollte. Es sind teilweise gerade Faktoren, die erst aus der fehlenden staatlichen Anerkennung entstehen können: So sind die „alten" Stärken der Weiterbildung wie Offenheit und Flexibilität zu einem gewissen Grad nur dort nutzbar, wo keine starke Einbindung des Zertifikats ins formale Bildungssystem besteht und folglich auch keine starren Regeln und Prozesse vorgegeben werden.

Gerade durch die in Branchenzertifikaten erlaubte Verbindung von Eigenschaften der Weiterbildung und der formalen Bildung können solche Stärken in die berufsorientierten Bildungsbereiche eingebracht werden. So zeigt die Studie „Anerkennung von Branchenzertifikaten auf dem Arbeitsmarkt" schlussendlich auch generelle Stärken der non-formalen Weiterbildung und das Potential, das durch die Ergänzung des formalen Bildungssystems durch solche Zertifikate entsteht.

Literatur

BFS – Bundesamt für Statistik (2018): Lebenslanges Lernen in der Schweiz. Ergebnisse des Mikrozensus Aus- und Weiterbildung 2016. Neuchâtel: BFS.

Gesmann, Stefan (2018): Bildung messen – Neue Ansätze suchen. In: Weiterbildung. Zeitschrift für Grundlagen, Praxis und Trends 4, 2018, S. 6-8.

Nuissl, Ekkehard (2003): Leistungsnachweise in der Weiterbildung. In: REPORT Literatur- und Forschungsreport Weiterbildung 2003(4), S. 9-24.

Schmid, Martin/Kraus, Katrin (2018): Anerkennung, Validierung, Anrechnung. In: Zimmermann, Tobias/Thomann, Geri/Da Rin, Denise (Hrsg.): Weiterbildung an Hochschulen. Bern: hep, S. 88-102.

Schöni, Walter (2019): Was steuert den Weiterbildungsmarkt? In: Education Permanente 3, 2019, S. 31-35.

Schöni, Walter (2017): Bildungswertschöpfung. Zur politischen Ökonomie der berufsorientierten Weiterbildung. Bern: hep.

Schüepp, Philipp/Sgier, Irena (2019): Anerkennung von Branchenzertifikaten auf dem Arbeitsmarkt. Bedingungen und Erfolgsfaktoren von Branchenzertifikaten aufgrund von fünf Fallstudien. Zürich: SVEB.

Philipp Schüepp, M.A.

philipp.schueepp@alice.ch
http://www.alice.ch
+41 (0)443197179

Philipp Schüepp ist wissenschaftlicher Mitarbeiter beim Schweizerischen Verband für Weiterbildung (SVEB). Sein Fokus liegt auf Studien zur Struktur der Schweizer Weiterbildung. Im Zentrum steht dabei eine jährliche Anbieterbefragung (Weiterbildungsstudie). Weitere Themenschwerpunkte sind die Digitalisierung und die Weiterbildung in Unternehmen.

Irena Sgier, lic. phil

irena.sgier@alice.ch
http://www.alice.ch
+41 (0)443197159

Irena Sgier ist Vizedirektorin und Leiterin der Abteilung Entwicklung & Innovation beim Schweizerischen Verband für Weiterbildung (SVEB). Sie trägt die Verantwortung für die Forschungstätigkeiten des Verbands und leitet den interdisziplinären Think Tank TRANSIT zur Weiterbildung.

Process-oriented Measurement of the Recognition of Non-formal Certifications

Findings from studies in Switzerland

Abstract

What causal relationships and interactions lead to the recognition of so-called „branch certificates," i.e. multi-provider qualifications on the Swiss labour market? How can recognition of these non-formal certifications be „measured" beyond the logic of the market and according to a logic of education? These and other questions were the subject of a study from 2016–2019 that used qualitative and quantitative interviews and document analysis to investigate and compare how five non-formal certificates obtained official recognition. These included the branch certificate „Health Care Assistant" from the Swiss Red Cross and the certificate „Manufacturing Specialist" of the Association of Swiss Carpenters and Furniture Manufacturers. A theoretical approach was developed that understands recognition as one process with three different forms and locates it within different systems of reference. The article also outlines the conflicting priorities with which all certificates are confronted to varying degrees. (Ed.)

Transferwirkung als Qualitätsmerkmal digitaler Lernangebote für ErwachsenenbildnerInnen

Eine Untersuchung zur Messbarkeit und Relevanz

Sabine Schöb

Schöb, Sabine (2020): Transferwirkung als Qualitätsmerkmal digitaler Lernangebote für ErwachsenenbildnerInnen. Eine Untersuchung zur Messbarkeit und Relevanz.
In: Magazin erwachsenenbildung.at. Das Fachmedium für Forschung, Praxis und Diskurs.
Ausgabe 40, 2020. Wien.
Online im Internet: https://erwachsenenbildung.at/magazin/20-40/meb20-40.pdf.
Druck-Version: Books on Demand GmbH: Norderstedt.

Schlagworte: EULE Lernbereich, Wirkung, Transfer, Online-Lernangebot,
BildungsmanagerInnen

Kurzzusammenfassung

Der Lernpfad „Selbstgesteuertes Lernen ermöglichen" steht ErwachsenenbildnerInnen seit Anfang 2020 als einer von 25 Lernpfaden im Online-Lernbereich „EULE" kostenlos zur Verfügung. Eine Vorher-Nachher-Studie untersuchte dessen Wirkung auf die Lehrpraxis der Teilnehmenden hinsichtlich ihrer Kompetenz, situationsangemessen zu agieren und damit professionell zu handeln. Darüber hinaus wurden AnbieterInnen von Train-the-Trainer-Angeboten zur Relevanz der Wirkung solcher Angebote befragt. Fazit: Das untersuchte Online-Angebot bewirkt eine Veränderung des situativen Lehrhandelns im Kursalltag. Gefragt nach der Erfassung von Transferwirkung als Qualitätsmerkmal für Angebote sind sich BildungsanbieterInnen aber uneinig, inwiefern diese notwendig und sinnvoll sowie insbesondere machbar ist. (Red.)

09

Thema

Transferwirkung als Qualitätsmerkmal digitaler Lernangebote für ErwachsenenbildnerInnen

Eine Untersuchung zur Messbarkeit und Relevanz

Sabine Schöb

Bei der Entwicklung neuer Bildungsangebote steht immer die Frage mit im Raum, ob das Angebot auch so funktioniert wie gedacht und die erhofften Transferwirkungen erzielt (vgl. Wolff 2016, S. 138). Neben den Verantwortlichen für die Konzeption, die gerne ein „erfolgreiches Produkt" entwickeln würden, sind auch die PraktikerInnen als Nutzende der Angebote daran interessiert, dass sich ihre „Investition" in ein neues Bildungsangebot lohnt.

Transfer des erworbenen Wissens in Lehrhandeln

Die Förderung von Lehrkompetenz benötigt sowohl Phasen theoretischer Wissensvermittlung als auch praktische Erfahrung. Denn bedeutsam für die Professionalisierung des Lehrhandelns ist neben dem Erwerb berufsrelevanten Wissens die Förderung des praktischen Könnens (siehe z.B. Kade 1990, S. 53). Dabei steht die LehrerInnen- und Erwachsenenbildung(sforschung) vor zwei zentralen Herausforderungen: Einerseits obliegt ihr die Aufgabe, geeignete Formate zu entwickeln, die neben dem Wissenserwerb auch dessen Transfer in das Lehrhandeln einschließen (vgl. z.B. Neuweg 2002, S. 20ff.). Andererseits ist sie mit der Notwendigkeit konfrontiert, die Wirksamkeit der Formate im Hinblick auf das intendierte Ziel zu prüfen (vgl. z.B. Seidel et al. 2015, S. 85). Eine nicht ganz triviale Aufgabe, die nicht nur Fragen der Machbarkeit umfasst, sondern auch Fragen der Haltung von

Bildungsverantwortlichen gegenüber Leitbegriffen wie Kompetenz und Outcome-Orientierung, die sich oft schwer mit den bildungstheoretischen Verständnissen von Erwachsenenlernen und Persönlichkeitsentwicklung vereinen lassen (vgl. Schüssler 2012, S. 57ff.).

Das konkrete, sich auf komplexe, dynamische und somit schwer vorhersehbare Situationen beziehende professionelle Lehrhandeln erfordert somit nicht nur 1) die Verfügbarkeit kontextualisierten und prozeduralisierten Wissens. Sondern auch 2) das Vermögen, Situationen durch die Übernahme der Perspektiven der beteiligten Akteurinnen und Akteure und durch die Verwendung theoretischen Wissens wahrnehmen zu können und auf die situativen Gegebenheiten angemessen zu reagieren. Sowie darüber hinaus 3) die Fähigkeit, das Lehrhandeln (zeitversetzt zur Umsetzung) auf Basis theoretischen Wissens zu begründen und zu reflektieren (vgl. z.B. Goeze/Hartz 2010, S. 117f.). Mit Blick auf eine

Diagnostik und Förderung von Können reicht es somit nicht aus, das prozedurale Wissen bzw. die kognitive Fähigkeit der Reflexion zu betrachten (vgl. Shavelson 2012, S. 30). Vielmehr bedarf es einer Erfassung der praktischen Umsetzung von Kompetenz in Form eines situationsangemessenen Reagierens im Lehrhandeln (vgl. z.B. Euler/Hahn 2007, S. 78f.).

Zahlreiche Untersuchungen zur Kompetenzentwicklung Lehrender fokussieren auf berufsrelevantes Wissen oder nehmen Facetten (kognitiver) Kompetenzen in den Blick, blenden die Frage des Transfers des erworbenen Wissens und der erworbenen Fähigkeiten in das konkrete Lehrhandeln jedoch aus (vgl. Seidel et al. 2015, S. 85). Dies ist mitunter dem Fehlen geeigneter Testverfahren und videobasierter Tools zur Erfassung der Lehrkompetenz insgesamt und zur Erfassung des Zusammenhangs von Wissen und Können im Speziellen geschuldet (vgl. z.B. Seidel/Thiel 2017, S. 12f.).

Auch findet der Lern- und Transfererfolg in die konkreten Evaluationsbemühungen von BildungsanbieterInnen bis dato eher selten Eingang (im Überblick siehe Nuissl 2013; von Hippel 2011). Zugleich herrscht Uneinigkeit darüber, welche Relevanz welche Effekte von Bildungsmaßnahmen für Anbietende und Lernende haben (vgl. Schüssler 2012, S. 54f.). Wie also kann der Transfer kognitiver Fähigkeiten in praktisches Lehrhandeln gefördert und diagnostiziert werden? Welche Relevanz hat die (Transfer-)Wirkung für WeiterbildungsanbieterInnen und deren Entscheidungen, Train-the-Trainer-Angebote für ihre Mitarbeitenden (vermehrt) zu nutzen? Um diesen Fragen nachzugehen, wird im vorliegenden Beitrag eine Untersuchung vorgestellt, die die Transferwirkung und deren Relevanz für WeiterbildungsanbieterInnen anhand eines digitalen Weiterbildungsangebotes für Lehrende, das im EULE Lernbereich angeboten wird, untersuchte.

Transferwirkung des Lernpfads und ihre Relevanz für WeiterbildungsanbieterInnen

Der Transfer des genannten digitalen Lernangebots wurde mit einer Interventionsstudie im Zeitraum Juli bis Dezember 2019 untersucht (N=34). Anhand eines Vorher-Nachher-Vergleichs wurde die Veränderung des situativen Lehrhandelns in der Praxis der Lehrenden, die den Lernpfad zum selbstgesteuerten Lernen absolviert haben, betrachtet.

Zudem wurde die Bedeutung, die WeiterbildungsanbieterInnen der (Transfer-)Wirkung von Weiterbildungsangeboten beimessen, anhand von Interviews mit Programmbereichsverantwortlichen sowie BildungsmanagerInnen in Weiterbildungseinrichtungen verschiedener institutioneller Kontexte (N=6) in den Blick genommen.

Lernpfad „Selbstgesteuertes Lernen ermöglichen" im EULE Lernbereich

Bei dem untersuchten Lernangebot handelt es sich um einen Lernpfad zum Thema „Selbstgesteuertes Lernen ermöglichen". Dieser stellt einen von 25 Lernpfaden des seit Anfang 2020 gelaunchten Lernbereichs „EULE" der Onlineplattform wb-web zur Information, Vernetzung und Kompetenzentwicklung Lehrender in der Erwachsenen-/Weiterbildung dar[1].

Die didaktisch-methodische Gestaltung des entwickelten digitalen Lernangebots orientiert sich an den Annahmen des situierten und problembasierten Lernens (siehe Boud/Feletti 1997; Lave/Wenger 1991). So werden kleine, aufeinander aufbauende Lerneinheiten (Inhalte und Aufgaben) zu Lernpfaden gebündelt angeboten (siehe Roth 2015). Die an alltäglichen Praxisherausforderungen der Lehrenden orientierten, multimedial aufbereiteten Lernpfade sollen einen schrittweisen Aufbau prozeduralen Wissens in verschiedenen Facetten von pädagogisch-psychologischer Lehrkompetenz (wie Didaktik/Methodik oder Interaktion/Kommunikation) über verschiedene Kompetenzentwicklungsstufen hinweg (vom/von der LehranfängerIn zum/r „Kompetenten"; siehe Dreyfus/Dreyfus 1986) ermöglichen. In Form von problembasiertem Lernen mit authentischen Fallbeispielen wollen die Lernpfade eine Reflexion exemplarischen oder auch eigenen Handelns anstoßen. Durch den Lernprozess sollen bestehende Deutungsschemata differenziert und darüber die Handlungsmöglichkeiten der Lernenden in ihren Arbeitskontexten erweitert werden (siehe Ludwig 2018).

---

1 Die mittels einer Bedarfsanalyse mit der Zielgruppe generierten Themen lauten u.a.: Umgang mit heterogenen Gruppen, Motivation und Aktivierung von Lernenden, Einsatz von (neuen) Medien sowie Umgang.

Interventionsstudie mit Lehrenden

Stichprobe

Die Stichprobe der an der Studie teilnehmenden Lehrenden wurde über eine Ankündigung des Trainings durch Weiterbildungsträger und -verbände gewonnen. Die auf diesem Weg zufällig gebildete Stichprobe setzte sich aus 19 Frauen und 15 Männer im Durchschnittsalter von 40,5 Jahren zusammen. 29,4% der Teilnehmenden verfügten über eine unter zehnjährige Lehrerfahrung, 44,1% arbeiteten seit 10-15 Jahren und 26,4% seit mehr als 15 Jahren als Lehrende. An Ausbildungshintergrund brachten 26,4% eine pädagogische Erstausbildung mit, 73,5% stiegen quer in das Berufsfeld der Erwachsenenbildung ein. Die Medienaffinität war nach Eigenangabe bei 35,2% gering, bei 38,2% mittel und bei 26,4% der Lehrenden hoch ausgeprägt. Hinsichtlich der personen- und berufsbezogenen Merkmale kann die Zusammensetzung der Stichprobe als näherungsweise repräsentativ für die Grundgesamtheit der ca. 530.000 Lehrenden in Deutschland betrachtet werden (siehe Martin et al. 2016). Tätig waren die teilnehmenden Lehrenden zu je ca. einem Drittel bei staatlich, gemeinschaftlich bzw. überbetrieblich getragenen WeiterbildungsanbieterInnen (siehe Schrader 2010) in gleichmäßiger Verteilung auf die Programmbereiche Sprache/EDV, Kommunikation/Interaktion und Integration/Grundbildung.

Methodisches Vorgehen

Die im Zeitraum von Juli bis Dezember 2019 realisierte Interventionsstudie setzte sich aus drei Teilen zusammen (siehe Tab. 1):

Der Pretest bestand aus der Videographie einer Stunde im ersten Drittel eines Kurses (dritte bis fünfte Stunde) der Lehrenden, die ca. 3 Monate vor dem Beginn des Lernpfads erfolgte. Weiter wurden personen- und berufsbezogene Daten der Lehrenden erhoben.

In der Trainingsphase durchliefen die Lehrenden in einer Betaversion des EULE Lernbereichs den Lernpfad zum Thema „Selbstgesteuertes Lernen fördern – Wie die Eigenverantwortlichkeit für das Lernen bei Teilnehmenden erreicht werden kann". Dieser umfasst zehn Lerneinheiten, die jeweils aus einem Inhalt und einer vom System direkt auswertbaren Aufgabe bestanden. Über die dargebotenen Inhalte und Aufgabenstellungen (Wissens-, Verständnis-, Anwendungs-, Analyse- und Bewertungsaufgaben) zielt der Lernpfad auf den Aufbau und die Verwendung generischen didaktisch-methodischen Wissens zur Förderung des selbstgesteuerten Lernens in kursförmigen Lehr-Lernsettings. Die zur Situierung des Lernprozesses in dem Lernpfad verwendeten Fallszenarien nehmen auf Kurse zum Spracherwerb, zur interkulturellen Kommunikation und Grundbildung Bezug, um eine Nähe zu den Kursthemen der teilnehmenden Lehrenden herzustellen. Der im Selbststudium zu absolvierende Lernpfad ist auf eine Bearbeitungszeit von sechs Stunden ausgelegt und sollte innerhalb von 14 Tagen in den normalen Arbeitsalltag integriert im Selbststudium abgeschlossen werden. Durchschnittlich benötigten die an der Studie teilnehmenden Lehrenden 6,25 Stunden und absolvierten den Lernpfad in 10,0 Tagen mit einer Arbeitszeit von 30-40 Minuten pro Tag.

Der Lernpfad schloss mit einem um drei Monate zeitversetzten Posttest ab, indem erneut eine Stunde im ersten Drittel eines neuen Kurses (dritte bis fünfte Stunde) der Lehrenden im identischen Themenbereich videographiert wurde. Weiter wurde die Akzeptanz des Lernangebots durch die teilnehmenden Lehrenden über einen Fragebogen erhoben.

Tab. 1: Ablauf der Studie

Pretest 3 Monate vor Beginn des Trainings	Trainings-phase als Intervention	Posttest 3 Monate nach Abschluss des Trainings
(Kontroll-)Variablen: personen- und berufsbezogene Daten Beobachtung von Lehrhandeln	Lernpfad zum Thema Selbst-gesteuertes Lernen	Beobachtung von Lehrhandeln Akzeptanzdaten: Einschätzung des Lernangebots
Umfang: 1 h	Umfang: 6 h Form: Selbst-studium im Zeitraum von 14 Tagen	Umfang: 1h

Quelle: eigene Darstellung

Die Kompetenz zum situativen Lehrhandeln wurde auf der Grundlage von Videoaufzeichnungen erfasst. Dabei wurde als Auswertungseinheit eine in allen dokumentierten Kursen vergleichbare Erarbeitungsphase in den Blick genommen. Aufgrund des Handlungskontextes der Teilnehmenden bewegten sich diese thematisch entweder im Bereich Sprache/EDV, Kommunikation/Führung oder Integration/Grundbildung. Die Analyse des Lehrhandelns erfolgte anhand eines eigens entwickelten Beobachtungsbogens in Form einer Schätzskala zur Bewertung der Situationsangemessenheit des Handelns in der Umsetzung der Lehr-Lernsituation (vierstufige Skala 1=angemessen bis 4=nicht angemessen).

Dabei wurden die als Merkmale situativen Lehrhandelns unter 2) skizzierten Zieldimensionen wie folgt operationalisiert:

- Situationswahrnehmung: Berücksichtigung von sich einstellenden Situationsanforderungen im Handeln (5 Items, Beispielitem: Das Lehrhandeln bezieht die zentralen Aspekte der Lehr-Lernsituation ein.)

- Perspektivenübernahme: Berücksichtigung des in der Situation gezeigten Rollenverhaltens der Teilnehmenden im eigenen Handeln (5 Items, Beispielitem: Die Lehrperson geht auf die Bedarfe der Teilnehmenden ein.)

- Theorieverwendung: Berücksichtigung einer zu den situativen Gegebenheiten passenden didaktisch-methodischen Konzeption im eigenen Vorgehen des Lehrenden (5 Items, Beispielitem: Die eingesetzten Methoden werden an die Lerngruppe angepasst.)

Für die Auswertung wurde die gesamte videographierte Sequenz von durchschnittlich 10-15 Minuten Dauer als Analyseeinheit gewählt. Die Einschätzung erfolgte durch zwei codierende Personen unabhängig voneinander, wobei mit .68 bis .75 nach Krippendorffs Alpha akzeptable bis gute Übereinstimmungswerte für die einzelnen Betrachtungskriterien erreicht wurden (vgl. Milne/Adler 1999, S. 251). Abschließend wurden die Kennwerte der Skalen der drei Teildimensionen errechnet.

Interviewstudie mit Programmverantwortlichen und BildungsreferentInnen

Stichprobe

Die Stichprobe der Programmbereichsverantwortlichen sowie BildungsreferentInnen setzte sich aus je zwei Einrichtungen aus dem staatlichen, gemeinschaftlichen und überbetrieblichen Kontext vergleichbarer Größenordnung und Reichweite auf Landesebene zusammen. Insgesamt wurden also sechs Personen befragt. Auch die vorhandenen Programmbereiche der Einrichtungen waren thematisch vergleichbar, wobei im staatlichen und überbetrieblichen Kontext Angebote zu Handlungswissen und im gemeinschaftlichen Kontext Angebote zu Identitäts- und Orientierungswissen den Schwerpunkt bildeten (siehe Schrader 2003). Die Befragten selbst lassen sich aufgrund der mehr als zehnjährigen Dauer ihrer Zugehörigkeit zu der Einrichtung und Tätigkeit im planend-disponierenden Bereich als ExpertInnen für Fragen der Programmplanung einordnen.

Methodisches Vorgehen

Die qualitative Studie umfasste sechs ca. einstündige leitfadengestützte Interviews, die in drei Hauptkategorien untergliedert waren und drei Hauptfragen umfassten: 1) Qualitätsmaßstäbe für Weiterbildungsangebote: Welches Verständnis von Qualität legen Sie Ihrem Bildungsangebot zugrunde und aus welchen Maßstäben bzw. Dimensionen setzt sich Qualität für sie zusammen?, 2) Evaluation von Train-the-Trainer-Angeboten: Wie werden die Train-the-Trainer-Angebote bei Ihnen evaluiert, was wird dabei an Gegenständen bzw. Aspekten betrachtet und warum?, 3) Mehrwert wirkungsvoller Train-the-Trainer-Angebote: Welche Relevanz hat die Wirkung von Train-the-Trainer-Angeboten für deren Berücksichtigung in Ihrem Programmportfolio? Aufbauend auf eine inhaltlich-strukturierende Analyse des Datenmaterials anhand der dem Interview zugrundgelegten Heuristik (siehe Mayring 2015) wurde ein System mit den folgenden Unterkategorien entwickelt: 1.1 Bildungsverständnis, 1.2 Auffassung von Qualität, 2.1 Arten der Evaluation, 2.2 Aspekte der Evaluation, 3.1 Wirkung als Gütemaßstab, 3.2 Umgang mit Outcome-Orientierung. Im Anschluss an die Auswertung wurden die Codes je Unterkategorie quantifiziert, um generalisierende Aussagen zur Relevanz der (Transfer-)Wirkung für die Integration neuer Train-the-Trainer-Angebote für Lehrende in ihr Programm zu treffen.

Ergebnisse: Transferwirkung auf dem Prüfstand

Veränderung des situativen Lehrhandelns durch das Training

Betrachtet man zunächst das situative Lehrhandeln der an der Studie teilnehmenden 34 Lehrenden vor dem Beginn des Trainings, zeigt sich über die untersuchte Gesamtgruppe hinweg eine relativ schwach ausgeprägte Situationsangemessenheit (siehe Abb. 1). Einzig bezüglich der Dimension der Theorieverwendung liegt das Ergebnis im mittleren Bereich (M=2,75; SD=.692): Die Teilnehmenden legen Wert auf die Berücksichtigung einer didaktisch-methodischen Grundlage bei der Gestaltung der videographierten Lehr-Lernsituation, jedoch ziehen sie ihr Konzept weitgehend durch, ohne es auf die Situation (Teilnehmende, Thema etc.) anzupassen. Insgesamt ist eher wenig konkrete Reaktion auf die situativen Gegebenheiten erkennbar (Situationswahrnehmung M=3,05; SD=.701), auch wird kaum

offensichtlich auf die Lernenden und deren Bedarfe eingegangen (Perspektivenübernahme M=3,49; SD=.718).

Im Posttest drei Monate nach dem Training fällt beim Betrachten der Ergebnisse auf, dass die Teilnehmenden an der Untersuchung sich in allen drei Teildimensionen steigern konnten, das Training also eine Wirkung auf das situative Lehrhandeln insgesamt zeigte. Allerdings ist die leichte Weiterentwicklung der Situationswahrnehmung nicht signifikant (M1=3,49; SD=.718 zu M2=3,20; SD=.687; t=6,98; p=0,089). Anders stellt sich der Effekt hinsichtlich der anderen zwei Teildimensionen dar. Sowohl der leichte Zuwachs der Fähigkeit, in der Situation direkt auf die Sichtweisen und Bedarfe der Lernenden einzugehen (M1=3.05; SD=.701 zu M2=2,75; SD=.762; t=6,44; p=<.05), als auch die starke Veränderung der Fähigkeit zur Anpassung des didaktisch-methodischen Vorgehenskonzeptes an die situativen Gegebenheiten (M1=2,75; SD=.692 zu M2=1,90; SD=.996; t=8,02; p<.01) sind signifikant. Gleichzeitig besteht hinsichtlich der Theorieverwendung eine relativ hohe Standardabweichung. Diese lässt sich mitunter aufgrund des Wissenshintergrunds und der Berufserfahrung der an der Untersuchung teilnehmenden Lehrenden erklären. So zeigt sich bei den untersuchten Lehrenden je Zugehörigkeit zu der Teilgruppe mit bzw. ohne pädagogischen Ausbildungshintergrund eine signifikant unterschiedliche Weiterentwicklung der Theorieverwendung (F(1,32)=11,44; p<.001). Ebenso scheint die Zugehörigkeit der untersuchten Lehrenden zu der Teilgruppe mit kürzerer (<10 Jahre), mittlerer (10-15 Jahre) oder längerer (>15 Jahre) Lehrtätigkeit Einfluss auf deren Weiterentwicklung bezüglich der Theorieverwendung zu haben (F(1,32)=12,98; p<.001). Die in der untersuchten TeilnehmerInnengruppe vorhandenen Ausprägungsunterschiede bei der Medienaffinität hingegen scheinen keinen bedeutenden Einfluss auf die Zunahme der Theorieverwendung zu haben (F(1,32)=9,98; p>.05).

Relevanz von Wirkungseffekten für WeiterbildungsanbieterInnen

Betrachtet man das bei den Befragten vorherrschende Qualitätsverständnis, zeigt sich, dass alle Befragten bei ihrem Angebot Wert auf eine

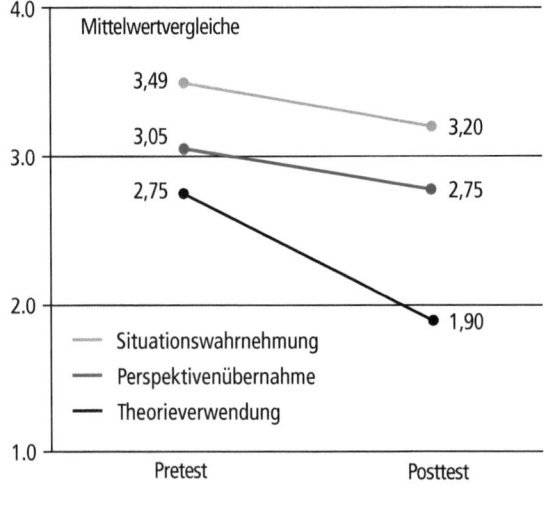

Abb. 1: Situationsangemessenheit des Lehrhandelns (vierstufige Skala der Mittelwerte von 1=angemessen bis 4=nicht angemessen)

Quelle: eigene Darstellung

Unterstützung Erwachsener bei Bildungs- und Qualifizierungsbedarfen im berufsbezogenen sowie persönlichkeitsbezogenen Bereich (6)[2] legen. Drei der Befragten geben explizit an, ein humanistisches Bildungsverständnis zu vertreten. Wiederholt fällt bei den Angebotszielen der Begriff der Schlüssel-kompetenzen (4), die gefördert werden sollen. Es gehe um eine Befähigung zur gesellschaftlichen Teilhabe (3) und zur Mitgestaltung des gesellschaftlichen Wandels (3). Ein weiteres Ziel besteht für die Weiterbildungsanbieter in der Verbesserung der Beschäftigungschancen, was für drei der Befragten insbesondere für bestimmte Zielgruppen bedeutsam ist. Generell stellt die bedarfsgerechte Ausrichtung des Angebots im Allgemeinen und des Train-the-Trainer-Angebots im Speziellen den zentralen Qualitätsmaßstab dar (6). Darüber hinaus werden von den befragten WeiterbildungsanbieterInnen eine Reihe einzelner Aspekte genannt, die überwiegend nicht monetärer Art und weitgehend auch nicht (direkt) quantifizierbar sind, sondern vielmehr die Förderung des Lehrpotenzials und der Unterrichts-zufriedenheit betreffen. In Bezug auf die Evaluation der Train-the-Trainer-Angebote legen die befragten WeiterbildungsanbieterInnen ihren Fokus auf eine klassische Veranstaltungsevaluation (6), für die bei allen Befragten standardisierte Evaluationsbögen verwendet werden. Darüber hinaus sind nur vereinzelt Evaluationsbemühungen erkennbar, die sich ebenfalls auf die Reaktionsebene beschränken.

Drei Befragte geben an, dass weiterführende Evaluationen ihre Möglichkeiten überschreiten würden, auch wenn sie durchaus an einer Erfassung der Wirkung von Lernerfolg und Transfer interessiert wären, schließlich sprächen diese für die Nachhaltigkeit des Gelernten und darüber für die Qualität des Angebots. Idealerweise sollten solche Kriterien für diese drei Befragten entscheidend für die Aufnahme und den Erhalt von Train-the-Trainer-Angeboten sein. Dafür bedürfte es für diese drei Befragten jedoch zunächst geprüfter Instrumente, die verlässlich Auskunft über die Wirkung geben und zugleich in der Praxis handhabbar sowie zumutbar für die Teilnehmenden seien. Für die anderen drei Befragten stellt die Wirkung ihrer Train-the-Trainer-Angebote keine relevante Größe für deren

Platz im Programmportfolio dar. Dabei zeigen sich die beiden Befragten der Einrichtungen aus dem gemeinschaftlich getragenen Kontext genervt von der Wirkungsdiskussion, die rein steuerungsrelevant sei und eher zu Restriktionen für die Angebotsplanung führe als zur Qualität von Bildungsangeboten beitrage. Eine befragte Person aus dem staatlichen Kontext sieht das Denken in Wirkungsdimensionen als Widerspruch zum Leitbild der eigenen Einrichtung. Für diese Befragten stehen die privaten und sozialen Bildungserträge im Vordergrund, die ihrer Ansicht nach weder direkt gemessen werden können noch müssen. Die an einer Wirkungsevaluation interessierten drei befragten Personen wären dankbar, mehr Einblick in den Diskussionsstand bekommen zu können bzw. Tools und Instrumente zu erhalten, die ihnen gegebenenfalls eine Erfassung der Wirkung der Train-the-Trainer-Angebote ihrer Einrichtungen und somit eine Outcome-Orientierung bei der Evaluation ermöglichen würden – mitunter auch, um darüber die Qualität des Angebots ausweisen zu können.

Diskussion und Fazit: Zu der (Un-)Möglichkeit, Können zu erfassen

Zusammenfassend lässt sich festhalten, dass sich die an der Untersuchung teilnehmenden AbsolventInnen des ausgewählten Lernpfades in ihrem praktischen Lehrhandeln in drei Dimensionen verbessert haben, weswegen dem Lernangebot eine Transferwirkung zugesprochen werden kann. Durch die situierte und problembasierte Ausrichtung der Lerngegenstände und des Lernprozesses in Form realer Herausforderungen der Gestaltung von Lehr-Lernsituationen und deren differenzierten Bearbeitung ist es den Teilnehmenden gelungen, die Fortbildungsinhalte direkt mit ihrer Unterrichtspraxis zu verbinden und das Gelernte in ihr Handeln zu integrieren.

Die Situierung als ein Merkmal wirksamer Fortbildungskonzepte wird auch von Franz Lipowsky und Daniela Rzejak (2017, S. 390f.) betont. Weiter beschreiben sie das gezielte Eingehen auf die Voraussetzungen und Lernprozesse der Lernenden als ein Kriterium wirksamer LehrerInnenfortbildungen

---

2 Quantifizierung der je Unterkategorie auftretenden Aspekte nach der erfolgten Nennung (Spanne 0-6).

(vgl. ebd., S. 388f.). Dies erscheint insbesondere in Bezug auf die für situatives Lehrhandeln notwendige Teildimension der Perspektivenübernahme naheliegend. So dürfte die Fähigkeit, die Sichtweise der Lehrenden einzunehmen, nicht nur im Zusammenhang mit der Lehrexpertise stehen (siehe z.B. Dreyfus/Dreyfus 1986), sondern eine kooperative Bearbeitung bzw. kollaborative Auseinandersetzung mit Lerngegenständen auch eine Förderung von Perspektivenübernahmen begünstigen (vgl. z.B. Lipowsky 2015, S. 85ff.). Sozial geteiltes Lernen stellt bis dato jedoch kein Lernszenario in den primär für ein individuelles Eigenstudium entwickelten Lernpfaden im EULE Lernbereich dar, wodurch sich die gegenüber der Theorieverwendung schwächer ausgeprägte Weiterentwicklung der Perspektivenübername im Rahmen des Trainings erklären ließe. Die in der Untersuchung gewonnenen Ergebnisse lassen darüber hinaus vermuten, dass die generelle Passung des Lernangebots zu den Lernvoraussetzungen der Lehrenden von Bedeutung für die Effekte sein dürfte. So konnte gezeigt werden, dass die Wirkungseffekte bei den teilnehmenden Lehrenden in Zusammenhang mit ihren Ausbildungshintergründen und der Dauer ihrer Lehrtätigkeit stehen. Um die Relevanz der Lernvoraussetzungen für die Nutzung und die Wirkung von Train-the-Trainer-Angeboten umfassender zu untersuchen, sollten in anschließenden Forschungen weitere kognitive und motivationale Merkmale der Lehrenden herangezogen werden (siehe Helmke 2014).

Um die anhand einer relativ kleinen Stichprobe von 34 Lehrenden gewonnenen Ergebnisse der realisierten Studie zu validieren und deren Reichweite zu stärken, sollte die Untersuchung auf eine größere Zahl an Lehrenden ausgeweitet werden. Auch wäre es interessant, eine Follow-up Erhebung anzuschließen, die die Nachhaltigkeit der Transferwirkung in den Blick nimmt und die Basis für die Ableitung geeigneter zirkulärer Vorgehensweisen aus Input- und Umsetzungsphasen für die LehrerInnenbildung bieten kann (vgl. Thiel 2013, S. 188ff.). Gleichzeitig stellt sich bei der Gewinnung geeigneter Stichproben(größen) sowie dem Umgang mit der experimentellen Selektivität aufgrund der Beschäftigungssituation sowie knappen zeitlichen

Ressourcen der in der Erwachsenen-/Weiterbildung tätigen Lehrenden (siehe Martin et al. 2016) auch die Machbarkeitsfrage.

Die befragten Bildungsverantwortlichen zeigten eine gewisse Zurückhaltung gegenüber der Wirkungsforschung und ihren Befunden. Einzelne AnbieterInnen deshalb, weil sie ein Bildungsverständnis vertraten, das einer eventuellen Outcome-Orientierung diametral gegenüberstand. Drei der sechs befragten VertreterInnen der Weiterbildungseinrichtungen gaben aber auch an, dass der Diskurs und die Wirkungsforschung an ihnen vorbeigehen bzw. deren Ergebnisse sie kaum erreichen würden. Drei der befragten WeiterbildungsanbieterInnen aus dem öffentlichen Sektor der Erwachsenen-/Weiterbildung ließen verkürzte Wirkungsvorstellungen und tradierte Bildungsverständnisse erkennen.

Ihnen fehlt es – wie Tina Seidel, Kathleen Stürmer, Stefanie Schäfer und Gloria Jahn (2015, S. 85) konstatieren – tatsächlich an geeigneten Lernumgebungen zur Förderung des praktischen Lehrhandelns und an Tests zur Messung deren Lern- und Transferwirkung. Um nicht nur den Aufwand und Nutzen möglicher Untersuchungsszenarien empirisch fundiert diskutieren zu können, sondern auch anschlussfähiges planungs- und handlungsrelevantes Wissen aus den Forschungsergebnissen für die Weiterentwicklung organisierter Weiterbildungsstrukturen für Lehrende ableiten und den verantwortlichen AkteurInnen der Bildungspraxis zur Verfügung stellen zu können, ist eine enge Verzahnung zwischen Forschung und Praxis in der Lehrerbildung nötig (vgl. Seidel/Thiel 2017, S. 15). Eine durch Transparenz und wechselseitigen Austausch geprägte Vorgehensweise in der Entwicklung, Erprobung und Verbreitung von Angeboten zur Diagnostik und Förderung von transferwirksamen Weiterbildungsangeboten könnte dazu beitragen, diese Positionen zu hinterfragen. Solch eine kritische Auseinandersetzung wiederum könnte helfen, Wirkungsforschung nicht nur auf die Frage „what works" zu konzentrieren, sondern auf die Fragen auszuweiten, was Bildung warum bewirkt und wozu diese über die fokussierten Effekte hinausführen kann (vgl. Schüssler 2012, S. 60).

Literatur

Baumert, Jürgen/Kunter, Mareike (2006): Stichwort: Professionelle Kompetenz von Lehrkräften. In: Zeitschrift für Erziehungswissenschaft 9, 2006, S. 469-520.

Baumert, Jürgen/Kunter, Mareike (2011): Das Kompetenzmodell von COACTIV. In: Kunter, Mareike/Baumert, Jürgen/Blum, Werner/Klusmann, Uta/Krauss, Stefan/Neubrand, Michael (Hrsg.): Professionelle Kompetenz von Lehrkräften. Ergebnisse des Forschungsprogramms COACTIV. Münster: Waxmann, S. 29-53.

Boud, David/Feletti, Grahame (Hrsg.) (1997): The challenge of problem-based learning. 2. Aufl. London: Kogan Page.

Dreyfus, Hubert L./Dreyfus, Stuart E. (1986): Mind over Matter. New York: The Free Press.

Euler, Dieter/Hahn, Angela (2007): Wirtschaftsdidaktik. Bern: Haupt.

Goeze, Annika/Hartz, Stefanie (2010): Lehrende lernen am Fall: Konzepte fallbasierten Lernens von der Weiterbildung bis zur Frühpädagogik. In: Schrader, Josef/Hohmann, Reinhard/Hartz, Stefanie (Hrsg.): Mediengestützte Fallarbeit – Konzepte, Erfahrungen und Befunde zur Kompetenzentwicklung von Erwachsenenbildnern. Bielefeld: Bertelsmann, S. 101-124.

Helmke, Andreas (2014): Unterrichtsqualität und Lehrerprofessionalität. Diagnose, Evaluation und Verbesserung des Unterrichts. 5., überarb. Aufl. Wiesbaden: VS.

Kade, Sylvia (1990): Handlungshermeneutik. Qualifizierung durch Fallarbeit. Bad Heilbrunn: Klinkhardt.

Lave, Jean/Wenger, Etienne (1991): Situated Learning: Legitimate Peripheral Participation. Cambridge: University Press.

Lipowsky, Frank (2015): Unterricht. In: Wild, Eike/Möller, Jena (Hrsg.): Pädagogische Psychologie. Berlin: Springer, S. 69-105.

Lipowsky, Frank/Rzejak, Daniela (2017): Fortbildungen für Lehrkräfte wirksam gestalten – erfolgsversprechende Wege und Konzepte aus Sicht der empirischen Bildungsforschung. In: Bildung und Erziehung 4, 2017, S. 379-399.

Ludwig, Joachim (2018): Lehr-Lerntheoretische Ansätze in der Erwachsenenbildung. In: Tippelt, Rudolf/von Hippel, Aiga (Hrsg.): Handbuch Erwachsenenbildung/Weiterbildung. Wiesbaden: VS, S. 257-274.

Martin, Andreas/Lencer, Stefanie/Schrader, Josef/Koscheck, Stefan/Ohly, Hana/Dobischat, Rolf/Elias, Arne/Rosendahl, Anna (Hrsg.) (2016): Das Personal in der Weiterbildung: Arbeits- und Beschäftigungsbedingungen, Qualifikationen, Einstellungen zu Arbeit und Beruf. Bielefeld: Bertelsmann. Online im Internet: https://www.die-bonn.de/doks/2017-weiterbildner-01.pdf [Stand: 2020-08-09].

Mayring, Philipp (2015): Qualitative Inhaltsanalyse. 12. aktual. Aufl. Weinheim: Beltz.

Milne, Markus J./Adler, Ralph W. (1999): Exploring the Reliability of Social and Environmental Disclosures Content Analysis. In: Accounting, Auditing & Accountability Journal 2, 1999, S. 237-256.

Neuweg, Georg H. (2002): Lehrerhandeln und Lehrerbildung im Lichte des Konzepts des impliziten Wissens. In: Zeitschrift für Pädagogik 1, 2002, S.10-29.

Nittel, Dieter (2000): Von der Mission zur Profession. Stand und Perspektiven der Verberuflichung der Erwachsenenbildung. Bielefeld: Bertelsmann.

Nuissl, Ekkehard (2013): Evaluation in der Erwachsenenbildung. Bielefeld: wbv.

Pant, Hans A. (2014): Aufbereitung von Evidenz für bildungspolitische und pädagogische Entscheidungen: Metaanalysen in der Bildungsforschung. In: Zeitschrift für Erziehungswissenschaft, Sonderheft 27, 2014, S. 79-99.

Roth, Jürgen (2015): Lernpfade – Definition, Gestaltungskriterien und Unterrichtseinsatz. In: Roth, Jürgen/Süss-Stepancik, Evelyn/Wiesner, Heike (Hrsg.): Medienvielfalt im Mathematikunterricht – Lernpfade als Weg zum Ziel. Wiesbaden: VS, S. 3-26.

Schrader, Josef (2003): Wissensformen in der Weiterbildung. In: Gieseke, Wiltrud (Hrsg.): Institutionelle Innensichten der Weiterbildung. Bielefeld: Bertelsmann, S. 228-253.

Schrader, Josef (2010): Reproduktionskontexte der Weiterbildung. In: Zeitschrift für Pädagogik 2, 2010, S. 267-284.

Schüssler, Ingeborg (2012): Zur (Un-)Möglichkeit einer Wirkungsforschung in der Erwachsenenbildung. Kritische Analysen und empirische Befunde. In: Zeitschrift für Weiterbildungsforschung 2, 2012, S. 53-63.

Seidel, Tina/Stürmer, Kathleen/Schäfer, Stefanie/Jahn, Gloria (2015): How preservice teachers perform in teaching events regarding generic teaching and learning components. In: Zeitschrift für Entwicklungspsychologie und Pädagogische Psychologie 2, 2015, S. 84-96.

Seidel, Tina/Thiel, Felicitas (2017): Standards und Trends der videobasierten Lehr-Lernforschung. In: Zeitschrift für Erziehungswissenschaft 1, 2017, S. 1-21.

Shavelson, Richard J. (2012): An approach to testing and modeling competencies. In: Blömeke, Sigrid/Zlatkin-Troitschanskaia, Olga/Kuhn, Christiane/Fege, Judith (Hrsg.): Modeling and Measuring competencies in Higher Education: Tasks and Challenges. Boston: Sense, S. 29-43.

Thiel, Felicitas (2013): Der Beitrag des Studiums zur Professionalisierung von Lehrkräften. In: Hufer, Klaus-Peter/Richter, Dagmar (Hrsg.): Politische Bildung als Profession. Verständnisse und Forschungen. Perspektiven politischer Bildung. Bonn: Bundeszentrale für Politische Bildung, S. 173-186.

von Hippel, Aiga (2011): Fortbildung in pädagogischen Berufen – zentrale Themen, Gemeinsamkeiten und Unterschiede der Fortbildung in Elementarbereich, Schule und Weiterbildung. In: Helsper, Werner/Tippelt, Rudolf (Hrsg.): Pädagogische Professionalität. Weinheim: Beltz, S. 248-267.

Wolff, Jutta (2016): Das evaluieren wir (mal eben). Was Auftraggebende über Wirksamkeitsnachweise wissen sollten. In: DDS – Die Deutsche Schule 2, 2016, S. 136-148.

Foto: Jürgen Killmann

Dr.in Sabine Schöb

sabine.schoeb@uni-tuebingen.de
http://www.uni-tuebingen.de
+49 (0)7071 29-72866

Sabine Schöb ist akademische Rätin der Abteilung Erwachsenenbildung/Weiterbildung des Instituts für Erziehungswissenschaft der Eberhard Karls Universität Tübingen. Ihre Arbeitsschwerpunkte sind: Fallarbeit in Erziehungswissenschaft und Erwachsenenbildung, Professionalisierung der Erwachsenenbildung/Weiterbildung, Empirische Lehr-Lernforschung (mit neuen Medien), Kompetenzdiagnostik, Wissensmanagement im Kontext der Erwachsenenbildung, Bildungssoziologie.

The Transfer Impact as an Indicator of the Quality of Digital Learning Opportunities for Adult Education Instructors

An investigation of measurability and relevance

Abstract

One of 25 learning pathways in the „EULE" e-learning platform, the learning pathway *„Selbstgesteuertes Lernen ermöglichen"* (Enabling self-regulated learning) has been available to adult education instructors since the start of 2020. A before-after study investigated its impact on the participants' teaching practice with regard to their competence to act appropriately in response to a situation and thus to act professionally. In addition, providers of Train the Trainer courses were questioned about the relevance of the impact of such courses. The author's conclusion: The online pathway that was investigated effects a change in how teachers act every day in „normal" teaching situations. When asked whether it is necessary to evaluate the transfer impact as an indicator of the quality of courses, however, the educational providers disagree on to what extent this is necessary, if it makes sense and especially if it is even possible. (Ed.)

Knochenarbeit der Evidenz

Interview mit Günter Hefler und Michael Sturm

Lukas Wieselberg

Wieselberg, Lukas (2020): Knochenarbeit der Evidenz. Interview mit Günter Hefler und Michael Sturm.
In: Magazin erwachsenenbildung.at. Das Fachmedium für Forschung, Praxis und Diskurs.
Ausgabe 40, 2020. Wien.
Online im Internet: https://erwachsenenbildung.at/magazin/20-40/meb20-40.pdf.
Druck-Version: Books on Demand GmbH: Norderstedt.

Schlagworte: Erwachsenenbildung, Evidenz, Bildungspolitik, Bildungsforschung

Kurzzusammenfassung

Beruhen bildungspolitische Entwicklungen im Bereich der Erwachsenenbildung auf Evidenz oder ist die Politik in erster Linie durch Ideologie motiviert? Günter Hefler, Evaluator und Bildungsforscher im Bereich Lebenslanges Lernen, und Michael Sturm, Geschäftsführer des BFI Österreich und Interessensvertreter von Erwachsenenbildungseinrichtungen, antworteten im Interview auf Fragen zum Verhältnis von Forschung und Politik in der Erwachsenenbildung. Fazit: Evidenzen durch Forschungsarbeiten konnten in den letzten 20 Jahren die Überzeugung festigen, dass Erwachsenenbildung strukturelle Probleme mildern und soziale Brennpunkte entschärfen kann. Das stärke das Selbstbewusstsein der Erwachsenenbildung, nicht nur kurzfristige und individuelle, sondern durchaus langfristige und strukturelle Effekte zu haben. Der Bedarf an weiteren Evidenzen sei aber sowohl für die Bildungspolitik als auch für die Bildungspraxis nach wie vor groß. (Red.)

10

Praxis

Knochenarbeit der Evidenz

Interview mit Günter Hefler und Michael Sturm

Lukas Wieselberg

„Der Diskurs darüber, was Evidenz eigentlich bedeutet, braucht Raum und Ressourcen. Wenn der nicht stattfindet, kann ich mir einen Teil der Evidenzen auch gleich sparen."

Günter Hefler im Interview

In der Corona-Zeit war und ist wissenschaftliche Evidenz eine wichtige Frage. Wie ist das BFI mit dieser Zeit umgegangen?

Michael Sturm: Wir haben im März rasch reagiert und die Kurse sofort heruntergefahren. Etwa 50 Prozent davon haben wir in Absprache mit TrainerInnen und TeilnehmerInnen auf Online-Learning umgestellt. Wesentlich schwieriger war es, den Betrieb wieder hochzufahren. Als derzeitiger KEBÖ-Vorsitzender habe ich hinter den Kulissen viel mit den zuständigen Ministerien verhandelt, unter welchen Bedingungen wir mit Präsenzunterricht wieder beginnen können. Das war sehr mühsam, weil die Erwachsenenbildung im Vergleich zu Schulen und Unis nicht nur in der öffentlichen Wahrnehmung eine untergeordnete Rolle spielt, sondern auch bei den verantwortlichen PolitikerInnen und BeamtInnen. Es ist dennoch gelungen, mit dem Bildungsministerium ein Hygienehandbuch abzustimmen, das für die EB als Empfehlung herausgegeben wurde. So konnten wir schon sehr früh, Anfang Mai, wieder mit Präsenzunterricht beginnen, nämlich dort, wo es um die Vorbereitung auf schulische und berufliche Abschlüsse geht.

Wie war das bei 3s?

Günter Hefler: Auf Ebene der Büros relativ entspannt, weil wir große Räume haben. Viele KollegInnen waren wegen Betreuungsarbeiten im Home-Office. Als

international agierendes Forschungsunternehmen haben wir mit KollegInnen zusammengearbeitet, die unter ganz unterschiedlichen Lockdown-Bedingungen lebten – in Spanien saßen sie mit absoluter Ausgangssperre ganz alleine in ihrer Wohnung, in Belgien durften sie einen Umkreis von 100 Metern nicht verlassen etc. In Österreich sind wir da im Vergleich recht ungeschoren davongekommen. Trotzdem ist klar: Die nächsten zwei Jahre werden für jedes private Forschungsunternehmen nicht leicht. Die Budgets werden in der kommenden Konsolidierungsphase umverteilt, es werden weniger Mittel für Forschungsaufgaben verfügbar werden, nicht nur im EB-Bereich, etwa auch in der Berufsbildung.

Während der gesamten Corona-Zeit hat die Politik damit argumentiert, dass ihre Maßnahmen auf wissenschaftlicher Evidenz basieren. Konnten Sie dem folgen?

Günter Hefler: Als ausgebildeter Philosoph mit Spezialgebiet Wissenschaftsforschung würde ich sagen: Die Erwartungen, was Wissenschaft in derart kurzer Zeit leisten kann, sind viel zu hoch. Man konnte eigentlich nur Vorsichtsregeln entwerfen, wie viel Evidenz dafür verfügbar ist, ist eine andere Frage. Generell ist das Pochen auf Evidenzbasierung ein normativer Anspruch, der, je nachdem wie er realisiert wird, ganz unterschiedliche Auswirkungen hat – sehr oft positive, aber auch negative. Man kann nicht dafür oder dagegen sein, sondern man muss fragen, was die Konsequenzen einer evidenzbasierten Vorgehensweise sind, welche Kosten bzw. Vorteile entstehen und wer sie trägt bzw. davon profitiert. Das ist mit Corona nicht viel anders als im Bildungsbereich. Dort haben wir schon viele verschiedene Wellen evidenzbasierter Politik erlebt, viele sind wieder in Vergessenheit geraten. Wenn man heute Bücher zu Educational Planning aus den 1970er Jahren liest, muss man fast lachen. Seit zwei Jahrzehnten haben wir in der Bildung ein sehr einseitiges evidenzbasiertes Regime, das stark von der OECD getriggert wird. In der Erwachsenenbildung und im Lebenslangen Lernen haben wir ein sehr unerfreuliches Zusammenspiel von Wünschen und Realitäten, die nicht immer zusammenpassen. Bei Corona konnte man nur froh sein, nicht selbst in einer Verantwortungsposition zu sein und Entscheidungen treffen zu müssen. Da war auch viel Glück dabei.

Pandemien sind eine Ausnahme, aber das Verhältnis von Forschung und Politik bestimmt ihren Bereich auch abseits vom Ausnahmezustand. Wie beeinflusst es Ihre Praxis im Alltag?

Michael Sturm: Ich würde mir von der Politik wünschen, dass sie im Bildungsbereich viel mehr evidenzbasiert vorgehen würde. Nur ein Beispiel: die Gesamtschule im Schulbereich. Es gibt dutzende internationale und nationale Studien, die alle zu einem positiven Ergebnis kommen. Dennoch sagt der Herr Minister mit Forschungshintergrund, dass er ein Regierungsübereinkommen umzusetzen habe und es nicht Aufgabe der Politik sei, sich an Forschungsergebnisse zu halten. Das macht ein bisschen ohnmächtig, aber damit müssen wir leben. In der EB sind wir davon weniger betroffen, weil sie frei und nicht staatlich organisiert ist. Wir reagieren stark auf Nachfrage und beziehen uns auf Forschungsergebnisse, insbesondere auf Prognosen, die für die aktive Arbeitsmarktpolitik des AMS relevant sind. Auf dieser Basis erstellen wir zum Teil unsere Angebote bzw. schreibt das AMS Bildungsmaßnahmen aus. Wir schauen uns sehr genau an, welche Fachkräfte mit welchen Qualifikationen in Zukunft benötigt werden. Die EB kann viel rascher auf die tatsächlichen Nachfragen am Bildungsmarkt reagieren als Unis oder Schulen. Bis ein neuer Lehrplan im Ministerium beschlossen wird und in einer Schulklasse ankommt, dauert es Jahre. Die EB hat also eine hohe innovative Kraft, die später in das formale Bildungswesen aufgenommen werden kann. Angebote für Qualitätsmanagement etwa oder digitale Kompetenzen haben wir sehr früh entwickelt, und die werden langsam in den formalen Bildungsbereich übernommen.

Wie sehen Sie prinzipiell das Verhältnis von Evidenz und Politik?

Günter Hefler: Es ist sehr spannend und schwierig. Bei 3s bin ich für die internationale Vergleichsforschung im Bereich LLL zuständig, und wir erstellen Analysen für Dienststellen der Europäischen Kommission. Dadurch weiß ich, welche Evidenz in welchen Staaten verfügbar ist, da gibt es große Unterschiede mit nationalen Stärken und Schwächen. Ich mache das seit 2004, und seit damals hat sich die bloße Verfügbarkeit von Daten – die ja noch keine Evidenz sind – stark verändert. In der EB hat sich die Datenlage zum Teil extrem erweitert, das Gebiet selbst unglaublich ausdifferenziert. Viele Konzepte, die den Datenerhebungen zugrunde liegen, wurden seit den 1980er-Jahren aber nicht weiterentwickelt, und manches weiß man schlicht überhaupt nicht.

Wie zum Beispiel?

Günter Hefler: Wie viele Menschen in der EB beschäftigt sind. ErwachsenenbildnerInnen werden statistisch in europäischen Erhebungen nicht gesondert erfasst. Das Gleiche betrifft EB-Organisationen, deren Anzahl ebenfalls nicht exakt bekannt ist. Zum einen gibt es also zu bestimmten Themen sehr viele Daten, zum anderen können manche banale Evidenzfragen nicht beantwortet werden. Wir wissen auch in Österreich nicht, wie viele Personen in der EB tätig sind. Ich kann zwar die KEBÖ-Beschäftigten zählen, den Rest aber nicht. Ich weiß sehr viel über die Arbeitsmarktpolitik, oft auf den Cent genau, wie viel wofür ausgegeben wird. Von anderen EB-Bereichen weiß ich außerhalb der KEBÖ aber fast gar nichts – etwa über die Angebote von Kommunen und Gemeinden, über die nicht-berufliche EB und die EB von gewinnorientierten Trägern. Auch die banale Frage, wer in Österreich MigrantInnen und Flüchtlinge in Deutschkursen unterrichtet, kann man nicht genau beantworten. Es gibt zwar den Integrationsfonds als den zentralen Player, aber die Arbeit von NGOs und den vielen Freiwilligen ist nicht beschrieben.

Michael Sturm: Als ehemaliger Vorsitzender der Berufsvereinigung der ArbeitgeberInnen privater Bildungseinrichtungen (BABE) möchte ich ergänzen: Wir haben im Hinblick auf die Kollektivvertragsfähigkeit sehr wohl recherchiert, wie viele Personen in dem weiten Feld der EB hauptberuflich tätig sind, und sind auf ca. 12.500 gekommen. Das ist nicht sehr viel, weil es wesentlich mehr nebenberuflich und ehrenamtlich Tätige gibt – ein österreichisches Spezifikum, dass wir keine angestellten TrainerInnen in der klassischen Weiterbildung haben. Die Kurse von VHS, WIFI oder BFI leiten Menschen, die hauptberuflich in Schulen, der Forschung oder Betrieben arbeiten und ihr Wissen den KursteilnehmerInnen am Abend weitergeben – das ist ein Qualitätsasset, weil wir so immer Top-Vortragende zur Verfügung haben. Das sind über 50.000 Personen. Im Bereich der ehrenamtlichen Strukturen, da gebe ich Herrn Hefler Recht, wissen wir aber viel zu wenig.

Aber wünschen würden Sie sich prinzipiell mehr Evidenz?

Michael Sturm: Ja, und offenbar braucht es dabei auch immer den Anstoß von außen. Ich erinnere mich an OECD-Länderberichte vor mehr als zehn Jahren, die einen enormen Schub gebracht haben. Ich denke, nicht nur weil ich Interessen vertrete, dass der EB-Bereich immer wichtiger wird, etwa was die Berufsausbildung betrifft. Unser duales System, das immer so gepriesen und als Exportschlager auf EU-Ebene verkauft wird, schwächelt in Wirklichkeit massiv. In den letzten 20 Jahren haben wir immer weniger Betriebe, die Jugendliche ausbilden, aktuell können sie die bestehenden Lücken nicht abdecken. D.h., wir brauchen eine überbetriebliche Lehrausbildung, das sog. Auffangnetz für Jugendliche, das im maximalen Ausbau schon bei 12.000 Personen lag – und das von Trägern der EB umgesetzt wird. Wenn wir das nicht hätten, würden die Jugendlichen ohne Perspektive dastehen. Genauso hätte es die Basisbildung bzw. das Nachholen des Pflichtschulabschlusses ohne EB nicht gegeben. Und auch die zusätzlichen Deutschkurse, die wir in der Flüchtlingsbewegung kurzfristig aufgestellt haben, waren eine sensationelle Leistung der EB.

Günter Hefler: Die EB hat in Österreich in den letzten zwei Jahrzehnten tatsächlich sehr viel aufgefangen, weil es keine anderen Systeme gegeben hat, die das anbieten hätten können, was Herr Sturm

beschrieben hat. Der öffentliche Bereich musste nichts Neues erfinden, sondern konnte es auf die EB übertragen – zu vergleichsweise günstigen Kosten. Die Leidtragenden waren zum Teil die beschäftigten TrainerInnen, zugleich hat man das Problem, dass viele Steuerungsprobleme ungeklärt sind. In anderen Bereichen der Bildung ist es undenkbar, dass Organisationen wie der Integrationsfonds, die selbst nicht aus der Bildung kommen, dominieren und etwa Curricula dekretieren, ohne die Basis der Lehrenden groß einzubinden. Man muss sich den Unterschied vorstellen: In Italien z.B. ist der Basisbildungsbereich wesentlich als Teil des öffentlichen Schulwesens organisiert, mit 160.000 TeilnehmerInnen. Unterrichtet wird in Abendschulen ähnlich unseren Abendgymnasien und berufsbildenden höheren Schulen für Berufstätige, aber mit öffentlich beschäftigten LehrerInnen. Das hat sicher auch Nachteile, aber man sieht gleich den Unterschied: Es gibt ein Dienstrecht, langfristige Planungsprozesse und abgesicherte Budgets, nicht wie bei uns auf Basis von kurzfristigeren Projektbudgets.

Beruhen die Entwicklungen in Österreich irgendwie auf Evidenz oder ist die Politik in erster Linie motiviert durch Ideologie und reagiert in der Praxis einfach, z.B. auf die Flüchtlingsbewegung?

Michael Sturm: Die Flüchtlingsbewegung ist das beste Beispiel dafür, dass die Politik nicht evidenzbasiert vorgeht. Weil der Umgang damit war ein Politikum ersten Ranges bei der damaligen Regierung. Erste Hilfe haben im wahrsten Sinne des Wortes Hilfsorganisationen geleistet und in weiterer Folge EB-Einrichtungen, die die Menschen mit den berühmten Deutschkursen erst fit gemacht haben für die gesellschaftliche Integration und für den Arbeitsmarkt. Es gab ja einen an sich vernünftigen Stufenplan, wonach man erst die Sprache erlernt und dann, wenn man soweit ist, die entsprechenden Arbeitsmarktschulungen bekommt. Dieser Plan ist aufgrund der stark politischen Debatte verpufft, die Leute sind zeitweise mehr oder minder in der Luft gehangen, ebenso die Einrichtungen, die damit befasst waren. Plötzlich wurde dem Integrationsfonds eine dominante Rolle zugewiesen, und er hat alles an sich gezogen. Das ist ein gutes Beispiel für das Primat der Politik.

Günter Hefler: Die Flüchtlingsbewegung war natürlich wieder eine Ausnahme, die niemand vorhersagen konnte. Dass aber insgesamt der Bereich Flucht und Integration immer nur unter bestimmten Perspektiven betrachtet wird, ist auch evident. In Österreich haben sich mit der Evidenzbasis der Erwachsenenbildung in den letzten zwei Jahrzehnten nur ganz wenige ExpertInnen beschäftigt, man kann sie an den Fingern zweier Hände abzählen. Studien wurden punktuell beauftragt, vieles aber vernachlässigt. Man hat es etwa verabsäumt, rund um eines der zentralen Großprojekte dabei, der österreichischen LLL-2020 Strategie, einen leistungsfähigen Beobachtungsapparat aufzubauen, der nachhaltig Evidenz generieren kann. 3s war für zwei Jahre für das Monitoring zuständig, davor war es ein Team von ForscherInnen vom Institut für Höhere Studien (IHS) und dem Wirtschaftsförderungsinstitut (Wifo), unter der Leitung von Lorenz Lassnigg, der sich wie kein anderer in den letzten Jahrzehnten für die Evidenzbasierung der LLL-Politik eingesetzt hat. Natürlich kostet es viel mehr, die notwendige Evidenz für LLL zu schaffen, als die Politik bisher bereit war, zur Verfügung zu stellen. Wir haben zwar gut verankerte Bildungs- und Hochschulberichte, aber der EB-Bereich wird in Österreich nicht durch ein regelmäßiges Berichtssystem begleitet. Ohne kontinuierliche Berichterstattung kann ich aber die erwarteten Vorteile einer evidenzbasierten Politik gar nicht nutzen. Weil der Vorteil, den ich erwarte, ist, dass ich etwas mache und dann schau, ob das in die richtige Richtung gegangen ist. Wenn ich aber nur so erhebe, dass ich immer nur sagen kann, das wird nicht so schlecht gewesen sein, aber ob es wirklich geholfen hat, weiß ich nicht, dann mach ich zwar Studien – aber ohne nachhaltigen Ertrag. Wenn man die verfügbaren Studien heranzieht, liest man oft, dass „wir die eigentlichen Fragen nicht beantworten konnten, weil uns dafür die Evidenz fehlt". In dieser Zwickmühle sind wir. Wir machen zwar Studien, aber die Datenlage erlaubt nur wenige Ergebnisse, die so valide und brauchbar sind, dass man guten Herzens daraus politische Entscheidungen ableiten kann.

Will die Politik statt Evidenz eigentlich Legitimation?
Günter Hefler: Legitimation und Evidenz hängen eng zusammen. Ich kann mich immer auf Evidenz beziehen, ich bin ja frei in ihrer Interpretation. Der Diskurs darüber, was Evidenz eigentlich bedeutet, braucht Raum und Ressourcen. Wenn der nicht stattfindet, kann ich mir einen Teil der Evidenzen

auch gleich sparen. Es gibt dafür viele schlechte Beispiele. Die EU-Kommission etwa liebt es, „evidence based policy making reviews" zu machen. Da werden alle Studien weltweit zusammengewürfelt, und die behaupten, dass eine Maßnahme wirkt oder nicht wirkt – ohne irgendeinen nachvollziehbaren Zusammenhang zu einem konkreten Land, einer konkreten Situation oder einem konkreten Problem. Man bekommt ein Potpourri von Vorschlägen, und jeder Politiker/jede Politikerin kann sich aussuchen, was wirkt oder nicht wirkt, um dieses oder jenes an- oder abzuschaffen. Wir sind weit weg davon, dass wir die normativen Erwartungen, die mit evidenzbasierter Politik verbunden sind, tatsächlich einlösen können. Insofern verstehe ich jede Person, die sagt, naja, ich halte das eher für eine Form der Politikbeeinflussung als eine der Politikfundierung. Diese Kritik muss sich die ganze Szene in vielen Fällen gefallen lassen.

Sehen Sie auch positive Beispiele für evidenzbasierte Maßnahmen in der EB?
Michael Sturm: Auf jeden Fall, etwa die Initiative Erwachsenenbildung zur Basisbildung und zum Nachholen des Pflichtschulabschlusses. Hier ging man evidenzbasiert vor. Eine wissenschaftliche Einrichtung, das IHS in Wien, erhob zuerst, wie viele Personen in Österreich überhaupt Defizite in dieser Hinsicht haben. Die Ergebnisse und Ratschläge der Forschung fanden tatsächlich politische Unterstützung und wurden umgesetzt. Ein zweites Beispiel ist die Berufsmatura, um begleitend zum Lehrabschluss eine Berufsreifeprüfung ablegen zu können. Das ist mittlerweile ein gut etabliertes Modell, wo man auf konkrete Fallzahlen abgestimmt hat – auch wenn es aktuell unterbudgetiert ist. Aber prinzipiell sind das zwei gute Beispiele. Ein drittes positives Beispiel sind die Leistungsvereinbarungen, die das Bildungsministerium seit zehn Jahren auch mit KEBÖ-Einrichtungen abschließt. Sie legitimieren quasi die Strukturförderung, die zur Verfügung gestellt wird, und schreiben bestimmte Ziele fest. Jede EB-Einrichtung legt Indikatoren fest, anhand derer man die Zielerreichung überprüfen kann. Das ist grundsätzlich ein guter Ansatz, der in Anlehnung an die Unis aber sehr wirkungsorientiert ausgerichtet ist und die Input- und Prozessfaktoren, die auch maßgeblich sind, viel zu wenig berücksichtigt. Aber im Prinzip ist das ein guter Ansatz, dessen Weiterentwicklung auch im aktuellen Regierungsprogramm steht.

Welches Fazit würden Sie zum Thema „Politik und Evidenz" in der EB der vergangenen 20 Jahre ziehen?

Günter Hefler: Auf Basis der Forschungsarbeiten insgesamt konnten mit Evidenzen Überzeugungen gefestigt werden, die für das Feld der EB von großer Bedeutung sind. Es konnte eine Übereinkunft erzielt werden, dass EB strukturelle Probleme mildern und soziale Brennpunkte entschärfen kann. Viele Einzelstudien haben das belegt, viele PolitikerInnen haben sich dieses Wissen angeeignet und sind dem Feld des Lebenslangen Lernens wohlgesonnen. Das ist ein großer Erfolg dieser Knochenarbeit der Evidenzbasierung. Einer meiner Lieblingsstudien ist jene von Synthesis unter der Leitung von Michael Wagner-Pinter, in der die langfristigen Erträge arbeitsmarktpolitischer Qualifizierungsmaßnahmen in einem 20-Jahre-Zeitraum beobachtet wurden. Wichtig ist für mich, dass das Feld damit das Signal bekommen hat, sich zu trauen, eine lebenslange Perspektive ernst zu nehmen – sich also nicht nur die kurzfristigen Auswirkungen der Maßnahmen anzusehen, sondern tatsächlich die langfristigen, strukturellen Effekte. Solche gemeinsamen Überzeugungen sind ganz wichtige Errungenschaften, die sich durch viele, viele Studien ergeben haben. Zugleich ist es nicht einfach, dieses Wissen von einer Generation an ForscherInnen und PolitikerInnen zur nächsten weiterzugeben. Die vorletzte Bundesregierung hat es vielen so schwer gemacht, dass man dachte, dieses Brett ist nicht zu bohren. Wenn man aber auf offene Ohren stößt, kann man viele Punkte, für die wir Evidenz haben, außer Streit stellen – auch wenn natürlich immer wieder neue Fragen auftauchen.

> Dieser Beitrag wurde vom Fachbeirat des Magazin erwachsenenbildung.at beauftragt, um den LeserInnen relevante Aspekte und Hintergründe zur aktuellen Magazinausgabe zu geben.

Dr. Günter Hefler

Foto: K.K.

Günter Hefler studierte Philosophie und (Fächerkombination) Soziologie und Politikwissenschaften an der Universität Wien und absolvierte das Doktoratsstudium an der Universität Klagenfurt (Doktoratskolleg Lebenslanges Lernen). Er ist Senior Researcher und Projektmanager bei 3s. Seine Arbeitsschwerpunkte beinhalten u.a. international vergleichende Weiterbildungsforschung, betriebliche Weiterbildung und organisationales Lernen, Lernen und Entwicklung im Lebensverlauf.

Dr. Michael Sturm

Foto: BFI Österreich/ Johannes Cizek

Michael Sturm hat Erziehungs- und Politikwissenschaften in Wien studiert und ist Geschäftsführer des Berufsförderungsinstituts (BFI) Österreich sowie Vorsitzender der Konferenz der Erwachsenenbildung Österreichs (KEBÖ) und des Österreichischen Instituts für Berufsbildungsforschung (ÖIBF).

Mag. Lukas Wieselberg

lukas.wieselberg@orf.at

Lukas Wieselberg leitet science.ORF.at und ist Wissenschaftsredakteur bei Ö1. Er studierte Philosophie, Soziologie und Geschichte an den Universitäten Wien und Siena und war Lektor an mehreren Universitäten und Fachhochschulen.

Evidence is Backbreaking Work

An interview with Günter Hefler and Michael Sturm

Abstract

Are educational policy developments in the field of adult education based on evidence or is policy primarily motivated by ideology? Günter Hefler, evaluator and educational researcher in the field of lifelong learning, and Michael Sturm, managing director of BFI Austria and lobbyist for adult education institutions, respond to questions on the relationship between research and politics in adult education during an interview. The author's conclusion: Evidence from research was able to strengthen the conviction that adult education can alleviate structural problems and defuse social flashpoints. This should boost the self-confidence of adult education by showing that it has not just short-term and individual effects but long-term and structural ones. There is still a great need for further evidence for educational policy as well as educational practice. (Ed.)

Wirkungsforschung am Beispiel der Bildungsfreistellung

Christine Zeuner und Antje Pabst

Zeuner, Christine/Pabst, Antje (2020): Wirkungsforschung am Beispiel der Bildungsfreistellung.
In: Magazin erwachsenenbildung.at. Das Fachmedium für Forschung, Praxis und Diskurs.
Ausgabe 40, 2020. Wien.
Online im Internet: https://erwachsenenbildung.at/magazin/20-40/meb20-40.pdf.
Druck-Version: Books on Demand GmbH: Norderstedt.

Schlagworte: Bildungsfreistellung, Bildungsurlaub, Deutschland, Mehrfachteilnahmen,
Wirkungserwartungen, Wirkungen

Kurzzusammenfassung

In Deutschland haben ArbeitnehmerInnen seit 1974 in mittlerweile fast allen Bundesländern
das Recht auf fünf Tage Bildungsfreistellung bei voller Lohnfortzahlung. Dies wird von ein bis
zwei Prozent der berechtigten ArbeitnehmerInnen auch genutzt, oft mehrfach. Zwischen 2017
und 2019 führten die Autorinnen des vorliegenden Beitrags eine Studie zur Erforschung der
Wirkungen von Mehrfachteilnahmen an Veranstaltungen im Rahmen von Bildungsfreistellungsgesetzen durch. Sie wollten zeigen, dass die Mehrfachteilnahme zu langfristigen Lernprozessen
und biographischen Veränderungen führen kann. In 27 explorativ-narrativen, leitfadenge-
stützten Interviews wurde der Fokus auf biographische Lern- und Bildungsprozesse gelegt, die
nach Prinzipien der Grounded Theory ausgewertet wurden. Wie die Auswertung zeigt, bestätigten die Interviewten tatsächlich sehr viele der erwarteten Wirkungen von Bildungsfreistellung. (Red.)

11

Wirkungsforschung am Beispiel der Bildungsfreistellung

Christine Zeuner und Antje Pabst

Ziel der qualitativ angelegten Studie „Bildungsfreistellung: Hintergründe, Entwicklungen und Perspektiven. Strukturelle und biographische Aspekte zum Lernen im Lebenslauf" (Juni 2017 bis Dezember 2019) war es herauszufinden, welche langfristigen, subjektiven, (bildungs-)biographischen Wirkungen und Effekte die Mehrfachteilnahme an Veranstaltungen der politischen und/oder beruflichen Bildung im Rahmen von Bildungsfreistellungsgesetzen zeitigt.

Ausgehend von den Erkenntnissen bisheriger Ansätze und Ergebnisse bildungswissenschaftlicher Wirkungsforschung standen folgende Fragen im Mittelpunkt des subjektwissenschaftlichen Forschungsansatzes (siehe dazu genauer Zeuner/Pabst 2018 u. 2019[1]):

- Welche individuellen Motive haben die Befragten für die mehrfache Teilnahme an Veranstaltungen im Rahmen von Bildungsfreistellungsgesetzen?
- Welche subjektiven und biographischen Bedeutungen messen die Befragten ihrer Mehrfachteilnahme bei?
- Welche langfristigen (bildungs-)biographischen Wirkungen nennen die Befragten?

Ausgangspunkt: Bildungsfreistellungsgesetze

Ausgangspunkt des Projekts[2] waren Überlegungen zu den teilweise weiterhin kontroversen Diskussionen über die Sinnhaftigkeit von Bildungsfreistellungen gewesen. Nachdem 1974 das erste vollgültige Bildungsurlaubsgesetz in der Freien und Hansestadt Hamburg verabschiedet worden war, führten alle deutschen Bundesländer bis auf Sachsen und Bayern sukzessive entsprechende Gesetze ein. Diese unterscheiden sich teilweise etwas, Grundsatz ist aber (bis auf das Gesetz des Saarlandes), dass ArbeitnehmerInnen das Recht auf fünf Tage Bildungsfreistellung bei voller Lohnfortzahlung haben. Begründet wurde die Einführung der ersten Bildungsfreistellungsgesetze in den 1970er Jahren vor dem Hintergrund internationaler Diskussionen v.a. mit drei Argumenten:

1. Transformation des Wirtschaftssystems
2. Notwendigkeit der Entwicklung demokratischen Bewusstseins und politischer Handlungsfähigkeit der Bevölkerung
3. Erkenntnis der doppelten Selektivität der Weiterbildung

---

1 Ein Ergebnisband zum Projekt wird im Laufe des Jahres 2020 im Wochenschau-Verlag Frankfurt erscheinen.

2 Das Projekt wurde über das Hamburger Institut für Berufsbildung (HIBB) und das Ministerium Wissenschaft, Weiterbildung und Kultur des Landes Rheinland-Pfalz gefördert. Laufzeit: 1. Juni 2017 bis 31. Dezember 2019.

Die BefürworterInnen hofften, dass die Bildungs-freistellung als Initialzündung oder Impulsgeber für die Bildung und Weiterbildung im Erwachsenenalter wirken würde und sie zudem die Durchsetzung bildungspolitischer Zielsetzungen unterstützen könnte.

Wenige Teilnahmen, dennoch…

Die Teilnahmequoten der Berechtigten schwanken seit Beginn zwischen einem und zwei Prozent, der Anteil ist also verschwindend gering. Aber dennoch – und dies war ein Ausgangspunkt des Projekts – werden die Sinnhaftigkeit und der Wert der Bildungsfreistellung von ArbeitgeberInnen-seite teilweise bis heute in Frage gestellt (siehe z.B. Pfeiffer 2019).

Bisherige, in einigen Bundesländern regelmäßig durchgeführte, zumeist quantitativ konzipierte Evaluationen zu den Angeboten und Teilnahmen im Rahmen der Bildungsfreistellung geben Hinweise auf die subjektiven Gründe für die Beteiligung, fragen aber nicht nach langfristigen Wirkungen. Ziel des Projekts war es daher herauszufinden, ob und, wenn ja, welche Wirkungen die Mehrfachteilnahme an Bildungsfreistellung aus der Sicht der Teilnehmenden zeitigen, um zu zeigen, dass die Mehrfachteilnahme zu langfristigen Lernprozessen und biographischen Veränderungen führen kann.

Forschungsdesign

Das gewählte qualitative Forschungsdesign beruhte auf den folgenden Vorüberlegungen und Prämissen, die sich im methodischen Vorgehen spiegelten:

1. Erstens sollten langfristige biographische Wirkungen und Wirkungszuschreibungen der Teilnahme an Bildungsfreistellungsveranstaltungen untersucht werden. Daraus folgte,
2. dass Mehrfachteilnehmende befragt wurden. Also Personen, die im Laufe ihres bisherigen Lebens mindestens dreimal an entsprechenden Veranstaltungen teilgenommen haben. Uns interessierten ihre Begründungen für die Mehrfachteilnahme und die von ihnen thematisierten biographischen und bildungsbiographischen Bedeutungen.

3. Wir haben also bewusst eine Positivauswahl getroffen. Sie ging von der Annahme aus, dass Personen, die ihren Anspruch auf Bildungsfreistellung nur ein einziges Mal wahrgenommen haben, langfristige biographische Wirkungen kaum würden benennen können.
4. Bei der Auswahl der Befragten achteten wir auf Diversität, bezogen auf Inhaltsbereiche, Altersspanne, Geschlecht, unterschiedlichen Bildungshintergrund sowie vielfältige Tätigkeitsprofile.
5. Wir unterstellten weder unmittelbare und direkt erkennbare Ursache-Wirkungsketten, noch war es unser Anliegen, Gelerntes, kumuliertes Wissen oder gar Erfahrungen unserer InterviewpartnerInnen auf irgendeine Art und Weise quantitativ zu erfassen. Vielmehr zielte unser Ansatz auf die Rekonstruktion subjektiver Wirkungszuschreibungen bzw. -interpretationen. Zudem berücksichtigten wir, dass Wirkungen, die sich aus Bildungsteilnahme ableiten lassen, in biographische, temporale, strukturelle und organisatorische Zusammenhänge eingebettet sind, die ein Wirkungsgefüge darstellen.

Wirkungsgefüge und -zusammenhänge der Bildungsfreistellung

Vor diesem Hintergrund entwickelten wir ein multiperspektivisches Forschungsdesign, das als Mehrebenen-Analyse angelegt ist. Die Berücksichtigung der Makro-, Meso- und Mikroebene erlaubte es uns, Wirkungszusammenhänge und Wirkungsgefüge zu berücksichtigen.

Auf den Ebenen interagieren unterschiedliche Akteurinnen und Akteure und wirken begrenzend oder erweiternd auf das strukturelle Bedingungsgefüge des Bildungsurlaubs.
Abbildung 1 zeigt die Akteurinnen und Akteure des Bedingungsgefüges in ihren jeweiligen Wechselverhältnissen. Hierin eingebettet sind vielfältige Wirkungsdimensionen.

Innerhalb dieses Wirkungsgefüges können für jeden Akteur/jede Akteurin Wirkungsintentionen abgeleitet werden. In den Bildungsfreistellungsgesetzen, in den Dokumenten zur Verabschiedung der Gesetze sowie in nachgelagerten Durchführungsbestimmungen werden Zielsetzungen formuliert und mit Argumenten unterlegt. Die Argumente beziehen

Abb. 1: Wirkungsgefüge und Wirkungszusammenhänge der Bildungsfreistellung

Gesellschaftssystem (Politik, Ökonomie, Sozialsystem)

	Gesetzgeber / Politik / Verwaltung	
Akteure: Arbeitnehmer-/ Arbeitgebervertretung		Lehrende
	Wirkungsdimension des Bildungsurlaubs	
Träger / Einrichtungen		Teilnehmende
	Bildungsurlaubsgesetze der Länder	

Rechtssystem

Bezugswissenschaften

Bildungssystem

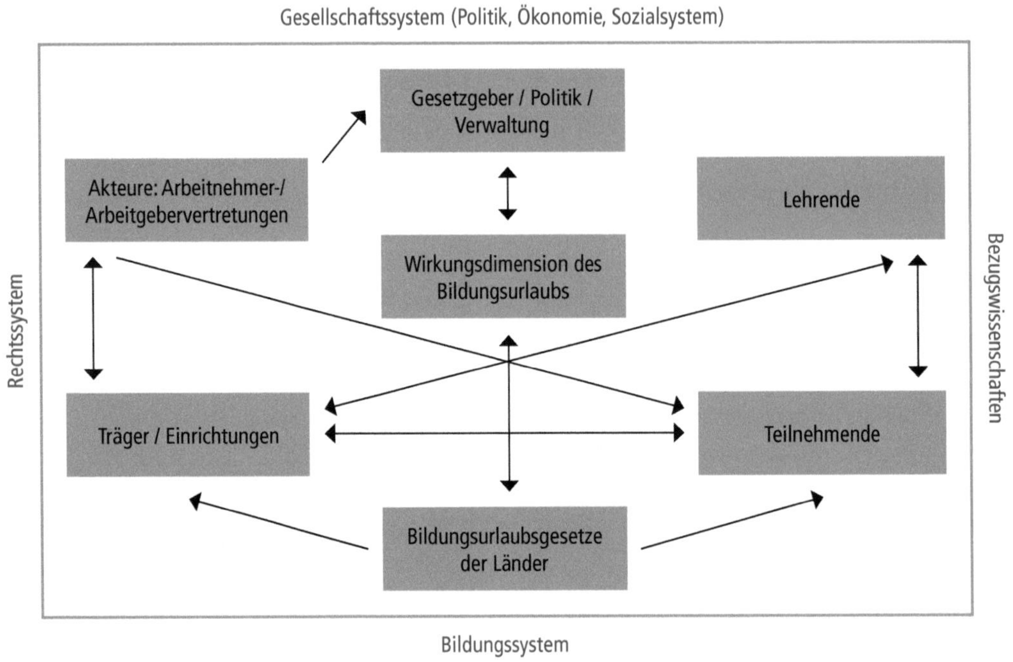

Quelle: Zeuner/Pabst 2019

sich vor allem auf Veränderungen der Systemebene, die durch die Teilnahme an Bildungsfreistellung erreicht werden sollen: Demokratieförderung (Politik); Wettbewerbsfähigkeit (Wirtschaft); Abbau sozialer Ungleichheit und Chancenungleichheit (Soziales); Chancengleichheit, Auf- und Ausbau des quartären Bildungssystems, Integration politischer und beruflicher Bildung (Bildung). Bezogen auf die Subjektebene werden Wirkungserwartungen hinsichtlich höherer Teilnahmequoten an Weiterbildung insgesamt geäußert. Erwartet wird, dass Bildungsurlaub Impulse für Lebenslanges Lernen gibt und dazu beiträgt, Bildungsinteressen zu fördern sowie Bildungsdefizite abzubauen.

Im Kontext dieser Zielsetzungen war erstens zu berücksichtigen, dass sowohl die Erwartungen an die Systemebene als auch die an die Subjektebene Wirkungs*intentionen* beschreiben, während Informationen über die Wirkungs*realisation* offen bleiben. Zweitens sind die Aussagen über die Erwartungen hinsichtlich der Wirkungen für die Lernenden von außen induziert, also bildungspolitisch begründet. Sie geben damit weder Auskunft über die subjektiven Wirkungs*aspirationen* noch über die tatsächlich realisierten Wirkungen. Mögliche Wirkungsintentionen der lernenden Subjekte, die

in Abbildung 2 dargestellt werden, leiteten wir zum einen aus Dokumentenanalysen ab. Zum anderen gaben Evaluationen zum Bildungsurlaub, die in den Bundesländern Hessen, Niedersachsen und Bremen durchgeführt wurden, Hinweise auf subjektive Erwartungen der Lernenden.

Diese Systematisierung diente u.a. als Rahmung für die Entwicklung unseres Forschungsdesigns, wobei der Schwerpunkt bewusst auf die Untersuchung der subjektiven Erwartungen im Verhältnis zu den individuell-subjektiv rekonstruierbaren Wirkungen für die befragten Teilnehmenden gelegt wurde.

Es war also nicht beabsichtigt, die Wirkungen auf der Makroebene in Bezug auf die Systeme Politik, Wirtschaft, Soziales und Bildung zu untersuchen. Eingedenk der begrenzten Möglichkeiten, systemische Ursache-Wirkungsgefüge zu erheben, war es unser Anliegen, solche im Mikrobereich bezogen auf die Mehrfachteilnehmenden zu rekonstruieren und zu fragen, inwiefern die Subjekte selbst ihrer Mehrfachteilnahme individuelle und (bildungs-)biographische Wirkungen zuschreiben. Während es mit unserem Ansatz nicht möglich ist, die in Abbildung 2 dargestellten, durch die Politik formulierten Zielsetzungen bezogen auf Politik,

Abb. 2: Wirkungsintentionen bezogen auf die Teilnehmenden

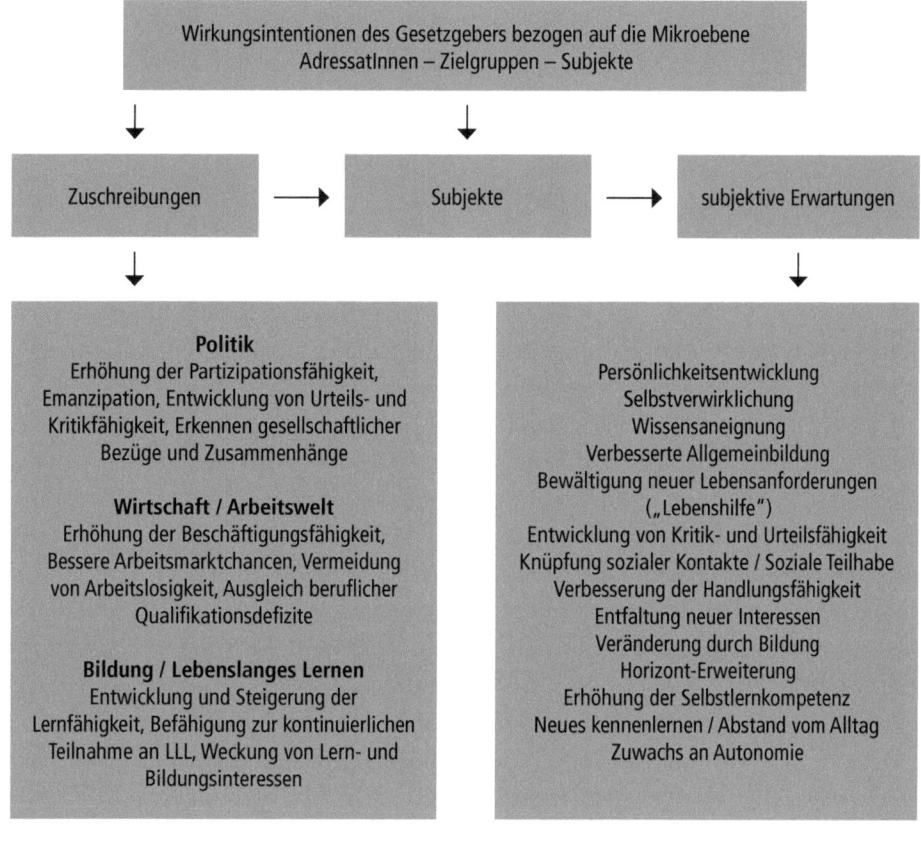

Quelle: eigene Darstellung

Wirtschaft und Lebenslanges Lernen im Sinne von Vorher-Nachher-Effekten zu erforschen, lassen sich Wirkungszuschreibungen aus subjektiver Sicht mittels der Aussagen der Mehrfachteilnehmenden rekonstruieren.

Durchführung

Im Zeitraum von November 2017 bis April 2019 führten wir 27 explorativ-narrative, leitfadengestützte Interviews mit einem Fokus auf biographische Lern- und Bildungsprozesse durch. Unsere Interviewpartnerinnen hatten entweder mehrfach Angebote der politisch-gesellschaftlichen Bildung (11 Personen) oder der berufsbezogenen Bildung (5 Personen) im Rahmen der Bildungsfreistellung besucht, einige von ihnen auch beide Formen (11 Personen). Ein Teil der Befragten hatte vorzugsweise an politischen Bildungsreisen teilgenommen, einige davon ausschließlich. Dabei handelte es sich insgesamt um 14 Frauen und 13 Männer, im Alter von 21 bis 63 Jahren. Eine

der interviewten Personen war bereits verrentet. 16 der Interviewten kamen aus Hamburg und Umgebung, 11 aus Rheinland-Pfalz. Die Interviews hatten eine Dauer von ca. einer halben Stunde bis über zwei Stunden.

Die an zentralen Kategorien orientierte Auswertung erfolgte nach Prinzipien der Grounded Theory (siehe Strauss/Corbin 1996).

Ein Vergleich der in Abbildung 2 aufgeführten subjektiven Erwartungen in Bezug auf mögliche Wirkungen der Teilnahme an Bildungsfreistellungsveranstaltungen mit unseren Ergebnissen aus den Interviews zeigte, dass viele der Wirkungsintentionen und -aspirationen durch die Mehrfachteilnahme tatsächlich realisiert wurden. So reflektierten die Interviewpartnerinnen Veränderungen in Bezug auf:

- Kognitive Dimensionen, indem die Aneignung von neuem Wissen zu erweitertem Urteilsvermögen, zu Kritik- und Reflexionsfähigkeit führte.

- Vielfältige Entwicklungen, die auf die Entfaltung von Lerninteressen, subjektiven Lernerfahrungen (individuell wie kollektiv) sowie Lernergebnissen zurückzuführen sind.
- Handlungsmöglichkeiten und -perspektiven bezogen auf das Privatleben, gesellschaftliches oder politisches Engagement oder den Beruf.
- Biographische Wandlungsprozesse, die v.a. langfristige berufliche Umorientierungen oder auch Berufswechsel zur Folge hatten.

In Bezug auf ihr erweitertes Reflexions- und Urteilsvermögen stellte beispielsweise eine Interviewpartnerin fest: *„Also ich bin sehr bereichert. Habe mich eben sehr intensiv mit einem Thema und mit einer Gesellschaft auseinandergesetzt. Kann eben hier im Nachhinein viele gesellschaftliche Dinge wieder neu und anders sehen und beurteilen. Kann die Nachrichten, oder was man in den Medien mitbekommt, auch einfach besser verorten. […] Also ich habe einfach ein Stück tiefere Erkenntnis über die Welt.“* [Mikro RLP 03_234-236; 239-240]

Die Impulswirkung oder Initialzündung, zu der die Teilnahme an Bildungsfreistellungsveranstaltungen nach politischem Willen führen sollte und damit zur Anregung lebenslanger Lern- und Bildungsprozesse, bestätigten viele unserer InterviewpartnerInnen: *„Ja, dieses erste Seminar hat mich auf unterschiedlichen Ebenen nochmal so motiviert, mich weiterzubilden und auch nochmal so zu gucken, was gibt es alles an Dingen, was ich lernen kann?“* [Mikro_RLP 09_154-156]

Auch bestätigten viele erweiterte bzw. veränderte Handlungsmöglichkeiten bezogen auf die private Lebensgestaltung und/oder berufliche Entwicklungen. Einige hatten durch die Teilnahme an den Bildungsfreistellungsveranstaltungen an Selbstvertrauen gewonnen, nutzten Lern- und Bildungsprozesse bewusst für ihre persönliche und berufliche Entwicklung, begannen ein Studium, um sich langfristig beruflich zu verändern. Oder sie nutzten die Möglichkeit der Bildungsfreistellung, sich aus schwierigen beruflichen Verhältnissen herauszuziehen und alternative Perspektiven für sich zu entwickeln. *„Ich glaube, ich wäre nicht da, wo ich jetzt halt wäre. Also weil das hat ja schon auch dazu geführt […], dass ich quasi ja eine neue berufliche Richtung für mich gefunden habe. Ja? Das*

hat ja schon/war ja schon eine 180-Grad-Wendung von der Chemielaborantin dann hin zur sozialen Arbeit. Und ohne die Seminare, weiß ich nicht, ob ich da am Ende rausgekommen wäre. Oder ob ich nicht halt einfach auch da in meinem kleinen Dunstkreis quasi einfach weitergemacht hätte.“ [Mikro RLP 10_394-401]

Relevant ist auch die didaktisch-methodische Herangehensweise v.a. in den Seminaren zur Politischen Bildung, die lernungewohnten Menschen oder auch Personen mit eher negativen schulischen Lernerfahrungen entgegenkommen. So berichteten einige InterviewpartnerInnen, dass die Veranstaltungen ihre bisherigen Lernerfahrungen positiv kontrastierten und sie angeregt wurden, weiter zu lernen und ihre Ängste zu überwinden. Für den Interviewten des folgenden Ausschnitts waren die Erfahrungen der Bildungsfreistellung wesentlich für biographische Transformationsprozesse, die Bildungsprozesse unterschiedlicher Art miteinschlossen: *„Ich habe früher immer gedacht, ich habe nur einen mittelmäßigen Realschulabschluss geschafft, aus verschiedenen Gründen, dass ich nicht so intelligent bin. Ich konnte aber durch meinen beruflichen Werdegang und auch durch die Weiterbildung und Studium schon auch mir jetzt langsam eingestehen, dass das, was uns in der Schule vermittelt wird, und das, was wir da als Abschluss haben, nicht maßgebend für unser ganzes Leben ist. Sondern ich bin wesentlich freier so mittlerweile und kann mich davon auch total lösen.“* [Mikro_HH 15_803-809]

Wirkungsforschung wirkt: Ein Resümee

Mit unserer Studie über die Mehrfachteilnahme an Bildungsfreistellungsveranstaltungen wollten wir zeigen, dass es sehr wohl gelingt, in kleineren, qualitativen Erhebungen retrospektiv langfristige biographische Wirkungen (regelmäßiger) Teilnahme an verschiedenen Bildungs- und Lernprozessen im Erwachsenenalter zu untersuchen. Eine solche Erhebung ist nicht repräsentativ, wenn quantifizierbare Verbreitungsformen in den Blick genommen werden, aber die Anzahl der Befragten und die Datenmenge zeigen eine gewisse Sättigung der Antworten und ermöglichen damit verallgemeinerbare Ableitungen und Interpretationen.

In Bezug auf das methodische Vorgehen ist nach Abschluss der Erhebungen und einer weitgehenden Auswertung der Interviews festzustellen, dass sich der gewählte Zugang als außerordentlich fruchtbar in Bezug auf unsere Fragestellungen erwiesen hat. Die Interviewten bestätigen aus subjektiver Sicht viele der seit Jahrzehnten im Sinne von Erwartungen diskutierten Wirkungen, die mit der Teilnahme an Bildungsfreistellung verbunden werden. Für die in Abbildung 2 (s.o.) benannten Effekte finden sich eindeutige Belege (siehe dazu ausführlicher Zeuner/Pabst 2018 u. 2019).

Literatur

Pfeiffer, Iris (2019): Evaluation des Bildungszeitgesetzes Baden-Württemberg BzG BW. Endbericht. Im Auftrag des Ministeriums für Wirtschaft, Arbeit und Wohnungsbau Baden-Württemberg. Nürnberg: f-bb. Online im Internet: https://www.baden-wuerttemberg.de/fileadmin/redaktion/m-wm/intern/Publikationen/Arbeit/190218_Endbericht_Evaluation_BzG_BW.pdf [Stand: 2020-06-12].

Strauss, Anselm/Corbin, Juliet (1996): Grundlagen qualitativer Sozialforschung. Weinheim: Beltz Psychologie Verlags Union.

Zeuner, Christine/Pabst, Antje (2018): Eigenzeit für Bildung: Nachhaltige biographische Wirkungen. Überarbeitetes Vortragsmanuskript. Fachtagung „‚Bildungszeit sichert Zukunftschancen'. 25 Jahre Bildungsfreistellung in Rheinland-Pfalz" am 12. April 2018 in Mainz. Online im Internet: http://bildungsfreistellung-rlp.de/wp-content/uploads/2016/12/BF-in-RLP_Vortrag_12.04.2018_Zeuner-Pabst.pdf [Stand: 2020-06-12].

Zeuner, Christine/Pabst, Antje (2019): Bildungsurlaub als Initialzünder und Impulsgeber – Wirkungszusammenhänge zwischen Mehrfachteilnahme und biographischen Entwicklungen. In: Die Österreichische Volkshochschule 2, 267, S. 20-24.

Foto: Reinhard Scheiblich HSU

Prof.[in] Dr.[in] Christine Zeuner

zeuner@hsu-hh.de
http://www.hsu-hh.de/eb
+49 (0)40 6541-2796

Christine Zeuner ist Professorin für Erwachsenenbildung an der Helmut-Schmidt-Universität/ Universität der Bundeswehr Hamburg. Ihre Arbeits- und Forschungsschwerpunkte sind: Politische Bildung, international-vergleichende Erwachsenenbildung, historische Erwachsenenbildung, TeilnehmerInnenforschung, Lehr-Lernprozesse im Erwachsenenalter, Wirkungsforschung, Grundbildung-Literalität-Numeralität.

Foto: Petra Becker (Glückstadt)

Dr.ⁱⁿ Antje Pabst

antje.pabst@hsu-hh.de
http://www.hsu-hh.de/eb
+49 (0)40 6541-3908

Antje Pabst studierte Erziehungs- und Bildungswissenschaften in Erfurt. Sie ist als wiss. Mitarbeiterin an der Helmut-Schmidt-Universität/Universität der Bundeswehr Hamburg in den Bereichen Berufs- und Betriebspädagogik und Erwachsenenbildung tätig. In ihrer Dissertation beschäftigte sie sich mit individuellen beruflichen Vorstellungen von LeiharbeiterInnen. Sie forscht aktuell zu Lern- und Bildungsprozessen im Rahmen von Bildungsfreistellungen/ Bildungsurlaub sowie im Bereich Alphabetisierung und Grundbildung Erwachsener. Arbeitsschwerpunkte: subjektwissenschaftliche Lehr-Lern-Forschung, Wirkungsforschung, Grundbildung-Literalität-Numeralität Erwachsener, Berufliche Bildung/individuelle Beruflichkeit.

Impact Research: The Example of Educational Leave

Abstract

In nearly all of the federal states of Germany, employees have had the right to five days of educational leave at full pay since 1974. One to two percent of employees entitled to it exercise this right—and often repeatedly. From 2017 to 2019 the authors of this article conducted a study of the impacts of repeated participation in events as a result of educational leave legislation. They wanted to show that repeated participation can lead to long-term learning processes and biographical changes. 27 explorative, narrative and guideline-based interviews focus on biographical learning and educational processes, which are analyzed according to the principles of grounded theory. As the analysis shows, the interviewees confirmed a great many of the expected impacts of educational leave. (Ed.)

Lernerfolg aus Sicht berufstätiger Studierender

Erste Schritte auf dem Weg zu einer Messmethode

Leo Hamminger

Hamminger, Leo (2020): Lernerfolg aus Sicht berufstätiger Studierender. Erste Schritte auf dem Weg zu einer Messmethode.
In: Magazin erwachsenenbildung.at. Das Fachmedium für Forschung, Praxis und Diskurs.
Ausgabe 40, 2020. Wien.
Online im Internet: https://erwachsenenbildung.at/magazin/20-40/meb20-40.pdf.
Druck-Version: Books on Demand GmbH: Norderstedt.

Schlagworte: subjektiver Lernerfolg, berufstätige Studierende, Messinstrument, Messmethode, Lerntheorie, Klaus Holzkamp

Kurzzusammenfassung

Es gibt kaum empirische Studien, um den Lernerfolg aus der subjektiven Perspektive des/der einzelnen Lernenden zu erheben. Dies gilt auch für den subjektiven Lernerfolg berufstätiger Studierender. Der Autor des vorliegenden Beitrags machte es sich zur Aufgabe, basierend auf Klaus Holzkamps Lerntheorie, ein Instrument zu entwickeln, das diese Lücke zu schließen versucht. Um den subjektiven Lernerfolg von berufstätigen Studierenden an der Fernhochschule IUBH, Deutschland zu erheben, entwickelte er das Instrument ISLE-1 (Instrument Subjektiver Lernerfolg Version 1), dessen theoretischen Überlegungen, ersten Umsetzungsversuche und notwendigen Fortentwicklungen im vorliegenden Beitrag diskutiert werden. (Red.)

12

Lernerfolg aus Sicht berufstätiger Studierender

Erste Schritte auf dem Weg zu einer Messmethode

Leo Hamminger

Dem Thema Lernerfolg und seiner Messung kann auf vielfältige Weise begegnet werden. Da ist zunächst der quantitative Zugang, den wir alle aus der Schulzeit kennen und der uns am stärksten prägte. Über ein Notenschema wird unser Lernerfolg extern, also durch andere gemessen. Werden berufstätige Studierende nach ihrem Lernerfolg befragt, nennen sie folglich das Konzept des Notenschemas zuerst.

Eine völlig andere Zugangsweise ist die Erhebung der ganz persönlichen Einstellung zu dem, was das Lernen bewirkt hat. Das kann für den/die eine/n die Freude über die gerade noch bestandene Prüfung sein, für den/die andere/n die Enttäuschung, dass es wieder kein „Sehr Gut" geworden ist. Auch die Genugtuung, das Gelernte praktisch umgesetzt zu haben, oder die Tatsache, dass man/frau sich nun über ein Thema sprachlich besser austauschen kann und darum eher in einer Gruppe gehört wird, sind Beispiele solcher subjektiven Lernerfolge.

Klaus Holzkamp (1993) vertritt die Ansicht, dass auch nicht-fachliche Lernerfolge, wie die Erhöhung der Lebensqualität, als Lernerfolge betrachtet werden können. Dies wurde u.a. von Anke Grotlüschen (2003) aufgegriffen, die in ihrer qualitativen Studie über E-Learning in der Erwachsenenbildung auch Holzkamps Konzept des widerständigen Lernens

berücksichtigte. Oskar Negt unterscheidet bei Lernhandlungen zwischen Informationsaneignung und Orientierungshilfe. Er plädiert für die Aufnahme gesellschaftlicher Kompetenzen in die Lerninhalte (vgl. Negt 2000, S. 4ff). Insbesondere solle die Identitätskompetenz *„eine Verbindung zwischen dem Subjekt, seinen Erfahrungen, Einstellungen, seinem Selbstbild und der äußeren Welt herstellen"*, wie Christine Zeuner (2013, S. 9) zusammenfasst. Ähnliche Sichtweisen vertreten Peter Faulstich und Petra Grell (2015). Die genannten Arbeiten sind jedoch hauptsächlich theoretischer Natur. An empirischen Untersuchungen fehlt es weitgehend, wie u.a. Horst Siebert beklagt (vgl. Siebert 2012, S. 167)[1].

Um den subjektiven Lernerfolg berufstätiger Studierender im Rahmen der Fernhochschule IUBH, Deutschland zu erheben, begann der Autor 2017 mit der Entwicklung einer eigenen Messmethode,

---

1 In Österreich führte Mareike Kreisler (2014) die erste systematische empirische Studie an berufsbildenden Schulen durch, die den Einfluss sozialer und personaler Kompetenzen als wünschenswertes Lernergebnis auf die Motivation Lernender untersucht.

namens ISLE-1 (Instrument Subjektiver Lernerfolg Version 1). Der vorliegende Beitrag möchte Einblicke in den theoretischen Hintergrund, erste Umsetzungsversuche und die Weiterentwicklung dieser Messmethode geben.[2]

Instrument Subjektiver Lernerfolg Version 1 (ISLE-1)

Lerntheorie nach Holzkamp

Für die Entwicklung von ISLE-1 (Instrument Subjektiver Lernerfolg Version 1) wurde auf die Lerntheorie nach Klaus Holzkamp zurückgegriffen. Holzkamp unterscheidet zwischen „definitivem" und „affinitivem" Lernen (vgl. Holzkamp 1993, S. 324ff.). Definitives Lernen sei gleichzusetzen mit konzentriertem, fokussiertem Lernen; bei affinitivem Lernen handle es sich *„um eine bestimmte Art von ‚Konzentration', in welcher ich mich nicht auf etwas Bestimmtes konzentriere, sondern äußere Störungen, irrelevante Gedanken, ‚Ablenkungen' soweit von mir fernzuhalten, meinen Kopf quasi ‚leer' zu machen, trachte, daß ein bestimmter Erfahrungszusammenhang ‚in' mir zur Geltung kommen kann"* (ebd., S. 330; Hervorhebung im Original). Lernende würden in affinitiven Lernphasen häufig gar nicht vermuten, dass es sich dabei um Lernen handelt; manche hätten sogar ein schlechtes Gewissen in der Annahme, Zeit zu vertrödeln. Jedoch sei das Gegenteil der Fall. Diese Lernphasen müssten in sinnvoller Abwechslung mit fokussiertem Lernen stehen, um nachhaltigen Lernerfolg zu sichern. Affinitive Lernphasen seien notwendig, um mich, *„im weiteren Lernverlauf stets dann, wenn ich mich ‚einseitig' zu fixieren, in Sackgassen hineinzugeraten, mich zu verrennen drohe"* (ebd., S. 331), erst einmal zu artikulieren.

Affinitive Lernphasen im Sinne Holzkamps treten jedoch nicht selbständig, d.h. ohne eigenes Zutun auf, sondern müssten intentional geschehen und expansiv begründet sein. Unter expansiver Begründung einer Lernhandlung versteht Holzkamp im Gegensatz zur defensiv begründeten eine Lernhandlung, die *„aus dem Zusammenhang zwischen*

Gegenstandsaufschluß, Verfügungserweiterung und Lebensqualität motiviert ist" (ebd., S. 336).

Holzkamp folgend, kann expansives Lernen u.a. folgende subjektive Lernerfolge bewirken:

- Gegenstandsaufschluss: Interesse am Lerngegenstand, Kompetenzerwerb (vgl. dazu task value bei Pintrich 2004, S. 395ff.)
- Verfügungserweiterung: Neues Können, Übernahme von neuer Verantwortung, Erweiterung des Weltbilds
- Erhöhung der Lebensqualität: Freude, Befriedigung, Stolz

Sind Lernhandlungen jedoch nicht expansiv, sondern defensiv – aus Vermeidung von Bedrohungen – begründet, so sei zu erwarten, dass affinitive Lernphasen nicht eintreten können (vgl. ebd., S. 336).

Ausgangsfragen

Am Ausgangspunkt der Entwicklung von ISLE-1 (Instrument Subjektiver Lernerfolg Version 1) standen folgende Fragen:

1. Wie kann die Lernbegründung der Studierenden erhoben werden?
2. Lassen sich expansive und defensive Lernbegründungen unterscheiden?
3. Wie kann das latente Konstrukt „Subjektiver Lernerfolg" durch manifeste Variablen operationalisiert und quantitativ erhoben werden?
4. Lassen sich expansive und defensive Lernbegründungen unterscheiden (in Stichprobe und Grundgesamtheit)?

Priming

Bei Priming wird durch das Aktivieren eines kognitiven Reizes (prime) die anschließende Verarbeitung eines zweiten Reizes (target prime), der mit dem ersten Reiz verwandt ist, erleichtert und temporär im Bewusstsein zugänglich gemacht. Es kann zwischen conceptual priming und perceptual priming unterschieden werden. Conceptual priming

---

2 Detailliertere Ausführungen zur Theorie, Methodologie und den Ergebnissen finden sich im Bereich Forschung auf der Webseite der Europa Virtuellen Volkshochschule unter: https://evvhs.eu/mod/book/view.php?id=32&chapterid=49.

tritt auf, wenn prime und target prime semantisch verwandt sind (wie im Falle von Lernen und Lernerfolg). Beim perceptual priming sind prime und target prime durch Sinneseindrücke verwandt (vgl. Eysenck/Keane 2005, S. 244).

Vorstudie I

Um die Möglichkeit zu überprüfen, über Priming implizite persönliche Vorstellungen von Lernerfolg erheben zu können, wurde im Rahmen einer universitären Lehrveranstaltung im Sommersemester 2016 an der Universität Salzburg eine erste Vorstudie durchgeführt. Zu Beginn einer halbstündigen Präsentation zum Thema Lerntheorien wurde 14 Studierenden der Lehrveranstaltung „Bewusste und unbewusste Informationsverarbeitungskonzepte und ihre Implikation für die Erziehungswissenschaft", KGW-Fakultät, Erziehungswissenschaft, ein Blatt überreicht mit Platz für jeweils offene Antworten auf die drei Fragen: „Was bedeutet für mich Lernerfolg?" / Was bedeutet für mich Lernerfolg – neue Gedanken?" / Was bedeutet für mich Lernerfolg – noch mehr neue Gedanken?". Zu Beginn der Präsentation wurden die Studierenden gebeten, stichwortartig ihre Gedanken auf die erste Frage zu schildern. In der Präsentation wurde auf den Begriff Lernerfolg nicht eingegangen. Während der Präsentation und danach wurde um Antworten auf die zweite und dritte Frage gebeten. Insgesamt wurden 40 Stichwörter erhoben und hinsichtlich intentionaler und funktionaler Lernerfolge (nach Siebert) analysiert. Nach Kategorisierung der 40 Stichwörter ergab sich die in Tabelle 1 dargestellte absolute Häufigkeitsverteilung.

Die jeweilige Anzahl der genannten intentionalen und funktionalen Lernerfolge war etwa gleich groß

(19/21). Nach dem Priming wurden nur funktionale (10) und keine intentionalen Lernerfolge erwähnt. Das einfach gehaltene Untersuchungsdesign ließ folglich weder den Schluss zu, dass tatsächlich Priming stattgefunden habe, noch dass implizite Vorstellungen erhoben wurden; das Ergebnis unterstützte jedoch die Annahme, dass Priming bei der Erhebung von persönlichen Einstellungen hilfreich sein kann.

Problemzentriertes Interview

Das problemzentrierte Interview nach Andreas Witzel besteht nicht aus einem einzelnen Interview, sondern aus einer Methodenkombination, wobei die „Anordnung der einzelnen Methoden sowie deren jeweilige Gewichtung und Modifizierung im Verlauf der Analyse [...] vom jeweiligen Gegenstand ab[hängt]" (Witzel 1985, S. 232).

Vorstudie II

Um Kategorien für die subjektiven Lernerfolge berufstätiger Studierender feststellen zu können, wurde das problemzentrierte Interview nach Witzel eingesetzt. Diese Methodenkombination verlangt zunächst ein qualitatives Interview, dem ein Kurzfragebogen vorausgeht. 2017 wurde folglich 107 berufstätig Studierenden der Betriebswirtschaft an der deutschen Fernhochschule IUBH ein Online-Fragebogen mit vier Fragen übermittelt. Der Rücklauf lag bei 79. Um ein besseres Verständnis der schriftlich erhobenen Lernerfolgskategorien zu erhalten, wurden mit 12 der 79 TeilnehmerInnen biografische Interviews geführt. Bei der Auswahl wurden besonders jene TeilnehmerInnen berücksichtigt, die im optionalen Textfeld des Kurzfragebogens ein besonders interessiertes Antwortverhalten gezeigt hatten. Nach dem Prinzip des theoretical sampling (siehe

Tab. 1: Art des Lernerfolgs, erhoben vor / während / nach Priming

Art des Lernerfolgs	Nennungen vor Priming	Nennungen während Priming	Nennungen nach Priming	Σ
Intentional	17	2	0	19
Funktional	14	7	10	21
Σ	21	9	10	40

Quelle: eigene Darstellung

Strauss/Corbin 1990; detailliert siehe bspw. Coyne 1996) wurden so lange TeilnehmerInnen interviewt, bis keine neuen Kategorien mehr entdeckt werden konnten. Im vorliegenden Fall traf dies nach 12 Interviews zu. Als technische Lösung wurde die Software Samba Live von Digital Samba verwendet, die sich durch die flexible Anordnung von Präsentationsfenstern besonders gut für Unterrichtszwecke eignet. Die Einzelinterviews wurden nach dem Prinzip des kommunikativen Validierens durchgeführt. Das bedeutet, dass während des Interviews die Aussagen der InterviewpartnerInnen regelmäßig stichwortartig zusammengefasst und im Chatfenster angezeigt wurden. Die InterviewpartnerInnen wurden gleichzeitig ersucht, die Korrektheit der Zusammenfassung zu bestätigen, gegebenenfalls zu korrigieren (siehe Abb. 1).

Abb. 1: Ablauf der kommunikativen Validierung im Online-Interview

 TeilnehmerIn äußert sich
zur offenen Frage

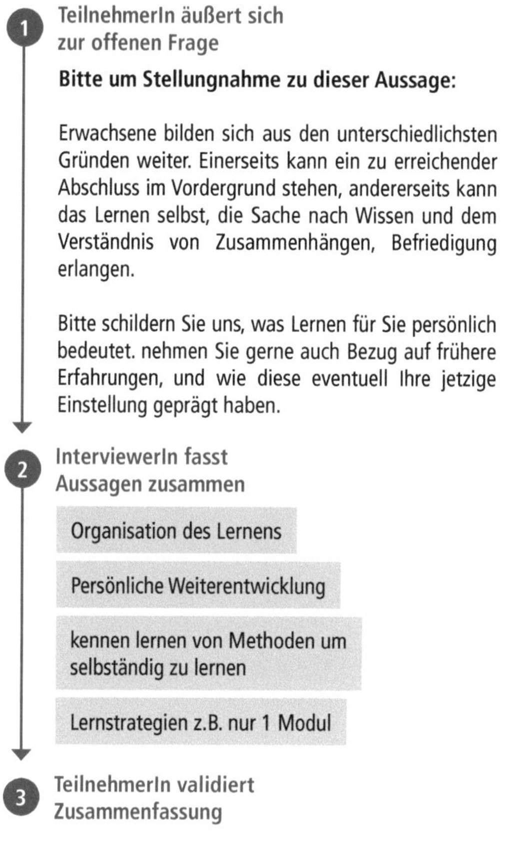

Bitte um Stellungnahme zu dieser Aussage:

Erwachsene bilden sich aus den unterschiedlichsten Gründen weiter. Einerseits kann ein zu erreichender Abschluss im Vordergrund stehen, andererseits kann das Lernen selbst, die Sache nach Wissen und dem Verständnis von Zusammenhängen, Befriedigung erlangen.

Bitte schildern Sie uns, was Lernen für Sie persönlich bedeutet. nehmen Sie gerne auch Bezug auf frühere Erfahrungen, und wie diese eventuell Ihre jetzige Einstellung geprägt haben.

 InterviewerIn fasst
Aussagen zusammen

Organisation des Lernens

Persönliche Weiterentwicklung

kennen lernen von Methoden um selbständig zu lernen

Lernstrategien z.B. nur 1 Modul

 TeilnehmerIn validiert
Zusammenfassung

Quelle: eigene Darstellung

Nach dieser Vorgangsweise konnten folgende Kategorien gebildet werden (in Reihenfolge der häufigsten Nennungen; Mehrfachnennungen möglich) (siehe Tab. 2):

Tab. 2: Kategorien von empirisch erhobenen intentionalen und funktionalen Lernerfolgen

intentionaler Lernerfolg	
Wissenstransfer	19
Beurteilung (bspw. Noten)	16
Verständnis und Zusammenhang von Wissen	13
Metakompetenzen (bspw. Fähigkeit, eigenes und vermitteltes Wissen beurteilen zu können)	3
Σ Nennungen intentionaler Lernerfolg	51

funktionaler Lernerfolg	
Freude / Zufriedenheit / Stolz	19
Befriedigung durch neues Wissen	8
Als Grundlage für Teilnahme an Diskussionen	6
Erreichung persönlicher Ziele / Karriere	6
Gewinnung neuer Perspektiven / neues Weltbild	5
Als Vorbildfunktion / Ansporn zum Weiterlernen	5
Erlangung von Orientierung / persönliche Freiheit / Autonomie	5
Erweiterung sozialer Funktionen / Teilnahme an Gruppenarbeit / Weitergabe des Wissens	2
Σ Nennungen funktionaler Lernerfolg	56
Σ Nennungen Gesamt	107

Quelle: eigene Darstellung

Die qualitativen Interviews dauerten zwischen 15 und 90 Minuten. Einige der InterviewpartnerInnen äußerten ihr Bedürfnis, als Studierende an einer Fernhochschule direkt mit einer Person sprechen zu können, die Verständnis für ihre Probleme beim Lernen und beim Erreichen des Lernerfolgs hat.

Durchwegs waren die Kategorien des funktionalen Lernerfolgs wesentlich stärker vertreten. Dies kann aber auch durch die Auswahl der TeilnehmerInnen erklärt werden.

Zusammenfassung der Ergebnisse aus den Vorstudien

Die Inhalte aus den Interviews (qualitative Erhebung) wurden mit den Antworten auf die geschlossene Frage 1 und die offene Frage 4 des Kurzfragebogens (quantitative Erhebung) verglichen. Die Kategorie „Wissenstransfer" kam bei beiden Erhebungsarten etwa gleich häufig vor. Unterschiedlich war jedoch die Anzahl der Nennungen bei den übrigen Kategorien: Die Kategorien des intentionalen Lernerfolgs überwogen bei der quantitativen Erhebung, diejenigen des funktionalen bei der qualitativen Erhebung.

Durch die Interviews konnte hinsichtlich der Kategorien kaum Neues festgestellt werden. Bei der qualitativen Erhebung wurde lediglich eine einzige neue Kategorie festgestellt, nämlich „Weitergabe des Wissens". Mittels der biografisch angelegten Interviews konnten pro TeilnehmerIn tiefere und dadurch reichere Informationen erhoben werden. Dies lässt sich anhand der durchschnittlichen Dichte (Anzahl genannter Kategorien pro Fall) der Antworten zeigen: Während bei der quantitativen Erhebung mit durchschnittlich 2,0 Kategorien pro Fall geantwortet wurde, waren dies bei der qualitativen Erhebung durchschnittlich 3,6 Kategorien. Die erhobenen Kategorien subjektiven Lernerfolgs bei berufstätig Studierenden aus den Vorstudien bildeten die Grundlage für die Hauptstudie. Deren Ziel war das Erstellen eines Fragebogens zur Erhebung von Lernbegründungen nach Holzkamp sowie dessen empirische Validierung.

Modell für subjektiven Lernerfolg

Aus den theoretischen Überlegungen und den Ergebnissen der beiden Vorstudien wurde vom Autor ein „Modell für subjektiven Lernerfolg" abgeleitet. Dieses Modell ist so zu verstehen, dass subjektiver Lernerfolg durch expansive oder defensive

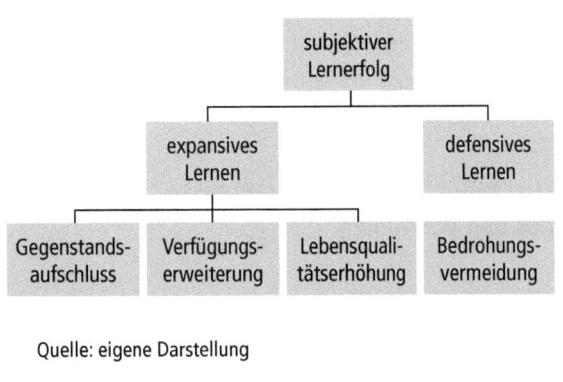

Abb. 2: Modell für subjektiven Lernerfolg

Quelle: eigene Darstellung

Lernbegründungen bewirkt wird. Als Folge expansiven Lernens werden Gegenstandsaufschluss, Verfügungserweiterung oder Lebensqualitätserhöhung erwartet. Defensives Lernen soll Bedrohungen vermeiden.

Hauptstudie ISLE-1

Den Ergebnissen der Vorstudien folgend, wurde 2019 ein Fragebogen mit 25 Items entwickelt.[3] Beispielitems nach dem vom Autor entwickelten „Modell für subjektiven Lernerfolg" waren:

Gegenstandsaufschluss

- Ich habe ein besseres Verständnis für den Lerngegenstand erworben.
- Ich kann mein Wissen über den Lerngegenstand besser einschätzen.

Verfügungserweiterung

- Ich kann das Gelernte als Grundlage für vertiefendes Lernen verwenden.
- Meine beruflichen Aussichten haben sich nun verbessert.

Lebensqualität

- Ich kann mich nun sprachlich besser ausdrücken.
- Ich erlange das Gefühl einer Neuorientierung in meiner Lebenswelt.

Bedrohungsvermeidung

- Was ich gelernt habe, ist ausreichend, um bei einer Prüfung nicht negativ zu sein.
- Ich mache mir keine Sorgen mehr über fehlende Anerkennung von Menschen, die mir wichtig sind.

Der Fragebogen ISLE-1 wurde als Online-Umfrage konzipiert und in den ersten Wochen des Jahres 2020 an 1.120 berufstätig Studierende der Fernhochschule IUBH per Mail versandt. Die Rücklaufquote betrug etwa 25%.

---

3 Dieser kann von der Webseite der Europäischen Volkshochschule unter https://evvhs.eu/course/view.php?id=4&section=7 heruntergeladen werden.

Ergebnisse der Erhebung

Nach Abzug der unvollständig beantworteten Rückläufe entstand eine Stichprobe von n = 241, davon waren 75% weiblich und 25% männlich. Der Median des Alters war 28,5 Jahre, der Median der Berufserfahrung 7,5 Jahre. Etwa 98% hatten Deutsch als Erstsprache. Etwa 6% hatten einen niedrigeren Bildungsabschluss als fachgebundene oder allgemeine Hochschulreife. Zur Überprüfung des theoretischen Modells wurde die „explorative Faktorenanalyse" verwendet. Diese bewertete die Dimensionen des theoretischen Modells als zufriedenstellend bis sehr gut.

Der Mittelwert der Zustimmungen zu den Aussagen der einzelnen Dimensionen war am höchsten beim Gegenstandsaufschluss (4,82 von 5), gefolgt von Verfügungserweiterung (4,47) und Lebensqualität (4,17). Diese drei Dimensionen repräsentieren expansives Lernen im theoretischen Modell und konnten mit einer guten Reliabilität (Cronbach alpha > 0,8) erhoben werden. Die Dimension Bedrohungsvermeidung (defensives Lernen) erhielt die niedrigsten Zustimmungswerte (3,68), erhoben mit einer zufriedenstellenden Reliabilität (Cronbach alpha: 0,730). Bei dieser Dimension wurde eine vergleichsweise hohe Streuung der Mittelwerte festgestellt. Die Ergebnisse sind durchgängig auf einem Konfidenzniveau von 95% statistisch signifikant.

Ausblick

Sowohl das theoretische Modell als auch das Instrument ISLE-1 werden aktuell weiterentwickelt. Aufgrund der Kommentare einiger TeilnehmerInnen erscheint es sinnvoll, einzelne Fragen umzuformulieren. Eine Verbesserung der Operationalisierung der Dimension Bedrohungsvermeidung wäre ebenfalls sinnvoll. In beiden Fällen bedeutet das, dass die betroffenen Dimensionen neu empirisch nachgewiesen werden müssen.

Es gibt eine Reihe von wünschenswerten Entwicklungen hinsichtlich weiterer Forschung, beispielsweise die Überprüfung der Inhaltsvalidität, insbesondere der Dimensionen Verfügungserweiterung und Bedrohungsvermeidung; die Überprüfung des theoretischen Modells hinsichtlich der Richtung des Zusammenhangs zwischen Konstrukt und Faktoren (Überprüfung, ob reflexives oder formatives Konstrukt). Aber auch die Entwicklung eines Kausalmodells, das etwaige Zusammenhänge zwischen dem Konstrukt subjektiver Lernerfolg und epistemologische Überzeugungen (subjektive Einstellungen zu Wissen) aufzeigt, und Analysen hinsichtlich der Abhängigkeit von demografischen Merkmalen sollen künftig angedacht werden

---

4   Details sind auf der bereits angeführten Webseite einsehbar.

Literatur

Coyne, Imelda T. (1996): Sampling in qualitative research. Purposeful and theoretical sampling; merging or clear boundaries? In: Journal of Advanced Nursing, 1997, 26, S. 623-630.

Eysenck, Michael W./Keane, Mark T. (2005): Cognitive Psychology: A Student's Handbook. 6. Aufl. London/New York: Psychology Press.

Faulstich, Peter/Grell, Petra (2015): Widerständig ist nicht unbegründet – Lernwiderstände in der Forschenden Lernwerkstatt. In: Faulstich, Peter/Forneck, Hermann J./Grell, Petra/Häßner, Katrin/Knoll, Jörg/Springer, Angela: Lernwiderstand – Lernumgebung – Lernberatung. Bielefeld: Bertelsmann. Online im Internet: https://www.die-bonn.de/doks/faulstich0504.pdf [Stand: 2020-07-11].

Grotlüschen, Anke (2003): Widerständiges Lernen im Web – virtuell selbstbestimmt? Eine qualitative Studie über E-Learning in der beruflichen Erwachsenenbildung. Münster: Waxmann.

Holzkamp, Klaus (1993): Lernen. Subjektwissenschaftliche Grundlegung. Frankfurt/New York: Campus.

Kreisler, Mareike (2014): Motivationale Prozesse in der Förderung sozialer und personaler Kompetenzen. München/Mering: Rainer Hampp.

Negt, Oskar (2000): Jahresempfang DGB-Bildungswerk NRW. Düsseldorf: DGB-Bildungswerk NRW.

Pintrich, Paul R. (2004): A conceptual Framework for Assessing Motivation and Self-Regulated Learning in College Students. In: Educational Psychology Review, Vol. 16, No 4, December 2004, S. 385-407.

Siebert, Horst (2012): Lernen und Bildung Erwachsener. Bielefeld: W. Bertelsmann.

Strauss, Anselm/Corbin, Juliet (1990): Basics of Qualitative Research: Grounded Theory, Procedures and Techniques. Newbury Park CA: Sage.

Witzel, Andreas (1985): Das problemzentrierte Interview. In: Jüttemann, Gerd (Hrsg.): Qualitative Forschung in der Psychologie: Grundfragen, Verfahrensweisen, Anwendungsfelder. Weinheim: Beltz, S. 227-255.

Zeuner, Christine (2013): Entwicklung und Umsetzung eines didaktisch-methodischen Konzepts zur politischen Bildung. Oskar Negts „Gesellschaftliche Kompetenzen. In: Magazin erwachsenenbildung.at, Ausgabe 20, 2013. Online im Internet: https://erwachsenenbildung.at/magazin/13-20/02_zeuner.pdf [Stand: 2020-07-11].

Foto: Institut für Management, Salzburg

Leo Hamminger

l.hamminger@evvhs.eu

Leo[pold] Hamminger absolvierte eine Ausbildung zum Industriekaufmann (Linz) und eine Weiterbildung zum Wirtschaftsinformatiker (München). Er war langjährig im IT-Bereich unter anderem bei Siemens und IBM tätig, bevor er im Zuge einer Neuorientierung zur Bildungswissenschaft (M.A., Salzburg) mit Schwerpunkt Neue Medien und eLearning wechselte. Es folgte eine mehrjährige Tätigkeit beim UNESCO Institut für Statistik, Montreal, im Bildungsbereich. Seit 2012 entwickelt er Lehrmaterial und lehrt in der Erwachsenenweiterbildung mit Schwerpunkt eLearning. Zurzeit ist er Dissertant an der Universität Salzburg, Fachbereich Kommunikations- und Gesellschaftswissenschaften, mit dem Thema „Subjektiver Lernerfolg" und forscht in einem Gemeinschaftsprojekt mit der Universität des Saarlandes (Bildungswissenschaften, Dr. Eric Klopp) zum Thema „Epistemologische Überzeugungen". Er ist pädagogischer Leiter der Europa Virtuellen Volkshochschule (EVVHS).

Learning Outcomes from the Perspective of Working Students

Initial steps along the path to a measurement method

Abstract

There are hardly any empirical studies that record learning outcomes from the subjective perspective of the individual learner. This is also true of subjective learning outcomes of working students. The author of this article set himself the task of developing an instrument that attempts to close this gap based on Klaus Holzkamp's theory of learning. In 2020 he developed the tool ISLE-1 (Instrument Subjektiver Lernerfolg Version 1) to record the subjective learning outcomes of Fernhochschule IUBH students in Germany. This article discusses his theoretical considerations, first attempts at implementation and necessary modifications. (Ed.)

Weiterbildung. Zeitschrift für Grundlagen, Praxis und Trends 04/2018: Bildung messen

Carina Troxler

Troxler, Carina [Rez.] (2020): Weiterbildung. Zeitschrift für Grundlagen, Praxis und Trends 04/2018: Bildung messen. München: Luchterhand. Online im Internet: https://www.weiterbildung-zeitschrift.de/archiv-weiterbildung/fex/magazine/detail/ausgabe_04_2018/-.html.
In: Magazin erwachsenenbildung.at. Das Fachmedium für Forschung, Praxis und Diskurs. Ausgabe 40, 2020. Wien.
Online im Internet: https://erwachsenenbildung.at/magazin/20-40/meb20-40.pdf.
Druck-Version: Books on Demand GmbH: Norderstedt.

Schlagworte: Messbarkeit, Erwachsenenbildung, Bildungsmessung, Kompetenz, Messbarkeitswahn

„Ist der Bildungsbegriff obsolet geworden und durch den der Kompetenz zu ersetzen? Wer so argumentiert, sollte sich bewusst machen, dass er damit entweder auf die Stufe eines bloßen Funktionalismus zurückfällt oder – entgegen seiner Beteuerung – den Bildungsbegriff latent weiter im theoretischen Gepäck hat. Kompetenzen sind nämlich funktional zu sehen, bezogen auf andernorts definierte Ziele. Erst die Zuordnung zu einem aus der Aufklärung heraus normativ gestützten Bildungsbegriff hebt die funktionale Indifferenz von Kompetenzbegriffen auf." (Aus dem Editorial zur Heftausgabe)

Weiterbildung. Zeitschrift für Grundlagen, Praxis und Trends
04/2018
Bildung messen
München: Luchterhand
46 Seiten

Weiterbildung. Zeitschrift für Grundlagen, Praxis und Trends 04/2018: Bildung messen

Carina Troxler

Ob in der Schule, in der Universität, in der Aus- oder Weiterbildung: Um zu überprüfen, ob Lernende über die angestrebten Kompetenzen verfügen, wird in Form von Vergleichsstudien, Prüfungen oder Befragungen gemessen. Es werden Noten, Credits und Zertifikate vergeben, durch die die erbrachten Leistungen der Lernenden (international) vergleichbar gemacht werden sollen. So verlangt die Bewerbung um einen Ausbildungs- oder Arbeitsplatz zum Beispiel oft gute Noten, einen erfolgreichen Assessment-Center-Test, ein hohes Ranking der besuchten Universität(en) etc. Aber kann Bildung (objektiv und fair) gemessen werden?

An diese Frage anknüpfend, will das 2018 herausgegebene Heft „Bildung messen", wie **Janne Fengler** und **Arnim Kaiser** in ihrem Editorial erläutern, eine Diskussion rund um den Messungsbegriff anstoßen (vgl. Fengler/Kaiser 2018, S. 3). Das Heft ist eine Ausgabe der „Weiterbildung", „Zeitschrift für Grundlagen, Praxis und Trends". Bekannt ist die Fachzeitschrift, die bis 2005 „Grundlagen der Weiterbildung – GdWZ" hieß, für ihr breites Themenspektrum sowie den Wissenschafts-Praxis-Transfer im Bereich Weiterbildung/Erwachsenenbildung. Daher verknüpft auch das Heft „Bildung messen" verschiedene Forschungs- und Praxisperspektiven. Die insgesamt zehn Artikel dieses Hefts thematisieren in wissenschaftlichen Fachbeiträgen, ExpertInneninterviews und Praxisbeispielen den Begriff der Bildungsmessung (und die damit verbundene Problematik) mit Bezugnahme auf den Kompetenzbegriff.

Die einzelnen Beiträge

Den Auftakt bildet ein Interview mit **Stefan Gesmann** von der Fachhochschule Münster, das Janne Fengler führte. Gesmann geht darin auf die Herausforderung von Unternehmen ein, die Weiterbildungskosten einem Nutzen gegenüberstellen zu müssen. Den Nutzen von Bildungsprozessen, v.a. den Lern- und Transfererfolg, könne man jedoch nicht auf den Euro genau quantifizieren. Nichtsdestotrotz sei die regelmäßige Bewertung von Bildungsprozessen notwendig. Zu wenig würde dabei jedoch auf den Kontext geachtet, d.h., es müssen insbesondere die Rahmenbedingungen wie die Gruppengröße, die Anforderungen an ReferentInnen, die Raumgestaltung, die Zeit, die Vorerfahrungen der Teilnehmenden berücksichtigt werden, um bestmöglich Lernen zu ermöglichen (vgl. Gesmann 2018, S. 6-8).

Um das begriffliche Feld rund um Bildungsmessung abzustecken, nähern sich **Ruth Kaiser** und **Arnim Kaiser** in ihrem nachfolgenden Artikel den Begriffen Handeln, Kompetenz, Performanz und Messung. Sie argumentieren, dass das begrenzte Messen mittels formaler Tests, Befragungen und Selbstauskünfte hinsichtlich der Überprüfung von tatsächlichen Fähigkeiten, Fertigkeiten und Kenntnissen (Kompetenzen) der Lernenden zu kurz greife, wenn nicht das entsprechende Handlungsfeld, in dem die erbrachte Leistung beobachtbar wird, analysiert werde (vgl. Kaiser/Kaiser 2018, S. 10-14).

Auf die Frage nach der Messung von Bildung lässt sich keine schnelle Antwort finden – **Walter Herzog** argumentiert in seinem Artikel, dass man Bildung zwar messen könne, jedoch stelle sich die Frage, ob das, was gemessen wird, auch das ist, was gemessen werden soll. Können Leistungen in der Schule etwa Aussagen über die Intelligenz des/der Einzelnen treffen? Wird Bildung auf Ergebnisse von schulischen Lernprozessen reduziert, würde vieles ausgeblendet (vgl. Herzog 2018, S. 16-19).

Mit besonderem Fokus auf der Messung von Sozialkompetenzen im Pflegeberuf entwickelten **Ottmar Döring** und **Eveline Wittmann** ein digitales Messinstrument, das auf Videovignetten und dazu passenden Testaufgaben basiert. Situations- und berufsbezogen sollen Handlungskompetenzen in der Altenpflege erfasst werden, wobei aus forschungsökonomischen Gründen auch hier eine Reihe von Begrenzungen aufgezeigt werden, die es beim Messen zu berücksichtigen gibt (vgl. Döring/Wittmann 2018, S. 20-22). **Astrid Lambert** und **Kerstin Hohenstein** arbeiten ebenfalls an einem Tool zur Messung von Kompetenzen. Durch problemhaltige Aufgaben soll die Informationsverarbeitungskompetenz gemessen bzw. der Ist-Stand der Lernenden (der so genannte Lernstandort) transparent gemacht werden (vgl. Lambert/Hohenstein 2018, S. 23-25).

Nach den Einblicken in zwei Messverfahren folgt ein Messbarkeit-ablehnender Text von **Jochen Krautz**. Er kritisiert das schulische Qualitätsmanagement in Form von Schulinspektionen oder international vergleichbaren Tests wie PISA und appelliert an Lehrpersonen, gegen bildungs- und demokratiewidrige Steuerungsversuche in den Widerstand zu

gehen. Insbesondere würde das Messen nicht zu einer Verbesserung des Lehrens und des Lernens führen, eher müssten sich LehrerInnen an die Messskala anpassen. In diesem Sinne sei Schule wie ein technisches Feedbacksystem nach dem Modell der Kybernetik zu verstehen, fernab des demokratischen Menschenbildes und Bildungsauftrages (vgl. Kautz 2018, S. 26-28).

Im Gegensatz dazu stellt **Frank C. Schirmer** die Berechnung der Wirksamkeit von betrieblichen Weiterbildungsmaßnahmen unter dem Gesichtspunkt von „Return on Investment" (ROI) vor. Diese Kosten-Nutzen-Rechnung basiert auf Informationen zur Krankenrate von Mitarbeitenden sowie zu den Kosten betrieblicher Weiterbildung (vgl. Schirmer 2018, S. 29).

Im Kontext der sich wandelnden Arbeitswelt gewinnen nach **Olga Zlatkin-Troitschanskaia**, **Jennifer Fischer**, **Anand Pant** und **Corinna Lautenbach** „Soft Skills" an Bedeutung. Allerdings gäbe es kaum Kompetenzforschung im Hochschulsektor, zudem seien die Prüfungsverfahren nicht fair. Mit diesem Hintergrund entwickeln die WissenschaftlerInnen in Zusammenarbeit mit 25 Forschungsverbünden und über 220 WissenschaftlerInnen Kompetenzmodelle und Verfahren zur Kompetenzerfassung (vgl. Zlatkin-Troitschanskaia et al. 2018, S. 30-33).

John Morgan und **Ian White** fassen in ihrem englischsprachigen Artikel den Jahresreport „Education at a Glance" (EAG) aus dem Jahr 2017 zusammen und verdeutlichen bezugnehmend auf die United Nations Sustainable Development Goals die Bedeutung dessen Ergebnisse für PolitikerInnen, WissenschaftlerInnen und andere Stakeholder im Bildungsbereich.

Mit Blick auf die demographische Entwicklung und die Altersstruktur in Unternehmen thematisiert **Bernhard Schmidt-Hertha** im abschließenden Artikel die berufliche Weiterbildung im Alter. Er hebt hervor, dass beruflich relevante Kompetenzen vor allem auch in informellen Settings am Arbeitsplatz erworben werden, weshalb der Austausch verschiedener Generationen in gemischten Teams fruchtbar sein kann (Schmidt-Hertha 2018, S. 38-41).

Resümee und Ausblick

Die Artikel im Heft „Bildung messen" der Zeitschrift „Weiterbildung" aus dem Jahr 2018 geben einen interdisziplinären theoretischen und praxisbezogenen Einblick in die Thematik der Messbarkeit von Bildungsprozessen. Mit Bezugnahme auf die momentane Corona-Pandemie ist die Debatte rund um die Vergleichbarkeit von Lernenden-Leistungen aktueller denn je: Wie aussagekräftig waren etwa Zeugnisnoten im letzten Schuljahr? Können zu Hause erbrachte Leistungen (fair) bewertet werden? Auch werden gerade rege alternative Lernsettings mit digitalen Medien für die Schule, Universität, Aus- und Weiterbildung diskutiert. Wie kann bzw. sollte Bildung darin gemessen werden? Da die AutorInnen des Hefts aus unterschiedlichen Fachdisziplinen kommen, wird das Thema Bildungsmessung aus verschiedenen Perspektiven und Ansätzen beleuchtet. Inhaltlich reichen die Texte von theoretischen Überlegungen zu Begriffen wie Messen und Handeln über Messverfahren in der Schule, Universität und Weiterbildung hin zu Praxisbeispielen aus der Erwachsenenbildung (mit Fokus auf die Altenpflege und das Gesundheitsmanagement).

Mit Bezug zu Transformationsprozessen wären weitere Artikel zu Sub-Themen rund um Learning Analytics, ethische Perspektiven auf neue Technologien zur Messung (zum Beispiel Eyetracking) sowie die Begriffsexplikation des Messens von Bildungsprozessen im internationalen Vergleich (etwa mit Bezug zu fragwürdigen Messverfahren in chinesischen Bildungseinrichtungen) gewinnbringend. Auch wären weitere Perspektiven aus dem Bereich der qualitativ-rekonstruktiven Sozialforschung für den Diskurs förderlich, insbesondere wenn die Untersuchung von Performanz thematisiert wird. Letztlich kann eine Zeitschrift aber nur einen komprimierten Einblick in Forschungsbereiche geben. Daher sind die einzelnen Artikel Impuls-gebend, kurz gehalten, um zum Weiterdenken anzuregen.

Foto: Peter Stuhlmann

Carina Troxler, M.A.

carina.troxler@sowi.uni-kl.de
https://www.sowi.uni-kl.de/paedagogik

Carina Troxler studierte Germanistik, Kommunikationswissenschaften und Medienwissenschaften in Jena und Bonn. Nach ihrem Studium arbeitete sie im Bereich der Medienpädagogik an Schulen sowie in der LehrerInnenfortbildung. Seit 2019 ist sie als wissenschaftliche Mitarbeiterin im Fachgebiet Pädagogik an der TU Kaiserslautern tätig. Ihre Forschungsschwerpunkte sind Videographie in der Schule und LehrerInnenbildung sowie digitale Medien in der Schulpraxis.

Basisbildung wirkt. Wie wirkt Basisbildung? Eine internationale Forschungsübersicht

Birgit Aschemann

Philipp Assinger

Assinger, Philipp [Rez.] (2020): Aschemann, Birgit (2015): Basisbildung wirkt. Wie wirkt
Basisbildung? Eine internationale Forschungsübersicht. Hrsg. vom Bundesministerium für
Bildung und Frauen (= Materialien zur Erwachsenenbildung 1/2015). Online im Internet:
https://erwachsenenbildung.at/downloads/service/materialien-eb_2015_1_wiewirkt
basisbildung_aschemann.pdf.
In: Magazin erwachsenenbildung.at. Das Fachmedium für Forschung, Praxis und Diskurs.
Ausgabe 40, 2020. Wien.
Online im Internet: https://erwachsenenbildung.at/magazin/20-40/meb20-40.pdf.
Druck-Version: Books on Demand GmbH: Norderstedt.

Schlagworte: Basisbildung, Forschungsübersicht, Basisbildungsprogramme,
Basisbildungsangebote, Wirkungsweisen

„Die Forschungsübersicht [...] wurde vom österreichischen Bundesministerium für Bildung und
Frauen beauftragt und aus EU-Mitteln im Rahmen von Erasmus+ gefördert, um Effekte und
Wirkungsweisen von Basisbildungsprogrammen über Länder und Angebotsformen hinweg zu-
sammenfassend auszuwerten. Die Leitfrage lautete: Wie wirken Basisbildungsangebote für Er-
wachsene – wann, auf welche Parameter, und unter welchen Bedingungen? Internationale
Erkenntnisse sollten so nutzbar gemacht werden." (Information auf erwachsenenbildung.at)

Birgit Aschemann
Basisbildung wirkt. Wie wirkt Basisbildung?
Eine internationale Forschungsübersicht
Hrsg. vom Bundesministerium für Bildung und Frauen
(= Materialien zur Erwachsenenbildung 1/2015)
56 Seiten

14

Basisbildung wirkt. Wie wirkt Basisbildung? Eine internationale Forschungsübersicht

Birgit Aschemann

Philipp Assinger

Birgit Aschemann beschäftigt sich in dieser 2015 herausgegebenen Forschungsübersicht mit Befunden der internationalen empirischen Bildungsforschung und beleuchtet deren Beitrag zur Frage, wie, wann, für wen und unter welchen Bedingungen Basisbildung für Erwachsene wirkt.

Es handelt sich dabei um ein anspruchsvolles Vorhaben. Die Bildungsforschung ist sowohl im Hinblick auf die Basisbildung als auch im Hinblick auf die Wirkungsfeststellung mit nicht unwesentlichen konzeptuellen und methodischen Herausforderungen konfrontiert, die durch die internationale Perspektive noch zusätzlich verstärkt werden. **Birgit Aschemann** thematisiert diese Herausforderungen beispielhaft und regt die LeserInnen damit zu einer reflektierten Interpretation der gesammelten Forschungsergebnisse an.

In den letzten zehn Jahren wurde die Basisbildung in Österreich durch gezielte Qualitätssicherungs- und Fördermaßnahmen als erwachsenenpädagogisches Handlungsfeld durchwegs strukturiert (z.B. Initiative Erwachsenenbildung). Das oberste Ziel der Maßnahmen ist es, Bildungseinrichtungen zu ermöglichen, den Erwerb von Grundkompetenzen und das Nachholen des Pflichtschulabschlusses einer breiten Zielgruppe unentgeltlich anzubieten. Dieses Ziel ist jedoch mit einem deutlich spürbaren Kosten- und Effizienzdruck verbunden. Es wird daher nach Evidenzen gesucht, welche die Wirkung von Basisbildung und damit deren Förderungswürdigkeit begründen können. Die empirische Bildungsforschung dient hierbei zuweilen als Argumentationsgrundlage.

Breit angelegte und detailliert ausgearbeitete Übersicht

Nach einer Beschreibung von Hintergrund und Zielsetzung folgen methodische Vorbemerkungen. Diese sind genau zu lesen, denn die Autorin geht hier anschaulich auf die Herausforderungen ein, die mit der Zusammenstellung der Forschungsübersicht verbunden waren. Daran anschließend folgt der Hauptteil, in dem eine äußerst breit angelegte und detailliert ausgearbeitete Übersicht über die internationalen Forschungsergebnisse gegeben wird. Da die überwiegende Mehrheit der herangezogenen Forschungen aus dem angloamerikanischen Raum stammt, sind die Ergebnisse jedoch nur bedingt in den österreichischen Kontext übertragbar – wie Aschemann einräumt (vgl. Aschemann 2015, S. 11).

Der Hauptteil ist entlang von fünf Kategorien strukturiert: Untersuchungen zum Mehrwert von

Erwachsenenbildung, internationale Untersuchungen zur Literalität im Allgemeinen, Forschungen zu Basisbildungsprogrammen, Literaturzusammenfassungen zu den Effekten von Basisbildung sowie Langzeitstudien zur Basisbildung. Im Zusammenwirken dieser Kategorien ergeben sich Aussagen, die sich gegenseitig bekräftigen und damit den Evidenzgrad der Ergebnisse erhöhen. Abschließend werden eine Zusammenfassung der wichtigsten Erkenntnisse sowie Handlungsempfehlungen für die Politik und die Forschung vorgelegt.

Optimistisch-pragmatischer Zugang mit kritisch-reflektierter Haltung

Die Autorin ordnet sich in die Mainstream-Argumentationslinien des deutschsprachigen Erwachsenenbildungsdiskurses ein. Sie lässt einen optimistisch-pragmatischen Zugang erkennen, der von einer kritisch-reflektierten Haltung getragen wird. Damit wird die politikberatende Funktion erfüllt und die Wissenschaftlichkeit des Berichts gesichert.

Die breite Palette an Begriffen thematisierend (z.B. literacy, basic skills, adult basic education, key competences), wird auf ein grundlegendes Problem der Basisbildung hingewiesen, nämlich die konzeptuelle Definition. Damit wird nahtlos an den wissenschaftlichen Diskurs angeschlossen, so wie er auch im „Handbuch Erwachsenen- und Weiterbildung" (siehe Abraham/Linde 2018) und im „Handbuch Alphabetisierung und Grundbildung Erwachsener" (siehe Tröster/Schrader 2016) abgebildet wird.

Die Vorstellung von kausalen Zusammenhängen und der Messbarkeit von (Basis-)Bildung wird hinterfragt, bestimmten Ergebnissen jedoch eine wissenschaftliche Qualität zugeschrieben. *„Trotz der Tatsache der nicht sicher nachweisbaren Kausalität ist die vorhandene Forschungsliteratur von Kausalaussagen durchzogen. Die vorliegende Arbeit ist diesbezüglich keine gänzliche Ausnahme, versucht jedoch Kausalaussagen nur dort abzuleiten, wo wirklich entsprechende Forschungsmethoden eingesetzt wurden"* (Aschemann 2015, S. 12). Auch in dieser Hinsicht treten Argumentationslinien aus dem wissenschaftlichen Diskurs hervor, wie sie z.B. Ingeborg Schüßler prägnant zusammengefasst hat: Wirkungsforschung

in der Erwachsenenbildung ist schwierig, aber nicht unmöglich (siehe Schüßler 2012).

Basisbildung wirkt länger und breiter als zumeist angenommen

Die Ergebnisse der Forschungsübersicht sind durchaus bemerkenswert, auch wenn man die Hypothese aufstellen könnte, dass sie nicht nur spezifisch für die Basisbildung sind, sondern wahrscheinlich auf alle Bildungsbereiche zutreffen. Die zentrale Erkenntnis der Forschungsübersicht lautet: *„Basisbildung wirkt etwas anders, als das üblicherweise erwartet (und gemessen) wird – sie wirkt ‚länger‘ und ‚breiter‘ als gedacht. Ihre Benefits sind umfassend und langfristig"* (Aschemann 2015, S. 43).

Entgegen der weit verbreiteten Annahme, Basisbildung führe zu einer unmittelbaren Verbesserung der Kompetenzen, legen die gesammelten Forschungen im Großen und Ganzen nahe, dass ein Kompetenzzuwachs erst mittelfristig oder gar erst langfristig feststellbar ist. Entscheidend für einen Kompetenzzuwachs sei nämlich nicht primär der Abschluss einer Kursmaßnahme, sondern die Übernahme des Gelernten in die Alltagspraxis (vgl. ebd., S. 37).

Zudem indizieren die gesammelten Ergebnisse, dass sich die Wirkung von Basisbildung nicht auf die Aneignung von Grundkompetenzen reduzieren lässt. Vielmehr würde die Selbstwirksamkeit der Lernenden in Bezug auf die eigenständige Lebensführung verbessert. Der Stärkung des Selbstkonzepts, des Selbstwerts und des Selbstvertrauens komme eine Art Schlüsselfunktion für die weitere Beteiligung am Lebenslangen Lernen zu (vgl. ebd., S. 44).

Die zumeist erwarteten Effekte für die Arbeitsmarktfähigkeit und Arbeitsmarktbeteiligung können zwar vielfach nachgewiesen werden, scheinen im Vergleich zum längerfristigen Kompetenzzuwachs und zur ganzheitlichen Wirkung aber weniger robust und sind vor allem auch abhängig von anderen, nicht kontrollierbaren Faktoren im Umfeld der Lernenden.

Die von Aschemann abgeleiteten Konsequenzen für die Politik werden auch in anderen Arbeiten impliziert, aber selten ausgesprochen und sind deswegen besonders hervorzuheben: Basisbildung wirke über Regierungsperioden und über Politikfelder, also über einzelne Ministerien hinaus. Zudem werde von der Basisbildung oft mehr verlangt, als sie leisten kann, ihr aber doch weniger zugetraut, als sie leistet (vgl. ebd., S. 45). Gerade diese beiden Konsequenzen implizieren, dass es unabdingbar ist, ein reflektiertes Verständnis für die Wirkung und eine breite Zustimmung zur Förderung von Basisbildung zu erreichen.

Der Forschung wird konsequenterweise empfohlen, längere Forschungszeiträume in Erwägung zu ziehen, um auch Langzeitwirkungen feststellen zu können. Zudem wird u.a. nahegelegt, die Wirkungsindikatoren zu erweitern. Das würde bedeuten, die Aufmerksamkeit der Forschung weg von der Kursevaluation hin zu Effekten zu lenken, die im alltagspraktischen Handeln zu beobachten wären.

Resümee

Die vorliegende Forschungsübersicht ist ein wertvoller Beitrag zu einer reflektierten Diskussion der Wirkungsforschung in der Erwachsenenbildung. Es gelingt Aschemann, Begründungen zu liefern, die einer Engführung des Konzepts von Basisbildung entgegenwirken können. Einzig die Zusammenfassung der internationalen Forschung ist sehr dicht an Informationen, was beim Lesen äußerste Konzentration erfordert. Die Arbeit ist empfehlenswert, insbesondere für jene LeserInnen, die sich aus politischen Gründen für die empirische Seite der Basisbildung interessieren oder die Vorgehensweise und die Ergebnisse als Referenz für eigene wissenschaftliche Arbeiten zur Wirkungsforschung in der Erwachsenenbildung heranziehen möchten.

Literatur

Abraham, Ellen/Linde, Andrea (2018): Alphabetisierung/Grundbildung als Aufgabengebiet der Erwachsenenbildung. In: Rippelt, Rudolf/von Hippel, Aiga (Hrsg.): Handbuch Erwachsenen- und Weiterbildung. Wiesbaden: Springer, S. 1297-1320.

Schüßler, Ingeborg (2012): Zur (Un-)Möglichkeit einer Wirkungsforschung in der Erwachsenenbildung. Kritische Analysen und empirische Befunde. In: Report – Zeitschrift für Weiterbildungsforschung, 35. Jg., Nr. 3, S. 53-65.

Tröster, Monika/Schrader, Josef (2016): Alphabetisierung, Grundbildung, Literalität: Begriffe, Konzepte, Perspektiven. In: Löffler, Cordula/Korfkamp, Jens (Hrsg.): Handbuch zur Alphabetisierung und Grundbildung Erwachsener. Münster: Waxmann, S. 42-58.

Foto: K.K.

Mag. Dr. Philipp Assinger

philipp.assinger@uni-graz.at
https://erziehungs-bildungswissenschaft.uni-graz.at
+43 (0)316 380-8031

Philipp Assinger ist Universitätsassistent am Institut für Erziehungs- und Bildungswissenschaft der Karl-Franzens-Universität Graz, Arbeitsbereich Erwachsenen- und Weiterbildung. Seine Schwerpunkte in Forschung und Lehre liegen in den Bereichen der Didaktik berufsbezogener Aus- und Weiterbildung, des Bildungsmanagements und der politischen Steuerung von Erwachsenen- und Weiterbildung. Er ist Mitglied der Akkreditierungsgruppe der Initiative Erwachsenenbildung.

Die Urania in Graz.
100 Jahre Bildung und Kultur

Hannes Galter (Hrsg.)

Jennifer Friedl

Friedl, Jennifer [Rez.] (2020): Galter, Hannes (Hrsg.) (2019): Die Urania in Graz. 100 Jahre
Bildung und Kultur. Mit Beiträgen von Gerhard Bisovsky, Rudolf Egger, Wilhelm Filla (†),
Markus Jaroschka und Karl Kalcsics. Graz/Wien: Leykam.
In: Magazin erwachsenenbildung.at. Das Fachmedium für Forschung, Praxis und Diskurs.
Ausgabe 40, 2020. Wien.
Online im Internet: https://erwachsenenbildung.at/magazin/20-40/meb20-40.pdf.
Druck-Version: Books on Demand GmbH: Norderstedt.

Schlagworte: Urania Graz, Bildung, Volksbildung, Zeitgeschichte, ErwachsenenbildnerInnen,
kritischer Humanismus

„100 Jahre Urania in Graz [...]. Das sind 100 Jahre steirischer und österreichischer Geschichte,
die unzählige Höhen und Tiefen gesehen hat: Die Gründung der Österreichischen Republik,
Wirtschaftskrisen und Bürgerkrieg, Faschismus und Nationalsozialismus, Zerstörung und Wie-
deraufbau, die Entdeckung der Moderne, die 68er-Bewegung, den Fall des Eisernen Vorhangs
und die Gründung der Europäischen Union, die Entstehung des Umweltbewusstseins, islamis-
tischen Terror und Flüchtlingsströme. Die Geschichte der Urania in Graz ist einerseits ein Spie-
gel dieser Ereignisse. Die Urania hat sie miterlebt, teilweise – wie die Entdeckung der Moderne
– mitgestaltet, sie aber immer vom Standpunkt des Humanismus und der Aufklärung aus erläu-
tert und zu deuten versucht. Die Urania-Geschichte ist andererseits auch eine Verbeugung vor
jenen Frauen und Männern, die im Laufe dieser 100 Jahre ungeachtet aller Hürden und Schwierigkeiten versucht haben, Bildung zu verwirklichen und zu gestalten." (Verlagsinformation)

Hannes Galter (Hrsg.)
Die Urania in Graz. 100 Jahre Bildung und Kultur
Mit Beiträgen von Gerhard Bisovsky, Rudolf Egger, Wilhelm
Filla (†), Markus Jaroschka und Karl Kalcsics
Graz/Wien: Leykam 2019
419 Seiten

15

Rezension

Die Urania in Graz.
100 Jahre Bildung und Kultur

Hannes Galter (Hrsg.)

Jennifer Friedl

„Ihre Gegenwart lässt sich nur aus ihrer Geschichte heraus verstehen" (Galter 2019, S. 5). Basierend auf diesem Grundgedanken spannen die Autoren des vorliegenden Bandes einen Bogen von der Grundidee der Urania und dem Kontext ihrer Entstehung über die Einflussnahme markanter Ereignisse der österreichischen Geschichte bis hin zu Ausblicken auf ihre künftigen Aufgaben und Herausforderungen.

Der Band selbst entstand anlässlich des 100-jährigen Gründungsjubiläums der Urania in Graz. Ihr ehemaliger Direktor **Hannes Galter** blickt darin gemeinsam mit **Gerhard Bisovsky**, **Rudolf Egger**, **Wilhelm Filla** (†), **Markus Jaroschka** und **Karl Kalcsics** auf eine bewegte Geschichte zurück.

Vom Grundgedanken zur internationalen Bewegung

Im ersten Abschnitt, der die Geschichte der Urania in Graz in den Jahren 1919-1938 beleuchtet, setzt sich der 2016 verstorbene, langjährige Generalsekretär des Verbandes Österreichischer Volkshochschulen **Wilhelm Filla** mit den Anfängen der „Urania-Idee" auseinander. Diese geht auf den Naturforscher Alexander von Humboldt zurück, dessen als Kosmos-Vorlesungen berühmt gewordenen naturwissenschaftlichen Vorträge an der Berliner Singakademie (1827-1828) sich zu einem Appell für eine allgemeine und wissenschaftliche Volksbildung entwickelten. Bildungstheoretisch sind diese, so Filla, vor allem deshalb hervorzuheben, da

sie für alle zugänglich waren, inhaltlich hochwertig gestaltet wurden und individuelle, aber stets in den Universitätskontext eingebundene Angebote darstellten. Zudem wurden in der damaligen Bildungspraxis bereits didaktische Maßnahmen umgesetzt, die sich in den späteren Forderungen der Wiener Volkshochschulen wiederfinden würden (vgl. Filla 2019, S. 9-10).

Die Titulierung Humboldts als *„Vater der Urania"* (ebd., S. 17) basiert, wie Filla in seinem Beitrag weiter ausführt, auf der 1888 gegründeten Berliner Urania. Vom Ansatz Humboldts geleitet, wissenschaftliche Inhalte in allgemein verständlicher Form zu vermitteln, war es letztlich die Zusammenarbeit der Astronomen Wilhelm Julius Foerster und Max Wilhelm Meyer sowie des Industriellen Werner von Siemens gewesen, die die Bedingungen für die Gründung eines naturwissenschaftlichen Volksbildungsinstitutes und damit der ersten Urania schuf (vgl. ebd., S. 22-24). In der ab 1892 stattfindenden internationalen Ausweitung der Urania-Bewegung schreibt Filla der Gründung der Wiener Urania im Jahr 1897 eine besondere Bedeutung zu, da diese zugleich die österreichische Volkshochschulgeschichte mitbestimmte. Als Besonderheiten der Wiener Urania nennt Filla den Urania-Film, der sich zum Markenzeichen der Einrichtung etablierte, ihre Dezentralisierung über das Bundesgebiet hinweg und Vortragende wie Albert Einstein oder Thomas Mann (vgl. ebd., S. 31-33; S. 40-41).

Der Darstellung der Anfänge der Grazer Urania widmet sich **Hannes Galter** in seinem Beitrag. Nachdem die Wiener Urania mit Gastspielen in Graz große Erfolge hatte feiern können, fand, wie Galter schildert, 1919 die Gründung der Grazer Urania statt. Das Bildungsprogramm beinhaltete sowohl Vorträge und Kurse als auch Exkursionen und Filmvorführungen. Als Zielgruppe galten alle Menschen, unabhängig von Geschlecht, Vorbildung, Stand oder Alter (vgl. Galter 2019, S. 70-72). Eine sich bereits in ihrem „Wiener Vorbild" abzeichnende Besonderheit der Grazer Urania war die Hinwendung zu Kultur und Kunst, die sich vom streng naturwissenschaftlichen Angebot der Berliner Urania unterschied. Noch im Gründungsjahr, so Galter, begann die Urania Graz damit, ihre Bildungsarbeit in steirische Regionen auszuweiten (vgl. ebd., S. 78; S. 108).

Die Grazer Urania im Nationalsozialismus

Mit der Entwicklung der Grazer Urania zu einer nationalsozialistischen Organisation unter der Leitung Fritz Gernots setzt sich **Hannes Galter** im Abschnitt „Der Weg in den Nationalsozialismus" auseinander. War die Urania anfangs darum bemüht gewesen, politische Gesinnungen möglichst außen vor zu lassen, trug vor allem ihr deutschnational denkendes Klientel aus der Mittel- bis Oberschicht sowie der Kontakt mit gleichgesinnten Hochschulen zu einer zunehmenden Veränderung ihrer Ausrichtung bei (vgl. Galter 2019, S. 123). Gegen Ende der 1920er-Jahre begünstigten die Weltwirtschaftskrise sowie die Angst vor einer linken Revolution – nach dem Siegeszug des Kommunismus in Russland – die politisch kritische Stimmung im Land. Fritz Gernot nutzte, wie Galter aufzeigt, die Urania als Instrument, um zunächst deutschnationales, später nationalsozialistisches Gedankengut zu verbreiten, und rechtfertigte sowohl das an die Gesinnung angepasste Bildungsprogramm als auch die Miteinbeziehung von NS-Vortragenden in mehreren Stellungnahmen

(vgl. ebd., S. 124; S. 132). Weder die einschlägige Ausrichtung des Bildungsprogramms noch Gernots Loyalitätsbekundungen zum Nationalsozialismus konnten jedoch die Auflösung der Urania im Jahr 1938 verhindern. Eine Aufhebung ihrer Rechtspersönlichkeit durch Reichskommissar Josef Brückl zog schließlich ihre Eingliederung in die nationalsozialistische Gemeinschaft „Kraft durch Freude" Berlin Wilmersdorf nach sich (vgl. ebd., S. 138).

Österreichische Urania für Steiermark

Nach dem Ende des Zweiten Weltkriegs zeigte sich, so Galter im zweiten Abschnitt des Jubiläumsbandes, dass eine Wiedereröffnung der Grazer Urania zunächst undenkbar schien, die Grundidee aber nicht verloren war. Kurz nach der Unabhängigkeitserklärung Österreichs entstand, ausgelöst durch studentische Bemühungen rund um die Stärkung der universitären Volksbildung, das „Bildungswerk der steirischen Hochschulen". Mit dem Ziel, sich die Bedeutung der Kultur für die menschliche Existenz wieder in Erinnerung zu rufen, wurde die „Österreichische Kulturvereinigung" ins Leben gerufen, die auch eine steirische Landesgruppe miteinschloss (vgl. Galter 2019, S. 141-143). Aus den beiden Bildungsinitiativen entstand schließlich, wie Galter weiter ausführt, im Jahr 1947 die „Österreichische Urania für Steiermark". Der neue Name sollte die Ausweitung des Bildungsprogramms verdeutlichen. Die „Neuorientierung" zeigte sich u.a. in der Stärkung demokratischer Grundsätze und in der Bekämpfung der nationalsozialistischen Ideologie (vgl. ebd., S. 147-148). Durch ihren unermüdlichen Einsatz für die geistige Wiederbelebung des Landes wurden, wie Galter zusammenfasst, Bernhard Baule, Wolfgang Schaukal und Peter Schall zu den Gründungsvätern der „Österreichischen Urania für Steiermark" (vgl. ebd., S. 153ff.).

Markus Jaroschka unternimmt in seinem Beitrag einen Rückblick auf seine und Peter Schalls Zeit als Direktoren der Urania. Unter der Leitung Schalls (1972-1986) fand die „Wiederentdeckung" älterer Menschen als AdressatInnen der Erwachsenenbildung statt. So führte die Urania im Jahr 1973 als erste österreichische Volkshochschule Sprachkurse für SeniorInnen ein. Auch rückten Bedürfnisse des Alltags, wie z.B. Umweltschutz oder Straßenverkehr, ins Zentrum (vgl. Jaroschka 2019, S. 223-227). Geleitet vom Ansatz, das vielfältige Angebot noch weiter zu verbessern und so die Mitgliederzahl zu erhöhen, fand unter der Leitung Jaroschkas (1987-1996), wie er selbst berichtet, schließlich eine Reform der Urania statt, wobei u.a. die Öffentlichkeitsarbeit intensiviert wurde (vgl. ebd., S. 234-236).

Das Prinzip des kritischen Humanismus

Der Beitritt Österreichs zur Europäischen Union brachte, so der Tenor im Kapitel „Die Urania am Beginn des neuen Jahrhunderts", zahlreiche Veränderungen für die Erwachsenenbildung mit sich. Globalisierung, Digitalisierung, aber auch Wettbewerbsfähigkeit und Marktorientierung prägen seither die Gestaltung des Bildungssystems. Auf die Entwicklungen in der steirischen Erwachsenenbildung eingehend, schildert **Galter** die fortan stattfindenden Bemühungen um Zusammenarbeit, Qualität und Leitlinien, die 1999 schließlich in die „Grazer Erklärung zur Erwachsenenbildung in der Steiermark" mündeten. Die Entwicklungen veranlassten die Urania, neben didaktisch-methodischen und inhaltlichen Überlegungen auch das eigene Bildungsverständnis zu reflektieren (vgl. Galter 2019, S. 302-306). Dabei betont Galter, dass sich die Urania neben der zunehmenden Fokussierung auf Innovation und Ökonomisierung stets einer allgemeinen und nicht zweckorientierten Erwachsenenbildung verpflichtet fühlen werde. *„Wir wollen [...] den Zeitgeist erkennen und uns mit ihm auseinandersetzen, ohne uns ihm zu unterwerfen"* (Galter 2019, S. 307). Unter den 1999 entwickelten Leitprinzipien findet sich aus diesem Grund, wie Galter betont, auch das Prinzip des kritischen Humanismus, worin sich die Urania zu den Grundwerten des Humanismus und der kritischen Darstellung vielfältiger Standpunkte in einer auf simple Lösungen ausgerichteten Zeit bekennt (vgl. ebd.).

Blick in die Zukunft

Gerhard Bisovsky widmet sich im dritten Abschnitt des Jubiläumsbandes der Zukunft der Urania. Aufgabe der Volkshochschulen sei es vor allem, die Werte der Aufklärung zu vertreten. Als Herausforderungen für die künftige Bildungsarbeit von Volkshochschulen nennt Bisovsky die Förderung von Medienkompetenz und den Ausbau demokratiepolitischer Bildung (vgl. Bisovsky 2019, S. 340-341).

Rudolf Egger wirft in seinem Beitrag einen Blick auf die Urania als Bildungsraum der Gegenwart, aber auch der Zukunft und nimmt dabei eine regionale Perspektive ein. Demnach liege es an der Urania, Handlungsmöglichkeiten des Individuums aufzuzeigen und gestaltbar zu machen, indem ein Lebensbezug hergestellt und gesellschaftliche, biographische sowie lokale Bedingungen reflektiert werden (vgl. Egger 2019, S. 361f.).

Was Bildung alles sein kann, thematisiert **Karl Kalcsics** in seinem Beitrag. Bezugnehmend auf die Bildungsagenda 2030 thematisiert er die Vielfalt an Ansprüchen, die an die Erwachsenenbildung von morgen gerichtet sind (vgl. Kalcsics 2019, S. 364ff.).

Fazit

Die 2019 im Leykam Verlag vorgelegte Jubiläumsausgabe beleuchtet, wie der Titel schon besagt, Vergangenheit, Gegenwart und Zukunft der Urania. Neben einer aufschlussreichen Schilderung zentraler Meilensteine erfahren die LeserInnen in diesem Buch auch ausführliche Details zur Bildungsvision hinter der Urania, die auf dem kritischen Humanismus basiert.

Die Autoren sprechen den in der Erwachsenenbildung zu selten thematisierten Zwiespalt, aufklärerische Prinzipien vertreten und gleichzeitig marktorientierten Anforderungen nachkommen zu wollen, an. Eine gezielte Hinterfragung des humanistischen Bildungsideals selbst, wie es ein kritischer Humanismus vermuten ließe, sowie eine Problematisierung seiner blinden Flecken, wie z.B. die Beschränkung auf Perspektiven privilegierter Gruppen bürgerlich-kapitalistischer Gesellschaft, bleibt jedoch weitgehend aus. Insgesamt ermöglicht die Jubiläumsausgabe dem Fachpublikum, aber auch dem/der interessierten Laien/Laiin dennoch umfangreiche Einblicke in die Geschichte und das Selbstverständnis einer für die österreichische Erwachsenenbildung bedeutsamen Bildungseinrichtung.

Jennifer Friedl, M.A.

Foto: K. K.

jennifer.friedl@conedu.com
http://www.conedu.com

Jennifer Friedl studierte Bildungswissenschaft an der Universität Wien und Erwachsenen- und
Weiterbildung an der Karl-Franzens-Universität Graz. Derzeit arbeitet sie an ihrer Dissertation
zum Thema Kritische Politische Erwachsenenbildung im Kontext neoliberaler Vereinnahmung.
Seit 2019 ist sie als pädagogisch-wissenschaftliche und redaktionelle Assistentin bei CONEDU,
Verein für Bildungsforschung und -medien, tätig.

Impressum/Offenlegung

**Magazin
erwachsenenbildung.at**

Magazin erwachsenenbildung.at

Das Fachmedium für Forschung, Praxis und Diskurs
Gefördert aus Mitteln des BMBWF
erscheint 3 x jährlich online, mit Parallelausgabe im Druck
Online: https://erwachsenenbildung.at/magazin

Herstellung und Verlag der Druck-Version:
Books on Demand GmbH, Norderstedt

ISSN: 1993-6818 (Online)
ISSN: 2076-2879 (Druck)
ISSN-L: 1993-6818
ISBN: 9783751993678

Projektträger

CONEDU – Verein für Bildungsforschung und -medien
Keplerstraße 105/3/5
A-8020 Graz
ZVR-Zahl: 167333476

Medieninhaber

Bundesministerium
Bildung, Wissenschaft
und Forschung

Bundesministerium für Bildung,
Wissenschaft und Forschung
Minoritenplatz 5
A-1010 Wien

Bundesinstitut für Erwachsenenbildung
Bürglstein 1-7
A-5360 St. Wolfgang

Herausgeber der Ausgabe 40, 2020

Mag. Kurt Schmid (Institut für Bildungsforschung der Wirtschaft)
Mitarbeit: Michael Bruneforth, M.A. (BIFIE)

HerausgeberInnen des Magazin erwachsenenbildung.at

Robert Kramreither (Bundesmin. für Bildung, Wissenschaft und Forschung)
Dr.in Gerhild Schutti (Bundesinstitut für Erwachsenenbildung)

Fachbeirat

Univ.-Prof.in Dr.in Elke Gruber (Universität Graz)
Dr. Lorenz Lassnigg (Institut für Höhere Studien)
Mag. Kurt Schmid (Institut für Bildungsforschung der Wirtschaft)
Mag.a Julia Schindler (Universität Innsbruck)
Dr. Stefan Vater (Verband Österreichischer Volkshochschulen)
Mag. Lukas Wieselberg (ORF science.ORF.at und Ö1)

Redaktion

Simone Müller, M.A. (Verein CONEDU)
Mag. Wilfried Frei (Verein CONEDU)

Fachlektorat

Mag.a Laura R. Rosinger (Textconsult)

Übersetzung

Übersetzungsbüro Mag.a Andrea Kraus

Satz

Mag.a Sabine Schnepfleitner (Verein CONEDU)

Design

Karin Klier (tür 3))) DESIGN)

Website

wukonig.com | Wukonig & Partner OEG

Medienlinie

„Magazin erwachsenenbildung.at – Das Fachmedium für Forschung, Praxis und Diskurs" (kurz: Meb) ist ein redaktionelles Medium mit Fachbeiträgen von AutorInnen aus Forschung und Praxis sowie aus Bildungsplanung, Bildungspolitik u. Interessensvertretungen. Es richtet sich an Personen, die in der Erwachsenenbildung und verwandten Feldern tätig sind, sowie an BildungsforscherInnen und Auszubildende. Das Meb fördert die Auseinandersetzung mit Erwachsenenbildung seitens Wissenschaft, Praxis und Bildungspolitik und spiegelt sie wider. Es unterstützt den Wissenstransfer zwischen aktueller Forschung, innovativer Projektlandschaft und variantenreicher Bildungspraxis. Jede Ausgabe widmet sich einem spezifischen Thema, das in einem Call for Papers dargelegt wird. Die von AutorInnen eingesendeten Beiträge werden dem Peer-Review eines Fachbeirats unterzogen. Redaktionelle Beiträge ergänzen die Ausgaben. Alle angenommenen Beiträge werden lektoriert und redaktionell für die Veröffentlichung aufbereitet. Namentlich ausgewiesene Inhalte entsprechen nicht zwingend der Meinung der HerausgeberInnen oder der Redaktion. Die HerausgeberInnen übernehmen keine Verantwortung für die Inhalte verlinkter Seiten und distanzieren sich insbesondere von rassistischen, sexistischen oder sonstwie diskriminierenden Äußerungen oder rechtswidrigen Inhalten solcher Quellen.

Alle Artikel und Ausgaben des Magazin erwachsenenbildung.at sind im PDF-Format unter https://erwachsenenbildung.at/magazin kostenlos verfügbar. Das Online-Magazin erscheint parallel auch in Druck (Print-on-Demand) sowie als E-Book.

Kontakt und Hersteller

Magazin erwachsenenbildung.at
Das Fachmedium für Forschung, Praxis und Diskurs
p. A. CONEDU – Verein für Bildungsforschung und -medien
Keplerstraße 105/3/5, A-8020 Graz
magazin@erwachsenenbildung.at